Gestão Sistêmica
para um Mundo Complexo

Marina Pechlivanis

Autora de **Economia das Dádivas**

Gestão Sistêmica para um Mundo Complexo

Tudo está ligado a tudo.
E você, está ligado nisso?

ALTA BOOKS
EDITORA

Rio de Janeiro, 2022

Gestão Sistêmica

Copyright © 2022 da Starlin Alta Editora e Consultoria Eireli.
ISBN: 978-65-5520-611-1

Impresso no Brasil — 1a Edição, 2022 — Edição revisada conforme o Acordo Ortográfico da Língua Portuguesa de 2009.

Todos os direitos estão reservados e protegidos por Lei. Nenhuma parte deste livro, sem autorização prévia por escrito da editora, poderá ser reproduzida ou transmitida. A violação dos Direitos Autorais é crime estabelecido na Lei nº 9.610/98 e com punição de acordo com o artigo 184 do Código Penal.

A editora não se responsabiliza pelo conteúdo da obra, formulada exclusivamente pelo(s) autor(es).

Marcas Registradas: Todos os termos mencionados e reconhecidos como Marca Registrada e/ou Comercial são de responsabilidade de seus proprietários. A editora informa não estar associada a nenhum produto e/ou fornecedor apresentado no livro.

Erratas e arquivos de apoio: No site da editora relatamos, com a devida correção, qualquer erro encontrado em nossos livros, bem como disponibilizamos arquivos de apoio se aplicáveis à obra em questão.

Acesse o site www.altabooks.com.br e procure pelo título do livro desejado para ter acesso às erratas, aos arquivos de apoio e/ou a outros conteúdos aplicáveis à obra.

Suporte Técnico: A obra é comercializada na forma em que está, sem direito a suporte técnico ou orientação pessoal/exclusiva ao leitor.

A editora não se responsabiliza pela manutenção, atualização e idioma dos sites referidos pelos autores nesta obra.

Dados Internacionais de Catalogação na Publicação (CIP) de acordo com ISBD

A365g   Pechlivanis, Marina
        Gestão sistêmica para um mundo complexo: tudo está ligado a tudo. E você, está ligado nisso? / Marina Pechlivanis ; – Rio de Janeiro : Alta Books, 2022.
        304 p. ; 17cm x 24cm.

        Inclui índice e bibliografia.
        ISBN: 978-65-5520-611-1

        1. Gestão. 2. Gestão sistêmica. I. Título.

        CDD 658.401
2022-1188   CDU 658.011.2

Elaborado por Odilio Hilario Moreira Junior - CRB-8/9949

Índice para catálogo sistemático:
1. Administração : gestão 658.401
2. Administração : gestão 658.011.2

Produção Editorial
Editora Alta Books

Diretor Editorial
Anderson Vieira
anderson.vieira@altabooks.com.br

Editor
José Ruggeri
j.ruggeri@altabooks.com.br

Gerência Comercial
Claudio Lima
claudio@altabooks.com.br

Gerência Marketing
Andrea Guatiello
marketing@altabooks.com.br

Coordenação Comercial
Thiago Biaggi

Coordenação de Eventos
Viviane Paiva
comercial@altabooks.com.br

Coordenação ADM/Finc.
Solange Souza

Direitos Autorais
Raquel Porto
rights@altabooks.com.br

Produtora da Obra
Maria de Lourdes Borges

Produtores Editoriais
Illysabelle Trajano
Paulo Gomes
Thales Silva
Thiê Alves

Equipe Comercial
Adriana Baricelli
Daiana Costa
Fillipe Amorim
Heber Garcia
Kaique Luiz
Maira Conceição

Equipe Editorial
Beatriz de Assis
Betânia Santos
Brenda Rodrigues
Caroline David
Gabriela Paiva
Henrique Waldez
Kelry Oliveira
Marcelli Ferreira
Mariana Portugal
Matheus Mello

Marketing Editorial
Jessica Nogueira
Livia Carvalho
Marcelo Santos
Pedro Guimarães
Thiago Brito

Atuaram na edição desta obra:

Revisão Gramatical
Maria Carolina
Alessandro Thomé

Ilustrador
João Vitor Cardoso

Diagramação | Capa
Rita Motta

Editora afiliada à:

Rua Viúva Cláudio, 291 – Bairro Industrial do Jacaré
CEP: 20.970-031 – Rio de Janeiro (RJ)
Tels.: (21) 3278-8069 / 3278-8419
www.altabooks.com.br — altabooks@altabooks.com.br
Ouvidoria: ouvidoria@altabooks.com.br

ALTA BOOKS EDITORA

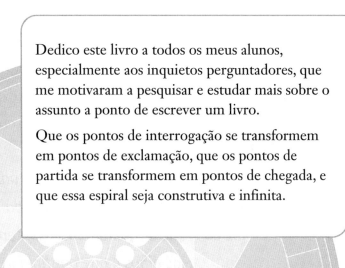

Dedico este livro a todos os meus alunos, especialmente aos inquietos perguntadores, que me motivaram a pesquisar e estudar mais sobre o assunto a ponto de escrever um livro.

Que os pontos de interrogação se transformem em pontos de exclamação, que os pontos de partida se transformem em pontos de chegada, e que essa espiral seja construtiva e infinita.

❝
*Descobrir profundidade em tudo,
eis uma qualidade incômoda:
faz com que se gastem incessantemente
os olhos e que por fim
se encontre sempre mais do que
aquilo que se desejava.*
❞

— Friedrich Nietzsche

Agradecimentos

À minha família, pela compreensão, paciência, carinho e acolhimento durante a gestação de mais este livro. Sei que eu entro em outra dimensão quando começo a estudar, pesquisar e escrever, mas eu sempre volto… antes do próximo livro me cooptar novamente!

Ao meu editor, J. A. Ruggeri, por mais uma parceria e por acreditar nas lentes holográficas que utilizo para ver o mundo.

A todos os meus convidados-pensadores-inspiradores, que compartilharam sua inteligência e suas histórias de vida para engrandecer as articulações que a visão sistêmica neste mundo complexo propõe: Ladislau Dowbor, Regina Steurer, Hugo Bethlem, Carola Matarazzo, Claudio Miranda, Arthur Schmidt Nanni, Aser Cortines, Dr. Ricardo Ghelman, Nei Grando, Dr. Min Ming. Aprendi muito com todos.

E um carinho especial a toda a maravilhosa turma do doutorado livre da Uni-Diversidade das Kebradas, que comprova o fato de tudo estar definitivamente ligado a tudo, em especial a Giselle Paulino e Manish Jain. Honrada com a generosidade multidimensional de vocês!

Use o QR CODE para ter acesso aos conteúdos complementares à obra.

Sumário

Prefácio 13

Sobre o livro. Ponto de partida, pontos de conexão e pontos de interrogação 19

1. **Sistemas complexos: tudo ligado a tudo** 23
   - Abertura 25
   - Como complexidade se liga com gestão 26
   - Empresas adeptas da complexidade: ordem e desordem 29
     - 💡 Certezas e incertezas / 30

2. **As tramas da complexidade** 31
   - A grande tapeçaria universal 33
     - 💡 Fios de histórias / 34
   - Fios, tramas e destinos 35
     - 💡 As tecelãs do destino / 37
   - Laços e vínculos complexos 38
   - A sabedoria e os reflexos da Rede de Indra 39
   - Aranha: a fiandeira e suas tramas 40
     - 💡 O fio da meada e dos negócios / 42
     - 💡 Tecendo a própria rede / 43

3. **As redes e nós** 45
   - Visão de rede 47
     - 💡 O que é uma rede / 48
   - A rede da vida e sua auto-organização 49
     - 💡 Definições da consciência / 52
   - Consciência: a mais misteriosa de todas as redes 53
     - 💡 Filosofia integral / 55
     - 💡 Aprendendo com os sistemas / 57
   - Visão de redes sistêmicas no mundo dos negócios 57
     - 💡 Níveis de complexidade da visão sistêmica / 58

- O poder descentralizado nas redes / 63
- Exercício de poder / 64

Os nós das redes somos nós 65
- Decisões: quem decide e o que está em jogo / 67
- Nós, as bolhas e os silos do sistema / 68
- O mundo todo conectado em rede / 72
- Redes de valores e redes de conhecimento / 74
- Redes de mapeamentos relacionais / 75

4. Sistemas & corresponsabilidades 79

A sociedade e a economia dos sistemas 81
- Considerações sobre propósito / 85
- Propósitos e sentidos / 85

Os fundamentos do pensamento sistêmico 86

Visão sistêmica: o modelo ideal para o mundo dos negócios 90
- Desafio dos diagramas integrativos / 92

A teia das responsabilidades e a responsabilidade social empresarial 105
- Capitalismo Consciente e seus princípios / 110
- Capitalismo Consciente / 111
- Níveis de conscientização / 114

Compromissos e corresponsabilidades 114
- O modelo de Negócio Social criado pelo professor Muhammad Yunus / 118
- Reflexões sobre o nível de responsabilidade do seu negócio / 119

5. Interdependência econômica: estratégias para o futuro 121

As implicações do crescimento econômico 123
- O preço da ambição econômica na Ilha de Páscoa / 124

Prosperidade regenerativa 127
- Aprendendo com a permacultura / 130
- Exercícios de Permacultura / 133
- O que é a permacultura e seus ensinamentos sobre gestão sistêmica / 134

Do fluxo de riquezas para a riqueza de fluxos 137
- Mandacaru: os ciclos sistêmicos e a inconsequência humana / 140

Entre a prosperidade e a degradação 140

Responsabilidade social individual..143
- Ética, valores e bem-estar / 147
- Conversas complexas / 149

6. Saúde sistêmica para lideranças e negócios.................................. 151
Terapias integrativas na saúde: um paralelo com o mundo dos negócios...............153
- A panaceia para todos os males / 154
- Provocações mercadológicas /155

O papel da Medicina Integrativa na Saúde das Pessoas 157
- Na perspectiva dos médicos / 157

As perspectivas da saúde integrativa no mundo dos negócios 163
- Terapias integrativas corporativas /165
- O poder dos pontos reflexos / 168
- Energias e vibrações / 175
- Quais os formatos adotados pela saúde pública no Brasil? / 180
- Equilibrando a saúde / 181

7. Modelos utópicos e a inteligência coletiva: a visão sistêmica ideal ..183
Entre o sistêmico e o utópico 185
Inteligência coletiva: o melhor dos mundos..186
- A propósito de uma nova economia / 191

A farsa da empresa perfeita...195
- Blá-blá-blá corporativo / 196
- Sobre utopias e distopias / 197
- Construções utópicas e simbólicas / 198

City tour pelas utopias 200
- Certezas absolutas / 207

Uma questão de olhar...208
- A empresa ideal / 211

8. Educação, consciência e saberes 213
O eterno mundo novo que não é novo..215
Seis propostas para o próximo milênio e para o mundo dos negócios 216
- O peso da leveza / 217
- A profundidade da rapidez / 218
- A imprecisão da exatidão / 219

- Os pontos de vista da visibilidade / 220
- A unidade da multiplicidade / 221
- A essência da consistência / 222

Os Sete Saberes Necessários à Educação do Futuro nas empresas 222
- Erros e ilusões / 224
- Desafios do global, do local e do glocal / 225
- Recursos inteligentes / 226
- Testes e tipos de inteligência / 228
- Gestão de certeza, gestão de riscos / 231
- A complexidade do respeito mútuo / 233
- A humanização da humanidade / 235

Em vez de um caminho, muitos caminhos 236
- Ubiquidades, ecoversidades e kebradas / 238
- Doutorado livre da UniKebradas: territórios de confiança e a regeneração do aprender / 246

9. Soluções sistêmicas na prática: exemplos brasileiros 251
A civilização das ideias e o humanitarismo: a pandemia de COVID-19 253
- Movimento Bem Maior / 257
- Oportunidades e direitos / 260
- Programa Líderes Empreendedores / 261
- Transformação social / 264
- Instituto Favela da Paz / 264
- Senso de sobrevivência / 267
- Projeto Âncora e Cidade Âncora / 267
- Regeneração e participação / 273
- Educação para Gentileza e Generosidade / 274
- Consciência colaborativa / 279
- Tudo está ligado a tudo: e você? / 280

10. Conclusão e continuidade 283

Bibliografia 289
Notas 291
Índice 299

Prefácio

Existe um ditado que diz que "nenhum sistema vai dar a educação de que você precisa para derrubá-lo". Por isso, precisamos estar abertos a diferentes formas de aprender o tempo todo. Esta obra de Marina Pechlivanis reúne temas essenciais para compreender um assunto tão contemporâneo como o de sistemas complexos. É um pontapé inicial para aqueles que buscam alcançar a liberdade individual e coletiva. Comunicadora, educadora e poeta, sempre buscando o novo, Marina é a prova de que é possível inventar nossos próprios caminhos e viver inúmeras outras possibilidades. Com suas obras *Economia das Dádivas* e *Gestão de Encantamento*, ela despertou inúmeros leitores para novas esferas, formas de viver e até de fazer negócios. *Gestão Sistêmica para um Mundo Complexo* é um poderoso convite à expansão da consciência e à reconexão com as riquezas e belezas do mundo.

Bilhões de pessoas vivenciaram, pela primeira vez e de forma visceral, com a pandemia do COVID-19, o choque em um sistema complexo. Vimos como uma crise iniciada em um determinado lugar do planeta é capaz de sacudir outros sistemas e gerar colapsos de diversas naturezas. Em 2020, as noções de segurança e estabilidade foram completamente abaladas. O ano que passou tornou visível um aspecto essencial: o futuro que nos aguarda é totalmente incerto.

Movimentos sociais como Bem-Viver, na América Latina; Movimento pelo Decrescimento, na Europa; Vidas Negras Importam, nos Estados Unidos; e até o conceito de Felicidade Interna Bruta, no Butão, chamam a atenção para questões fundamentais sobre a qualidade de vida. No entanto, as incertezas sobre como modelar um futuro ainda pouco navegado são imensas. A verdade é que mesmo os líderes globais e instituições governamentais e multilaterais sentem-se paralisados diante desse tema.

A grande virada em minha vida começou quando percebi que a minha avó, mulher analfabeta de uma pequena vila na Índia, era mais inteligente que meus professores de Harvard. Com minha avó, aprendi que existe uma diferença fundamental entre "saber" e "ser". Uma pessoa pode conhecer teorias e fatos, mas a familiaridade conceitual é algo muito diferente ao fato de incorporar o conhecimento e vivenciá-lo. Divido essas reflexões, pois sinto que não podemos compreender verdadeiramente um sistema complexo e interligado somente a partir de uma sala de aula com seus textos, teorias e estruturas, e nem recorrendo a tecnologias do Google.

Reconheço hoje que a educação que recebi na escola formal e na universidade não apenas não me prepararam para um mundo com mais e mais incertezas, como também contribuíram para condicionar minha mente a enxergar e a pensar de forma linear, analítica, fragmentada, reducionista, competitiva e guiada pela noção da escassez. A educação moderna estabelece uma estrutura de aprendizado de duas dimensões que privilegia e valoriza o mundo "chapado" e descontextualizado do papel e do quadro-negro e que não acessa a realidade multidimensional e multissensorial da experiência real da vida.

Escutei, durante toda a minha infância, que para ter sucesso na vida era preciso priorizar os exames escolares e tirar boas notas. O resto seria uma perda de tempo. Assim, brincar com amigos, fazer exercícios, falar minha língua local, trabalhar na terra para cultivar alimentos saudáveis ou ser voluntário em causas sociais eram vistos como atividades extracurriculares. Mais tarde, percebi que essas atividades foram, na verdade, as mais importantes da minha vida. Viajar, ajudar no negócio local da família e passar tempo com meus avós ou momentos em silêncio na floresta ajudaram a criar a base de todo o conhecimento de que precisei ter durante minha vida. E aquilo que ouvi na sala de aula, incluindo todos os exames que precisei realizar, é que foi secundário.

Hoje, escolas em todas as partes do mundo tentam se adequar a essas necessidades, adicionando em suas grades curriculares cursos como educação para sustentabilidade, aprendizado socioemocional, treino vocacional, felicidade na educação, jardinagem, educação empreendedora, entre tantos outros. Essas inovações aparentes são meros anexos. A estrutura fundamental dos sistemas de educação e seus mecanismos de controle continuam os mesmos de sempre. Tais estruturas continuam a ser modeladas de forma industrial e criadas para atender às necessidades de uma civilização industrial militarista.

O projeto global de modernização e desenvolvimento tem sido essencialmente centralizador, categorizador e rotulador. Ao atribuir valor econômico ao mundo natural a ser explorado e agir de forma extrativista, tenta exercer o controle sobre a vida. Escassez, monocultura, desigualdade, violência e dominância humana nos foram vendidos em nome de uma "marcha para o progresso". É o sonho norte-americano! Esses temas já foram tratados e discutidos por diversos pensadores sociais e ecologistas. A questão que enfrentamos agora é uma: para onde vamos? Quais são as estruturas que precisaremos derrubar e os laços que devemos manter nesse labirinto global? Como podemos deixar de reproduzir os antigos arranjos diante da complexidade dos desafios que nos esperam?

Renunciei, em 1997, a uma carreira promissora em planejamento de educação na Unesco e voltei à Índia com questões como essas que citei. Como aprendiz da minha avó, passei a compreender com mais clareza o papel que a educação moderna desempenha ao nos desconectar de nossa consciência interna e sabedoria profunda, de nosso coração, de nossas mãos, de todos os outros seres sencientes, das interconexões e do sentido do sagrado. Como resultado, fomos reduzidos a indivíduos automatizados e cheios de medos — ou a meros consumidores.

A batalha com os sistemas complexos e seus desafios requer empreitadas profundas de desconstruções e desaprendizagens de nossa parte. Para entendermos sobre sistemas complexos, suas ferramentas e como somos moldados por eles, precisamos parar de culpar líderes individuais ou denominá-los de bons ou maus. Não podemos mais esperar por soluções mágicas, declarações das Nações Unidas, lista de desejos, modelos tecnológicos utópicos ou especialistas que venham nos salvar. Precisamos deixar de acreditar que somos "pobres" e que nossas comunidades são desprovidas de recursos.

Na Universidade Swaraj, no Rajastão, Índia, exploramos o jugaad como um importante paradigma para as mudanças necessárias para lidar com a complexidade. *Jugaad* é uma expressão hindi usada para descrever o tipo de ingenuidade que permite aos indianos lidar com grandes e pequenos desafios do dia a dia. A essência do *jugaad* está nas improvisações, divertidas e criativas. Escolher materiais que estão ao nosso alcance ou fazer traquinagens e experimentos é saber inventar com o que temos. Mais do que gerar inovações de baixo custo, *jugaad* é uma atitude, é entrar no estado de fluxo criativo e perceber de forma ativa as conexões invisíveis das infinitas possibilidades.

O desafio é sintonizar e canalizar. Graças a minha avó, compreendi, pela primeira vez, o espírito do *jugaad*. Sempre consciente dos recursos, ela nunca jogava nada fora. Costumava guardar os grãos, restos de vegetais e arroz em potinhos para, depois, misturar com farinha e preparar saborosas *paranthas*, um pão indiano. Esse toque especial deixava seu prato ainda mais gostoso do que o original. Minha avó nunca preparava suas refeições da mesma maneira. Era uma especialista em usar o que estava disponível.

Mais tarde descobri que *jugaad* tem "parentescos" em diversas partes do mundo. Na França, é chamado "système D", e nos Estados Unidos existe a expressão "macgyvering". No Brasil, chama-se "gambiarra". Esse espírito inventivo e criativo vive nas rachaduras e entranhas da sociedade, onde a educação moderna industrial e a civilização não conseguiram colonizar. As favelas, comunidades indígenas, os povos das florestas e outros que vivem à margem do sistema são redutos que ainda resguardam o verdadeiro sentido de *jugaad*. É nesses locais que estão os verdadeiros terrenos férteis, os grandes mestres do sistema complexo.

É nesse sentido que acredito que cultivar o espírito do *jugaad* nos leva a acessar novas "musculaturas", as quais o mundo moderno e suas conveniências nos fazem esquecer que temos: a intuição, a imaginação, o convite e a perseverança.

Intuir significa sintonizar com nossa consciência coletiva e conhecimento profundo. É um chamado a suspender nossa razão, nossos medos condicionados e nossas ansiedades sobre o passado e o futuro quando tomamos decisões. Intuição convida a uma escuta profunda – entre humanos, mas também entre outros seres – para perceber o que está vivo e presente.

Imaginar é se abrir para novas possibilidades de ações criativas. É um chamado a dissolver soluções prescritas ou respostas já prontas. A imaginação nos leva ao sonho.

Convidar é reconhecer que existem perspectivas diferentes das nossas e ser capaz de construir um campo de confiança para estarmos juntos, para criar e evoluir de forma coletiva. É aprendermos como moldar as mudanças e falar múltiplas linguagens entre diferentes texturas, contextos e ferramentas. Convidar significa evocar um profundo espírito de hospitalidade e cuidado.

Perseverar nos leva a persistir em nossas práticas de "prototipar". É preciso adaptar, tentar formas diferentes de fazer as coisas, encontrar outras respostas frente às críticas ou aos modelos originais. É preciso enxergar os erros e as falhas como essenciais para aprofundar nossa compreensão do mundo. Essa perseverança relaciona-se com o espírito de humildade e coexperimentação.

A profundidade da atual crise tem suas raízes nos séculos 19 e 20, quando nos dedicamos a construir mapas intelectuais deixando de lado os terrenos reais de outras dimensões. Um mapa de papel nunca será igual à realidade do terreno. Sistemas, políticas, planos e soluções foram criados sem nenhuma relação com as pessoas, lugares e culturas. Olho para mapas, estruturas e planos de ação utópicos – incluindo os meus – com ceticismo. O terreno é vivo, emergente, imprevisível e difícil de navegar.

Atravessar esse terreno não é apenas aprender a viver com paradoxos, confusões e conflitos. Significa ser capaz de convidar, de forma prazerosa, um caos e uma confusão ainda maior para nossa vida. Gosto de lembrar que o caos pode ser uma grande dádiva. Aceitar que não estamos no controle nos faz enxergar possibilidades a partir de diferentes ângulos que não olharíamos de forma intencional. O caos nos ajuda a tirar do foco algumas premissas que estavam a nossa frente e dá espaço para as que estavam invisíveis tomem forma e se apresentem com mais brilho e clareza. A confusão é uma chance de confrontar nossos próprios medos, sem nos escondermos atrás de historinhas com finais felizes, miopias organizacionais e esperanças institucionais. O caos tem o poder de dissolver nossos limites e ajudar a expandir a noção que temos de nós mesmos. Harmonia não é um estado final em si mesma. É um verbo, uma dança contínua entre ordem e desordem.

As conversas e os entendimentos sobre como trabalhar com sistemas complexos e desafiadores estão ainda em estágios iniciais, com discursos e práticas ainda guiados pela visão norte-americana e pela língua inglesa. Sinto que precisamos nos voltar ao Sul Global, buscar saídas na sabedoria ancestral, nas práticas da contracultura e nas férteis comunidades que se mantiveram à margem.

Um dos grandes presentes que ganhei nos últimos anos foi passar a conviver e aprender cada vez mais com comunidades urbanas e rurais no Brasil. Esses encontros, organizados pela UniDiversidade das Kebradas e diversos parceiros, aconteceram durante as jornadas para Reimaginar a Educação em locais como a periferia de São Paulo e do Rio de Janeiro, Paraty e Serra Grande, na Bahia. O Brasil e seus experimentos que reivindicam outras formas de aprendizagem também têm se tornado parte do coração das Ecoversidades, rede de universidades livres presente hoje em mais de quarenta países. Também tivemos a honra de receber líderes comunitários do Brasil na Shikshantar e Swaraj University na Índia.

Costumo brincar, de forma carinhosa, que mais caótico do que o brasileiro, somente o brasileiro e o indiano juntos. Foi no meio dessa história de amor entre essas duas culturas que conheci Marina. Estou convicto de que precisamos buscar soluções em espaços ainda não tão explorados para lidar com a complexidade que o mundo requer. É preciso recorrer a pessoas sábias como nossos avós ou mágicas como o saci-pererê ou divindades hinduístas e que elas nos ajudem a ter ideias mais profundas. Marina é alguém que percorre esses caminhos e, sem dúvida, é muito perspicaz para traduzir e fazer a ponte entre os diferentes mundos invisíveis a nossa volta.

— **Manish Jain***
Índia, abril de 2022

---

* É cofundador da Aliança das Ecoversidades, Universidade Swaraj e Shikshantar, em Udaipur, na Índia. Estudou em renomadas universidades ocidentais e trabalhou no sistema ONU. Deixou sua carreira de lado pois não queria contribuir com um sistema que vê as comunidades tradicionais como obstáculo ao desenvolvimento. Voltou à Índia para aprender com sua avó analfabeta, que vivia numa vila e que nunca foi à escola, sua grande mestra.

Sobre o livro. Ponto de partida, pontos de conexão e pontos de interrogação

Com a experiência de três décadas no "mundo dos negócios" e, de forma mais intensa nos últimos anos, no "mundo dos projetos sociais", posso afirmar que muitas das coisas que são ditas e escritas não se conectam como poderiam — ou como deveriam. Empresas que atuam linearmente, para o alto e além, sem perceber que ir para o alto pode significar afundar muitas outras pessoas e variáveis. Organizações que prestam serviços complementares, mas que caminham como se estivessem sozinhas. Existe um código velado de regras ultrapassadas que muita gente obedece sem questionar. Muitas vezes por não ter consciência da complexidade, da sistemicidade, da integração de tudo e de todos. Escrevi este livro para trazer luz a essas questões.

Minha **proposta** não é reteorizar e muito menos reinventar a complexidade, a Teoria dos Sistemas, a visão integral, mas colocar vários desses temas em sincronicidade para responder a um desafio emergencial da sociedade. E, mais especificamente, do mercado e das lideranças.

O **objetivo** é apresentar conceitos, visões e sistemas sem trazer verdades absolutas (está mais que comprovado que essas verdades não existem, são apenas convenções), para que você reflita e estruture a sua própria trilha de conhecimento e autoconhecimento pela complexidade e sistematize as suas redes multidimensionais de relações de troca com o mundo, percebendo a interdependência de todas as coisas. Algo que faça sentido para você e que possa fazer sentido para os seus empreendimentos, negócios e projetos, seja você estudante, profissional liberal, empreendedor, executivo, investidor, professor, pensador, transformador social, visionário, sonhador… entre tantas possibilidades.

Para fundamentar e trazer diferentes pontos de vista a essas questões, da teia de Indra à web contemporânea, **articulei** com idealizadores icônicos do Pensamento Complexo, da Teoria dos Sistemas e da Visão Integral, como Edgard Morin, Fritjof Capra, Donella Meadows e Ken Wilber; também com intelectuais de visão metafísica e poética, como Jorge Luis Borges, Umberto Eco, Salman Rushdie e Ítalo Calvino; com ativistas da Inteligência Coletiva, da Economia Regenerativa e da Economia Circular, como Catherine Weetman, Pierre Lévy e Kate Raworth; e, para finalizar, com exemplos de profissionais brasileiros que estão colocando muitas destas referências em prática, cada um com seu olhar sistêmico particular.

Como **motivações**, duas principais:

1) a falta de uma bibliografia mais integrativa para meus alunos de pós-graduação, em disciplinas como Marketing Holístico, Economia do Conhecimento e Inovação, Comunicação Estratégica e Relações com Clientes, entre outras;

2) questões existenciais e mercadológicas que ultimamente têm me inquietado muito, como:

    - Será que dá para competir colaborando?
    - Será que dá para fazer bons negócios e gerar desenvolvimento social?
    - Será que dá para distribuir o acúmulo de forma mais inteligente e solidária?
    - Será que dá para repensar o que se produz antes, em vez de promover a reciclagem depois?
    - Será que dá para se desenvolver sem precisar destruir o ambiente e a sociedade?
    - Será que "consciência" significa a mesma coisa para todas as lideranças?

    (...)

Por isso, "realidades incômodas", que poderiam ser tratadas como conclusões no final do livro, são o meu **ponto de partida**:

- Vivemos em um mundo **interdependente** (precisou acontecer uma pandemia para percebermos isso).
- Estamos **destruindo** os recursos naturais (só com falta de água e escassez de petróleo para prestarmos atenção nisso).
- Criamos soluções para pessoas conectadas em rede (quando parte da população não tem acesso a saneamento básico, que dirá à internet).
- Desvalorizamos a sabedoria **tradicional** que nos trouxe até aqui (e pensamos que tudo se resolve com Inteligência Artificial e a Internet das Coisas).

- Acreditamos que podemos sair do **sistema**, pois este não funciona (até perceber que esse sistema está conectado a outros, pois tudo o que existe, existe em sistema).

- Definimos que queremos um mundo **melhor** (mas nem sequer sabemos o que é melhor para todo o mundo; para nós, já é difícil, imagine para o outro).

- Não temos **maturidade** para respeitar e acolher o próximo (nada como uma crise de desigualdade social e de violência para trazer o assunto à tona).

- Temos deficiência em assuntos de **civilidade** (polarizações, intolerâncias e discriminações são a prova disso).

- Falamos com obviedade sobre **compartilhamento** e **colaboração** (quando, na verdade, fomos e somos educados para a competição e a comparação).

- Endossamos produzir mais e mais coisas **acessíveis e disponíveis** para mais e mais pessoas (e desconsideramos o custo social e ecológico desses preços e dessa logística).

- Reforçamos a importância da **responsabilidade social** no mundo dos negócios (e sabemos que muito disso é só placebo para criar uma imagem "positiva" no mercado).

- Fazemos de conta que não enxergamos o **todo** e que tudo vai ficar bem para sempre (quando, na verdade, a finitude de tudo é o que deveria nos mover).

- Investimos em planos e mais **planos** estáticos e certos (quando o que impera é a incerteza de tudo e para todos).

- Acreditamos que usar **fórmulas** como Golden Circles e a Teoria U, isoladamente, resolve alguma coisa (quando, na verdade, se a mudança não for estrutural, tudo será pontual).

Este é um livro de questionamentos. Diz o sábio ditado que a pergunta já é uma boa parte da resposta. E pontos de interrogação são sempre bons pontos de conexão.

Em todos os capítulos há perguntas para você. Vale o desafio de tentar responder e de levar para sua equipe e seus colaboradores, líderes, investidores, parceiros, clientes, fornecedores, entre tantos públicos estratégicos com quem você se relaciona, tentarem também.

Como estrutura, preparei uma métrica de leitura com textos de apoio e dicas; entrevistas realizadas com profissionais, educadores e inspiradores das mais diversas áreas, da Medicina ao Empreendedorismo Social; trinta gráficos com representações didáticas sobre a complexidade e uma centena de perguntas para desafiar você sobre Gestão Sistêmica em um Mundo Complexo.

Sempre que possível, faça a transposição desse repertório de visão sistêmica, multidimensional e integral para o seu cérebro, o mais complexo de todos os sistemas e o único que apresenta a consciência como propriedade emergente. Aproveite essa dádiva.

Algumas das curiosidades que você pode encontrar durante a sua leitura:

- Nem tudo será resolvido com o mundo dos negócios.
- Existem inúmeras possibilidades fora do "mainstream" (caminho principal) que funcionam.
- O que para você é uma "utopia", para algumas pessoas é "ousadia": foram lá, fizeram acontecer e estão vendo no que vai dar.

O livro está organizado em dez capítulos, utilizando a metodologia da leitura complementar e integrativa: um capítulo está encadeado ao próximo, e assim por diante.

Cada capítulo traz uma sinopse na abertura e um destaque das palavras-chave utilizadas, o que facilita a leitura.

Para melhorar a experiência de leitura, ao longo dos capítulos, você encontrará uma roteirização que disponibiliza:

- Ligue os pontos (Exercícios e diagramas)
- Fique ligado (Reflexões)
- Tudo está ligado a tudo (Curiosidades)
- Ponto de vista (Entrevistas)

Boa leitura e votos de percepções e conexões iluminadas para você e para o mundo com o qual interage.

Marina Pechlivanis

Sistemas complexos:
tudo ligado a tudo

Sinopse: para gestores que **têm a certeza de tudo**, apresento *Gestão Sistêmica para um Mundo Complexo*, que analisa a complexidade da aleatoriedade, dos riscos e das adversidades de cada uma das nossas ações, tratando-as como desafios e considerando as inúmeras possibilidades de algo acontecer ou não, se desdobrar ou não, mudar de rota ou não. Ao longo do livro, proponho reflexões, exercícios e, a depender do leitor, soluções.

Palavras-chave: Pensamento Complexo, Noções de Ordem e Desordem, Realidades Incômodas

Vamos encarar os fatos, o Universo é confuso. É não linear, turbulento e caótico. É dinâmico. Passa o tempo em comportamento transiente a caminho de algum outro lugar, não em equilíbrio matematicamente organizado. Ele se auto-organiza e evolui. Ele cria a diversidade, não uniformidade. É isso que torna o mundo interessante, é isso que o torna belo e é isso que o faz funcionar.[1]

— Donella Meadows

Abertura

Tudo está ligado a tudo em uma rede complexa e imprevisível de relações, e isso não é de hoje.

Milênios antes de mapearmos as conexões neurais do cérebro, filosofias e medicinas como a indiana e a chinesa já consideravam que tanto o corpo humano quanto a Terra e os astros celestes estavam de alguma forma conectados por "fios invisíveis", como uma grande malha tecida por redes intra, inter e multidimensionais.

Desde o Neolítico, temos provas de representações de fios de conexão, como nas esferas da Idade do Bronze (Período Neolítico Tardio [3000–2500 a.C.]) que estão no Ashmoleam Museum Oxford,[2] com padrões definindo linhas que poderiam ser utilizadas para fazer cálculos, representar estruturas da natureza, demonstrar o pensamento abstrato ou mesmo ser símbolos de devoção.

Os estudos telúricos consideram vórtices de energia conectados a vibrações de campos eletromagnéticos, em cujas interconexões criam-se oscilações harmônicas (como uma música no tom certo), que possibilitam a abertura de portais como pontes que se conectam e se ativam. Adeptos da "matemática sagrada" reconhecem padrões geométricos específicos em linhas (as chamadas Linhas Ley ou os "chacras da Terra") que se interconectam em determinados territórios espiritualmente valorizados em termos geológicos, geográficos e arquitetônicos, como templos, oráculos, catedrais e ruínas. E recebem nomes diferentes para cada cultura e civilização: caminho do dragão, rios de luz, linhas místicas, linhas de Thoth e linhas do espírito, entre outras denominações. Há quem considere que essas linhas são níveis de consciência com correspondências, vibrações, polaridades, ressonâncias, sobreposições e ritmos diferentes, entre outras variáveis.

Usando telescópios de alta sensibilidade, em 2019, cientistas[3] anunciaram o registro de imagens de filamentos cósmicos azuis de hidrogênio da rede intergaláctica gasosa: os fios da chamada Teia Cósmica.[4] Até então, essa teia, que conecta milhares de galáxias por mais de 3 milhões de anos-luz, que pode conter cerca de 60% do gás do universo e que é fonte de alimento para regiões produtoras de estrelas, assim como de buracos negros, não tinha sido observada, apenas analisada por astrofísicos em simuladores 3D (recomendo a visualização: http://cosmicweb.barabasilab.com). Sim: uma estrutura gigantesca que possivelmente sempre existiu, e que não é por não ser vista que não interfere em nossas vidas. Uma mudança sutil em um espaço-tempo distante pode transformar de forma fatal o nosso aqui e agora.

Aproveitando a tecnologia e os dados de satélites, hoje já se tem mais precisão sobre as linhas que dividem e interconectam o nosso mapa-múndi. Existem as linhas imaginárias que definem os polos geográficos com base no movimento de rotação e criam um sistema de localização com seus meridianos e paralelos; a base é tridimensional, geométrica, como um círculo dividido em discos, com centro, diâmetro e radiais. E também as linhas geomagnéticas que permeiam o centro da Terra criando cargas positivas e negativas que se encontram no chamando **norte magnético**. Na época das navegações, isso já era sabido, tanto que a bússola, inventada pelos chineses por volta de 2000 a.C. e levada para a Europa pelos árabes, foi um dos fatores de sucesso do período em que se traçaram as novas rotas de comércio para expandir o mundo então conhecido.

Os polos magnéticos são compostos por ligações, interações e distorções complexas de cargas elétricas movimentadas a partir do ferro derretido abaixo da superfície do planeta, a mais de 2,8 mil quilômetros de profundidade. E têm o poder de permitir a sobrevivência na Terra, garantindo a coesão da atmosfera e protegendo o planeta dos efeitos letais dos ventos solares e das radiações cósmicas. Uma inversão no norte magnético, como acontece a cada 250 mil anos (e que está atrasada dessa vez: a última foi há 780 mil anos), pode ser catastrófica em termos de georreferenciação, não só para as bússolas, para os GPSs e para as telecomunicações, mas para tudo o que deles interdepende: energia, economia, saúde, alimentação, enfim, a vida como um todo. Um exemplo concreto do pensamento complexo: estruturas que influenciam nossa realidade de modo inimaginável, mas que não conseguimos ver.

Como complexidade se liga com gestão

> *O normal não é que as coisas permaneçam tais como são, pelo contrário, isso seria inquietante. Não há nenhuma receita de equilíbrio. A única maneira de lutar contra a degenerescência está na regeneração permanente, melhor dizendo, na atitude do conjunto da organização a se **regenerar** e se organizar fazendo frente a todos os processos de desintegração.*[5]
>
> — Edgar Morin

Gerir empresas, empreendimentos, projetos, organizações, pessoas... pressupõe estratégias de **gestão**. Há quem considere que estratégias são mapas ou programações predeterminadas e certeiras para garantir que algo aconteça de acordo com as intenções previstas, como se fossem automatismos. Nesse modelo, você nem precisa refletir muito: tudo acontece com instruções fixas e centralizadas, com base na funcionalidade, na racionalidade e na rigidez, repetindo os mesmos detalhes como se todos os problemas desencadeassem as mesmas consequências.

Mas a estratégia, em seu sentido pleno, é bem diferente disso: consiste em como lidar com a complexidade da aleatoriedade, dos riscos e das adversidades de cada ação, tratando-as como desafios e considerando as inúmeras possibilidades de algo acontecer ou não, se desdobrar ou não, mudar de rota ou não. Logo, está associada aos caminhos não programáveis e mutantes da inovação, da descoberta e da transformação, à liberdade, inventividade e adaptabilidade, mas nunca à certeza.

Os estrategistas precisam estar sempre atentos, em estado de alerta para atuar com flexibilidade e adaptabilidade. Não há uma programação fixa e esperada de resultados: cada ação desencadeia decisões, escolhas e desafios imprevisíveis.

Gerir empresas, empreendimentos, projetos, organizações, pessoas... pressupõe também indicadores de **eficiência**. No modelo clássico e mecânico, ser eficiente é repetir etapas programadas, padronizadas, estáveis, invariáveis e controláveis em um processo em que não se aceitam as contradições que, inclusive, podem ser indicadores de erro. Na visão complexa, pelo contrário, a eficiência se dá nas contradições de um processo orgânico, instável, singular e com inúmeras probabilidades de variáveis incontroláveis.

Historicamente, empresas, organizações e universidades "departamentalizam" o conhecimento, as funções e suas entregas como se essas partes tivessem o poder de representar um todo. Isso é muito contraditório, pois tudo o que é unidimensional — especializado, facetado, fatiado — é, por natureza, incompleto. Porém, ser complexo não significa ser **completo**, pois a totalidade é sempre relativa, relacional e imprecisa: depende de quem a vê, com base no repertório e no contexto de cada um.

Vale também uma importante distinção entre o **simples, o complexo** e o **complicado**.

Sistemas simples operam em níveis relacionais de expectativas controladas; as partes que interagem são óbvias e condicionadas a regras e ordens, e o acerto está condicionado a seguir uma receita. Nos sistemas complicados, parte das interações não é tão óbvia, como nos sistemas simples, e requer especialistas para tudo funcionar; o acerto está condicionado a fornecer as ordens certas e o erro pode ser evitado conhecendo-se as especialidades e/ou os especialistas que podem fornecer alguma solução.

Já, no sistema complexo, considera-se que nada é óbvio, pois as relações:

- podem ser paradoxais, complementares e antagônicas, e isso está fora do controle ou das previsões de qualquer pessoa, independentemente de sua especialização ou hierarquia;
- podem romper com a linearidade cartesiana de verdades seculares como as leis de "causa e efeito", os condicionamentos de "produto e produtor", as métricas de "estrutura e superestrutura", compondo circuitos autoconstitutivos, auto-organizadores e autoprodutores;
- podem se modificar radicalmente, dependendo dos observadores e das respectivas observações;
- só podem ser concebidas pela existência do outro, assim como um holograma: o todo está na parte e a parte está no todo, ambos integrados em um sistema que ultrapassa o holismo (só vê o todo) e o reducionismo (só vê as partes);
- precisam considerar a incontornabilidade do tempo e, quanto a isso, não há o que fazer.

Para concluir: gerir empresas, empreendimentos, projetos, organizações, pessoas... pressupõe **geração de negócios**. E gerar negócios, na visão da complexidade, significa estar permanentemente preparado para a **regeneração**. Gerar pressupõe o regenerar em seu processo criativo, pois não existe uma geração de bens, de recursos, de soluções que seja sem fim em um planeta de recursos limitados e ideias ilimitadas.

Estar consciente disso **muda as estruturas de poder**, riqueza, potência, entre tantos outros modelos de acúmulo que o mundo dos negócios constituiu nas últimas décadas. A nova ordem de manutenção e sobrevivência é aprender sobre a regeneração.

A visão da complexidade traz um paradigma multidimensional, complementar e integrador, no qual o múltiplo faz parte do uno, mas esse uno não se dissolve no múltiplo — cada partícula contém o todo, como as células de um organismo.

Tudo é inseparável e interdependente: indivíduos, sociedade, natureza... Não existe a departamentalização que impera na conduta de muitas empresas, separando tudo em caixinhas, em áreas que dizem que "se conversam", mas não interagem.

Empresas adeptas da complexidade: ordem e desordem

Nossa cultura é resultado de um modelo simplificador, dicotômico, antagonista, que trata o conhecimento de forma separada e isolada, para não dizer mutilada e fragmentada, no formato "uma coisa é uma coisa e outra coisa é outra coisa", como se nada estivesse integrado.

É unidimensional, por exemplo, tratando separadamente a ciência e a filosofia, sem considerar a inevitável conexão não só entre ambas, mas entre outras tantas dimensões.

No mundo dos negócios não é diferente.

Empresas que adotam a postura da complexidade consideram o princípio da auto-eco-organização, um fenômeno ordenado, organizado e aleatório, pois não há certezas absolutas, por exemplo, sobre resultados de venda de produtos e serviços, mesmo que haja possibilidades, probabilidades, plausibilidades.

O mercado, assim como tudo, é uma mistura de ordem e desordem. A complexidade é correlativa à progressão da ordem, da desordem e da organização, considerando a impossibilidade de homogeneizar e de reduzir.[6] É a mudança da qualidade da ordem e a mudança das qualidades da desordem na mais alta complexidade. A desordem torna-se liberdade, e a ordem é muito mais regulação do que constrição.

E o que significa ordem e desordem?

Ordem pode ser considerado tudo o que é repetição, constância, invariância, relações prováveis, dependência de leis, arbitrariedades. Já, como desordem podem ser consideradas as irregularidades, são os desvios com relação às estruturas dadas; o acaso e a imprevisibilidade.

O segredo para o equilíbrio de um negócio é ter uma relação tanto antagônica, quanto complementar de ordem, desordem, interação e organização. Onde só há ordem não há espaço para o novo, para as experiências, para a inovação, para a criatividade, para o desenvolvimento e para a evolução. E, certamente, onde impera a desordem pura não há estabilidade e nem estrutura para a composição de uma organização.

> **Fique ligado** – Certezas e incertezas
>
> Você acha que está fazendo tudo "certinho"? É melhor rever os seus conceitos. O que é certo para você? Quem disse que é certo? Quem avalia se está certo? E na sua empresa?
>
> O que é certo para a sua empresa? Quem diz que é certo? Quem avalia se está certo? Quem mantém a ordem? Como é mantida a ordem? Quais os impactos disso?
>
> Quem gera a desordem? Como é gerada a desordem? Quais os impactos disso?

Organizações complexas estão mais abertas à desordem, que traz vitalidade, liberdade e autonomia advinda, inclusive, da descentralidade na tomada de decisões. Assim como todos os radicalismos, o excesso de complexidade pode ser desestruturador, a não ser que exista a solidariedade entre as pessoas e o senso de responsabilidade para com o bem comum — o que é difícil, mas não impossível de se alcançar. Para Edgard Morin, "A verdadeira solidariedade é a única que permite o incremento da complexidade. Finalmente, redes informais, as resistências colaboradoras, as autonomias, as desordens são ingredientes necessários para a vitalidade das empresas."

2 As tramas da complexidade

> **Sinopse:** para gestores que **acreditam em seu poder** de, sozinhos, fazerem tudo funcionar e acontecer, demonstro que o que faz as empresas funcionarem e anima os mercados econômicos não é a abstrata e universal lei econômica da oferta e da procura, e sim a intrincada cadeia das interdependências e das relações de confiança com as quais se tecem as redes.
>
> **Palavras-chave:** Paradigma Multidimensional, Entrelaçamento Complexo, Interdependência das Relações, Mitologia das Tecelãs, Fiandeiras da Natureza

> *Considero impossível conhecer
> as partes sem conhecer o todo,
> mas não considero menos impossível a
> possibilidade de conhecer o todo
> sem conhecer singularmente as partes.*
>
> — Pascal

A grande tapeçaria universal

Nada como uma boa analogia para ajudar a entender os fundamentos e as teorias.

No dicionário, a palavra *complexo* (associada à complexidade) é definida como um todo mais ou menos coerente, cujos componentes funcionam entre si em numerosas relações de interdependência ou de subordinação. Em sua etimologia, vem do latim *complexus*, uma junção da partícula *com* (que significa "junto") e *plectere* (que significa "tecer, entrelaçar"). Traduzindo: aquilo que foi tecido junto, uma tapeçaria.

Podemos pensar no cosmos, no seu cérebro, na sua rede de relacionamentos ou na sua empresa como uma tapeçaria, cuidadosamente produzida com diferentes tipos de fios dos mais variados materiais (algodão, lã, seda, linho, acrílico, nylon...). Cada fio tem suas características, seus componentes, suas estruturas e resistências, suas leis e seus princípios e foi produzido de formas distintas, em locais distintos, por pessoas e métodos diferentes. Mas um fenômeno muito especial acontece quando todos esses fios são trançados em conjunto: onde havia um conjunto de fios, compõem-se agora uma tapeçaria, que forma um todo muito particular, composto por características, componentes, estruturas e resistências, leis e seus princípios que vão além da soma de cada uma das partes, de cada um dos fios, podendo, assim, gerar conhecimentos, sentimentos e percepções bem distintos, dependendo, além da trama em si, com seus nós e pontos, da imagem que essa tapeçaria revela, intencionalmente ou não intencionalmente. Traduzindo: a tapeçaria é mais que a soma objetiva das especificidades de cada um de seus fios. É uma complexa interligação interdependente: "A parte está no todo, assim como o todo está no interior da parte que está no interior do todo."

No cosmos é assim, expandido por muitas galáxias.

No seu cérebro é assim, amplificado por várias sinapses.

Na sua rede de relacionamentos é assim, replicado por inúmeros contatos.

Na sua empresa ou organização é assim, potencializado por diversos negócios e projetos.

Eis a importância de se refletir, para cada decisão ou iniciativa, nas tramas às quais estas estão ligadas e nas possíveis consequências. Assim começa a perspectiva analítica multidimensional, complementar e integradora.

> **Tudo está ligado a tudo** — Fios de histórias
>
> Em sua obra Haroun e o Mar de Histórias,[1] Salman Rusdie aborda o conceito de complexidade como uma tapeçaria líquida no Mar de Fios de Histórias por onde Haroun, o protagonista, estava navegando. Fica a dica de leitura:
>
> > *E assim Iff, o Gênio da Água, contou a Haroun sobre o Mar de Fios de Histórias, e embora o garoto estivesse se sentindo fracassado e sem esperanças a mágica daquele mar começou a exercer um efeito sobre ele. Olhou para a água e reparou que ela era feita de milhares e milhares e milhares de correntes diferentes, cada uma de uma cor diferente, que se entrelaçavam como uma tapeçaria líquida, de uma complexidade de tirar o fôlego; e Iff explicou que eles eram os Fios de Histórias, e que cada fio colorido representava e continha uma única narrativa. Em diferentes áreas do Oceano havia diferentes tipos de histórias, e como todas as histórias que já foram contadas e muitas que ainda estavam sendo inventadas podiam se encontrar aqui, o Mar de Fios de Histórias era, na verdade, a maior biblioteca do Universo. E como as histórias ficavam guardadas ali em forma fluida, elas conservavam a capacidade de mudar, de se transformar em novas versões de si mesmas, de se unirem a outras histórias; de modo que, ao contrário de uma biblioteca de livros, o Mar dos Fios de Histórias era muito mais que um simples depósito de narrativas.*
> >
> > — Salman Rusdie

Esse trecho traz conceitos emblemáticos no pensamento complexo: as histórias, assim como os pontos de conexão que compõem as redes complexas das quais você faz parte, podem mudar e se transformar em novas versões de si mesmas, assim como podem se unir a outras histórias que já foram contadas ou que ainda não aconteceram, sendo muito mais que a soma dos fios de histórias. E a comparação com a maior biblioteca do Universo, que não é um depósito de narrativas, alinhava mais uma referência literária: Jorge Luis Borges, com suas *Ficções:*

> *O universo, que outros chamam de **biblioteca**, é composto de um número indefinido, e talvez infinito, de galerias hexagonais. (...) A distribuição das galerias é invariável. (...) No corredor há um espelho, que fielmente duplica as aparências. Os homens costumam inferir deste espelho que a Biblioteca não é infinita — se o fosse realmente, para que esta duplicação ilusória? — eu prefiro sonhar que as superfícies polidas figuram e prometem o infinito. (...) A Biblioteca é ilimitada e periódica. Se um viajante eterno atravessasse em qualquer direção, provaria ao cabo de séculos que os mesmos volumes se repetem na mesma desordem — que, repetida, seria uma ordem: A Ordem.*[2]
>
> — Jorge Luis Borges

Nesta citação, o balanceamento entre a ordem e a desordem, um dos eixos do pensamento complexo, é exemplificado de forma bastante didática. Assim como na constatação de Ítalo Calvino em *Mundo Escrito e Mundo Não Escrito*, que reforça o princípio complexo do ilimitado, aberto em todos os seus pontos, linhas, corpos, vidas e consciência — temas abordados nos próximos capítulos:

> *O universo pode ser finito ou **infinito**, pouco importa. O que é certo é que é ilimitado, ou seja, não fechado, ou seja, aberto em cada ponto e em cada direção a todo o resto de si mesmo. A informação só pode ser macroscópica, nunca microscópica. E essa ordem estruturada em suas grandes linhas — que corpos celestes, vida biológica e consciência trabalham incessantemente para produzir — apoia seus fundamentos sobre um desmoronamento impalpável e imprevisível de ocorrências microscópicas.*[3]
>
> — Ítalo Calvino

Fios, tramas e destinos

A tecelagem, junto à modelagem e ao entalhe, é uma das técnicas mais utilizadas para contar a história de criação do mundo. O cosmos, em várias tradições e culturas, é gerado a partir de um grande manto ou uma grande rede, conectado a fios, nós e laços. E a palavras, pois tecer é escrever, narrar, urdir conceitos e estruturar repertórios, reconhecendo o poder do criador como a capacidade verbal de construir um mundo (de ideias, fantasias, histórias) onde nada havia, e também o controle de começar, de planejar, de modificar, de interromper, de concluir.

Em todos os cantos e em todos as épocas, foram registradas em mitologias, lendas e religiões, divindades e entidades mágicas com poderes associados à ordem cósmica e ao controle do destino, reproduzindo os movimentos cíclicos da natureza: noite e dia, estações do ano, vida e morte. A Grande Tecelã, simbologia mítica, é quem define os vínculos e as tramas no complexo fio da vida, do cordão umbilical ao suspiro final. O fuso e o tear também estão conectados a círculos sagrados femininos, fortalecendo as conexões e valorizando a força e a energia de, a partir de um fio, criar formas, padrões e texturas para cordas, redes, armadilhas, cestas e tecidos com diversas funções e destinações para o bem da comunidade onde atuam: proteger, nutrir, salvar, envolver, acolher... Não por acaso, a tecelagem é considerada mais que uma arte, é um patrimônio ancestral transmitido de geração em geração, com toda a sua técnica e os seus mistérios, que remontam há mais de 20 mil anos.

> *Na tradição do Islã, o tear simboliza a estrutura e o movimento do universo. Na África do Norte, nas mais humildes choupanas dos maciços montanhosos, a dona de casa possui um tear: dois rolos de madeira sustentados por 2 montantes; uma moldura simples... O rolo de cima recebe o nome de rolo do céu, o de baixo representa a terra. Esses quatro pedaços de madeira representam todo o universo. O trabalho de tecelagem é um trabalho de criação, um parto. Quanto o tecido está pronto, o tecelão corta os fios que o prendem ao tear e, ao fazê-lo, pronuncia a fórmula de bênção que diz a parteira ao cortar o cordão umbilical do recém-nascido. Tudo se passa como se a tecelagem traduzisse em linguagem simples uma anatomia misteriosa da humanidade.*[4]
>
> Jean Chevalier e Alain Gheerbrant

E qual a importância disso para quem quer saber de gestão sistêmica para um mundo complexo? Importância significativa. Não existe "mundo dos negócios" isolado de todos os outros mundos, e entrar em conexão com mitologias e analogias pode ajudar — e muito — aos que quiserem entender as intricadas redes relacionais da humanidade.

Se tudo fosse matemática, estava mais fácil, mas estamos falando de seres humanos volúveis, instáveis e imprevisíveis conectados entre si e com um universo aberto de possibilidades imprevisíveis. Para lidar com isso, todo conhecimento é pouco.

Tudo está ligado a tudo As tecelãs do destino

Na mitologia grega, "Mera" significa a parte que lhe cabe neste mundo (de vida, de felicidade, de tristeza...). Com esse conceito universal, surge nas epopeias homéricas o conceito das "Meras" ou Moiras, três irmãs responsáveis pelo destino e que fabricavam, teciam e cortavam os fios da vida dos deuses e dos seres humanos usando a Roda da Fortuna, que alternava os períodos de sorte. Filhas de Zeus e de Temis, e irmãs das Horas, também é dito que são filhas de Nix, a noite, pertencentes à primeira geração divina das forças elementares do mundo. Ninguém poderia interferir em suas decisões, sob risco de interferir na harmonia cósmica. Já foram artisticamente representadas tanto sinistras e asquerosas como lindas donzelas. São mencionadas em obras clássicas como a Ilíada, em que são consideradas uma lei inquestionável da ordem de todas as coisas; e na Odisseia, como fiandeiras do destino. Não têm uma lenda própria e simbolizam uma concepção semifilosófica e semirreligiosa do mundo.

Cloto era quem fiava a trama inicial da vida, atuava como deusa dos nascimentos e partos. Láquesis representa a oportunidade, a parte do acaso à qual todos têm direito. Determinava o tamanho de cada fio da vida e o enrolava, definindo como seria a vida de cada um. Átropos era quem media o cumprimento da vida e determinava irrevogavelmente o momento da morte; colocava ponto-final na vida e cortava o fio.[5]

O mesmo para os romanos. As senhoras cegas do destino eram as **Parcas**, do verbo parir: Nona tem este nome por conta das nove luas de gestação; tece a vida no útero materno e cuida da gestação; Décima, associada ao décimo mês (decem) ou ao mês do corte do cordão umbilical, do início da vida na Terra; já Morta estava na outra ponta, cuidando do fim da vida, que pode acontecer a qualquer momento.

Na mitologia escandinava, nórdica, viking ou germânica, a história se repete.

As **Nornas**, três deusas fiandeiras, tecem e controlam o destino de homens e mulheres. Segundo a lenda, nasceram da fonte de Urdarbrunnr, fonte do destino onde cresce Yggdrasill, a árvore que sustenta o mundo e cujos frutos têm respostas para as grandes questões da humanidade. Urd, a anciã, olha para o que já aconteceu: cuida dos mistérios e dos segredos do passado e dos mistérios antigos, presa a sentimentos como saudade e rancor. Verdandi, a mãe, olha para o que está acontecendo: é quem tece tudo o que acontece no presente, simbolizando a continuidade e o movimento. Skuld ou Skald, a virgem, olha para o que vai acontecer: é a guardiã do futuro responsável pelas profecias, adivinhações e o destino.

Atuam sempre juntas, considerando que tudo está entrelaçado.

Laços e vínculos complexos

Para que serve o entrelaçamento complexo?

Um bom argumento é utilizá-lo com sabedoria para tecer redes de aliados, estratégia que vale para executivos do mundo corporativo, assim como para moluscos e micróbios.

Para Alain Caillé, "o que faz as empresas funcionarem e anima os mercados econômicos não é a abstrata e universal lei econômica da oferta e da procura, e sim a cadeia das **(inter)dependências** e das **relações de confiança** com as quais se tecem as redes. A sociologia da ciência ou a da economia convergem, portanto, para uma tipologia das redes". Essas redes, por sua vez, são "o conjunto das pessoas com quem o ato de manter relações permite conservar e esperar confiança e fidelidade", fenômeno que se dá de forma mais intensa dentro do que fora da rede, desde sempre: das tribos arcaicas às tribos contemporâneas. Isso significa que, antes do útil e da funcionalidade de todas as coisas, está a construção do laço social, que origina o conceito de *peer to peer* (de pessoa para pessoa), tão em voga na atualidade, e que não deixa de ser uma troca simbólica também.

Crítico do modelo economicista e utilitarista do *homo oeconomicus*, Caillé considera que há muito mais que cálculo e interesse material ou imaterial nas relações sociais; há também obrigação, espontaneidade, amizade e solidariedade, em suma, dom.[6] O dom é a força motriz das alianças, ligando indivíduos e transformando-os em atores sociais em um processo que permite associações que estruturam os vínculos da confiança. Logo, o que tece os vínculos sociais são os dons que se rivalizam e proporcionam ligações de pessoas entre si, em trocas de bens que não têm um valor utilitário, mas simbólico.

Definitivamente, **as trocas todas são simbólicas, assim como os laços que as efetivam**. Isso é e sempre foi uma poderosa cola social, mantendo as pessoas unidas em busca de um mesmo objetivo, compartilhado em crenças e rituais comuns. Esse fenômeno se dá em três paradigmas. Os dois primeiros são movidos pela linguagem dos interesses: instrumentais (de fazer alguma coisa), finais (para alguma coisa), de ter (bens), de apresentar (honra, glória). Já o terceiro **paradigma** se move por outra linguagem, a da amizade, da compaixão, do amor, da simpatia, da doação, da solidariedade:

- **Individualista:** toma o indivíduo como ponto de partida, com seus planos e interesses individuais, racionais, separados dos demais; é pautado por contrato, individual ou social e pelo mercado.
- **Holista:** considera o estruturalismo, o funcionalismo, o culturalismo e o institucionalismo; é pautado pela lei, coerção, pressão ou manipulação.
- **Dom:** prevê que a satisfação do interesse de quem dá só se efetiva pela satisfação do interesse do outro, por isso é ao mesmo tempo livre e obrigatório. O autor estrutura sistemas de dons, considerando a relação entre os rivais, entre seus pares e contemporâneos, entre as gerações, entre os homens e as potências espirituais.

Há inúmeros laços invisíveis que congregam os indivíduos nas sociedades, que estabelecem os contratos, fundamentam as confianças, os créditos, res e rationes, contractae. Neste solo pode germinar e crescer o calor humano para satisfazer os outros, com segurança... O receio e o medo são laços frágeis para a amizade. Rigorosamente falando, mantêm de pé os estados e as tiranias, não criam porém nem a caridade humana e nem o amor, ou, caso se preferir, no fundo, a devoção. Mesmo com o risco de parecer antiquado e proferir um lugar comum, voltamos claramente aos velhos conceitos gregos e latinos de caritas, que hoje traduzimos tão mal por caridade, de philon e koinon (Platão, Leis 697 C), desta amizade necessária e desta "comunhão" que são a delicada essência da cidade.[7]

— Marcell Mauss

A sabedoria e os reflexos da Rede de Indra

Mesmo sem ferramentas tecnológicas sofisticadas para enxergar os microcosmos de cada partícula e os macrocosmos do Universo, algumas escrituras milenares foram capazes de descrever com precisão impressionante conceitos altamente contemporâneos sobre a complexidade. A *Avatamsaka Sutra* (Sutra Esplêndido e Solene Adornado com Guirlanda de Flores), entre as mais grandiosas e abrangentes escrituras budistas, descreve o cosmos pela filosofia de interpenetração, base da Escola Huyan de Budismo Chinês, para a qual todos os fenômenos estão interconectados como reinos infinitos de reinos sobre reinos, um contendo o outro.

Um de seus mais belos textos é a história da divindade Indra, que moldou o universo em forma de rede e definiu que, em cada nó ou vértice, haveria uma joia polida e multifacetada para refletir e refratar as demais. Tudo o que está nessa infinita Rede de Indra faz parte de estruturação sistêmica que integra o complexo: tudo o que existiu, existe e existirá, inclusive no âmbito dos pensamentos, reforçando que **tudo implica em tudo como um espelho vivo e perpétuo de tudo**. Qualquer pequena mudança se refletirá em todas as reflexões e refrações, mudando-as também.

A mesma ideia vale para o conceito filosófico de inúmeros multiversos e multidimensões em uma só imagem: uma gota de orvalho em uma teia de aranha repleta de gotas de orvalho, todas refletindo todas. E esse conceito serve para cada pequena partícula, para tudo: células, indivíduos, tribos, planetas, galáxias; para sinapses, pensamentos, movimentos e mobilizações; e para pontos de vista, perspectivas, possibilidades e oportunidades. O único, harmoniosamente, coexiste com os muitos; cada universo é, ao mesmo tempo, multiverso, e mais que reflexos e reflexões, é preciso considerar as fusões, as intersecções, as intervenções e as transformações.

> *De fato, a imagem da Rede de Joias de Indra, como outras imagens como a Torre de Maitreya, tem o objetivo de simbolizar que "todos os seres, sendo interdependentes, implicam em seu indivíduo ser o ser simultâneo de todas as outras coisas". Em outras palavras, tais imagens destinam-se a retratar o universo, ou multiverso, pois é constituído por processos de "originação interdependente" o princípio ontológico básico do budismo, que rejeita precisamente uma ontologia de substâncias independentes*[8] *(...).*
>
> — Steven M. Emmanuel

Aranha: a fiandeira e suas tramas

> *Tecer não significa somente predestinar (com relação ao plano antropológico), mas também criar, fazer sair de sua própria substância, exatamente como faz a aranha, que tira de si sua própria teia.*[9]
>
> — Mircea Eliade

Na natureza, um exemplo de fiandeira ímpar é a **aranha**. Sua aparente fragilidade ilude e engana, pois a aranha tece a partir de si a sua teia. Seu significado universal é complexo e tem muitos sentidos e símbolos, especialmente na filosofia, na espiritualidade e na psicologia, entre tantas outras áreas de estudo. E quando associada a fiar e tecer destinos, está presente em inúmeras representações, mitologias, fábulas e tradições orais desde os tempos antigos.

A palavra vem do grego (*arachne*), assim como um dos mitos de criação da aranha, originário de uma competição de tecelagem entre Arachne, filha de um reconhecido tintureiro de lã na Lídia que se achava muito orgulhosa de suas habilidades de tecelã e desafiou Athena, deusa das bordadeiras e fiandeiras, entre outras das suas incontáveis habilidades. Lançado o desafio, cada uma colocou todo o seu talento e arte à prova: Athena teceu os deuses do Olimpo em toda a sua majestade, e Arachne preparou uma tapeçaria impecável, mas com cenas de amor desonrosas entre os deuses do Olimpo. Athena ficou furiosa e rasgou o trabalho de sua rival, ferindo-a. Arachne, em desespero, se enforcou, e Athena não a deixou morrer, transformando-a em aranha para nunca parar de tecer.

Na mitologia africana é personificada pelo grande criador da matéria dos primeiros humanos, do Sol, da Lua e das estrelas: a aranha Anansé. Inclusive existe toda uma categoria de "contos de aranha", que circularam pelo mundo durante a diáspora e de geração em geração. A aranha ou o homem-aranha de espírito trapaceiro e heroico aparece como protagonista em lendas dos nativos norte-americanos Sioux Lakora, Dakora e Nakota com o nome de *Iktomi* ou *Inktomi* (que significa aranha). Para os Hopi, existe a *KokyAngwuti*, Mulher-Aranha criada pelo deus primordial Sótuknang para formar todas as coisas e os seres vivos. Para os Cherokees, o mundo estava na escuridão, e vários deuses-animais tentaram buscar o Sol e se queimaram, até que a Avó-Aranha fez um pote de barro grosso, onde colocou o Sol e retornou seguindo a sua teia, trazendo luz para o mundo e ensinando o homem a fazer fogo.

Na Micronésia (Ilhas Gilbert), os mitos consideram Narrô, o primeiro de todos os seres, o deus criador: uma aranha. Uma lenda do Mali diz que a aranha é a conselheira do Deus supremo, um herói criador que se disfarça na natureza como pássaro e ainda regula o dia, a noite e o orvalho.

> *Os Upanixades fazem da aranha que se eleva ao longo de seu fio um símbolo de liberdade. O fio do iogue é o monossilábico aum (ou om); graças a ele o iogue eleva-se até a liberação. O fio da aranha é o meio, o suporte da realização espiritual.*[10]
>
> — Jean Chevalier e Alain Gheerbrant

Na cultura Nazca, há geoglifos gigantes em forma de aranha que só podem ser vistos do céu. No Peru, à época do Império Inca, o futuro era previsto com a ajuda de uma "aranha-adivinha", que ficava guardada dentro de um pote.

Na arte indígena australiana, as aranhas fazem parte de vários registros, como pinturas e totens, além de estarem associadas à rocha sagrada. O Senhor Aranha Nareau foi quem criou o universo, segundo a cosmologia tradicional de ilhéus das Ilhas Gilbert.

No Japão existe o *Tsuchigumo* (aranha-Terra), criatura mítica e sobrenatural que vive nas florestas e montanhas, construindo suas casas em tubos de seda para emboscar as presas que passam, utilizando a ilusão e a trapaça para enganar as pessoas.

Tudo está ligado a tudo ▸ O fio da meada e dos negócios

Outro animal associado a um fio que possibilita muitas tessituras são as lagartas, especialmente a *Bombyx mori*, conhecida como bicho-da-seda, domesticada há mais de 5 mil anos na China. As técnicas de tecelagem chinesas, guardadas em segredo por milênios, são Patrimônio Cultural Imaterial da UNESCO.

Assim que eclodem de seus ovos, as pequenas lagartas são transferidas para bandejas com folha de amoreira picada para poderem crescer bem e produzir bons fios da seda também.

Em algumas semanas, já começam a procurar um lugar alto e protegido para preparar o seu casulo e se transformar em pupa ou crisálida, embrião que deve se transformar em mariposa. É nesse momento que começa a "produção do casulo", feito com uma substância filamentosa vinda das mandíbulas da lagarta engomadas por secreção "especial", fazendo os fios endurecerem ao terem contato com o ar, assim como uma outra que mantém todos os filamentos juntos em um processo de 72 horas. Então o sericicultor leva esses casulos para a água ou vapor quente de forma a soltar as pontas dos fios da seda e possibilitando que sejam separados e transformados em produtos para uso. Cabe dizer que a crisálida morre para o fio de seda ser extraído e que, em média, esses fios podem chegar até a um quilômetro; para um carretel de fio são necessários cerca de sete casulos. Caso o processo não fosse interrompido, em mais de uma semana a lagarta já se transformaria em mariposa. Entre os grandes produtores estão China, Índia, Japão e Brasil.

Uma boa analogia com a gestão de negócios.

Com a inspiração da aranha, será que as pessoas estão cientes de seu poder criador e gerador de oportunidades? Com a inspiração da lagarta, para o fio que gera bons negócios sobreviver e chegar onde deve chegar, quem precisa morrer?

> *Tudo que existe é o cossurgir interdependente e simultâneo. Nós somos a rede, a teia da vida, nós somos a vida da Terra, interconectados, interligados com tudo que existe, um corpo único. Muitas vezes nós nos esquecemos do que somos, do que é a vida, uma manifestação interdependente, impermanente, vazia de existência inerente. Assim, toda a nossa prática é para que cheguemos no aqui, no agora. A vida é processo em transformação, tudo o que fazemos, falamos e pensamos é a realidade, o agora é onde está a nossa vida e é essa vida que precisa ser apreciada. Vendo-a como ela é, um conjunto de ações interconectadas, surge uma corresponsabilidade de transformação. Nós podemos escolher. Como seres humanos, temos a capacidade de escolha.*
>
> — Monja Cohen[11]

Fique ligado — Tecendo a própria rede

Pensando em tecer sua própria teia de conexões com base na inspiração fiandeira e tecelã, e sabendo que todos temos o poder de tecer nossas próprias redes de negócios e de conexões, eis algumas questões:

- Quantos contatos você tem nas suas redes sociais de negócios?
- Qual fio você utiliza para tecer as suas conexões? É uma linha tênue, um fio de ouro, uma linha de pesca multifilamentos, um fio de prumo, um feixe de luz, uma fibra de seda natural em filamento único, um cordão de luz decorativo, um fio cirúrgico de sutura, uma corda para varal, um cabo de aço, uma linha de crochê, uma fibra óptica monomodo ou multimodo, uma linha de pedreiro trançada, um cabo elétrico com vários fios entrelaçados?
- Como você constrói essa estrutura e estabelece as conexões? Com planejamento, conforme vai acontecendo, por prevenção, por segurança, por sobrevivência?
- Quando você constrói? O tempo todo, quando dá vontade, quando precisa, quando os outros estão construindo?
- Quanto tempo você dedica para construir essa estrutura?

▷

▷
- Como você alimenta essa estrutura?
- O que você coloca nos nós, vértices ou interconexões? Espelhos, pessoas, dinheiro, ambições?
- O que você faz com essa rede? Mostra a beleza estética, conta sobre a quantidade?
- Qual o objetivo da sua rede?

E, para finalizar, mais algumas reflexões:
- Uns tecem o mundo, outros fornecem os fios, outros cortam, e há quem desconsidere isso tudo e apenas descosture, puxe os fios. Quem é você nessa escala?
- Você se vê como aranha ou como lagarta?

Seria a mais complexa de todas as tramas a rede que nós mesmos construímos para nós?

3 As redes e nós

Sinopse: para gestores que **confiam exclusivamente** nas funções, curvas e teoremas como seus indicadores de performance e projeções de resultados, apresento as redes de relações, de intrigas e de interesses que se sobrepõem a todas as estratégias matemáticas, demonstrando que a gestão sistêmica está diretamente ligada à capacidade de percepção das expectativas e intenções dos nós que compõem esta rede — todos nós —, algo que nenhuma teoria computacional tem capacidade para compreender.

Palavras-chave: Conceito de Redes, Auto-organização, Níveis de Consciência, Filosofia Integral, Redes Sistêmicas, Reducionismo, Holismo, Poder, Bolhas Sociais, Conhecimento, Valores

> *Todos os sistemas vivos são redes de componentes menores, e a teia da vida como um todo é uma estrutura em muitas camadas, na qual sistemas vivos aninham-se dentro de outros sistemas vivos — redes dentro de redes. Organismos são agregados de células autônomas, mas estreitamente acopladas; populações são redes de organismos autônomo pertencentes a uma única espécie; e ecossistemas são teias de organismos, tanto unicelulares como pluricelulares, pertencentes a muitas diferentes espécies.*
>
> — Frijot Capra

Visão de rede

Para além da simbologia e da mitologia das teias, o padrão de interligação em rede está presente em todos os sistemas vivos, porém existem diferenças entre os sistemas biológicos e os sistemas conceituais. Células, por exemplo, são sistemas químicos, e utilizamos a bioquímica e a química molecular para compreender seu metabolismo e suas estruturas, processos, ligações, nodos. Já nas redes sociais, mais que processos bioquímicos, existem redes de comunicação simbólicas, códigos culturais, rituais de acesso, relações de poder, afeições partidárias, sistemas de crenças, propósitos de vida... todas altamente influenciáveis por elementos comunicacionais voláteis.

Em sua estrutura técnica, as redes[1] são conjuntos de nós ou vértices (*nodes*) que se conectam por ligações ou arestas (*links*). A quantidade de arestas de entrada e saída diferentes em cada vértice pode ser mensurada em graus (*degrees*), que podem ser altíssimos (*hubs*). Essas redes podem ter agrupamentos em certos pontos (*clustering*), inclusive com a conexão transitória entre os nós, que independe da ligação direta entre esses links.

O nível de resistência de uma rede depende de sua robustez e capacidade de se manter funcional mesmo com a perda de alguns links ou vértices, o que pode ser fatal para uma rede menor ou menos estruturada. Como modelos de redes,[2] existem:

- Aleatórias: arestas aleatoriamente direcionadas a um número fixo de nós, com praticamente o mesmo número de links, assim como chances de desenvolverem novas ligações.

- Pequeno-mundo (*small world networks*): cada nó tem pequenas quantidades de links diretos com os nós mais próximos, independentemente da quantidade de nós, com caminhos curtos fortemente conectados.

- Redes livres de escala (*scale-free networks*): hub em pequena quantidade e grande número de nós de baixo grau, com a tendência de que novos links se estabeleçam junto a nós com muitos outros, possibilitando redes mais resistentes.

Na sociologia, antropologia, psicologia, filosofia... nas redes humanas, existe a química social, que ultrapassa os fenômenos matemáticos preditivos. Como? Enveredando por campos instáveis de expectativas e intenções que acontecem nas relações de troca, nos laços de reciprocidade, nos vínculos de afetividade, nos impulsos e nas pulsões, ininterruptamente negociados pela comunicação que se dá nas mais variadas formas de conversas, com seus circunlóquios e circularidades particulares. E, assim, esses sistemas são autogeradores de comunicação, e é dessa forma que se autoproduzem (a *autopoiesis*), definindo e redefinindo não apenas estruturas mentais (mundos internos) — papéis e fluxos de cada indivíduo no mundo das ideias —, como também estruturas materiais fundamentais para a sobrevivência desses indivíduos em rede (mundos externos) — construções e tecnologia, por exemplo —, além de objetos intercambiáveis nos nodos da rede. O inter-relacionamento é fundamental para a compreensão da realidade social, que propõe significados mediante múltiplas possibilidades de interpretação: emocional, racional, afetiva... nas atividades que são tanto inconscientes como conscientes.

> Tenho a profunda convicção de que a única opção é que algo mude na esfera do espírito, na esfera da consciência humana, na atitude atual do homem com relação ao mundo e à sua compreensão de si mesmo e de seu lugar na ordem global da existência.
>
> — Václau Hauel

Tudo está ligado a tudo — O que é uma rede

A palavra rede[3] vem do latim *retem* e tem múltiplos sentidos associados a três definições principais:

Como tecido, na visão da tecelagem, estruturada em forma de malha com espaçamentos regulares, em quadrados ou losangos, com diferentes níveis de trama (mais ou menos apertada), produzida com diversos materiais (de fios, cordões, arames...) que se destina a diferentes usos. Por exemplo, apanhar peixes; amortecer quedas e transportar pessoas, animais e objetos; delimitar espaços em quadras, mesas, traves ou cestas em diversos esportes; servir de cama suspensa para quem quer descansar ou dormir; proteger janelas e sacadas, entre outros.

▷

> Como **conjunto** de coisas, seres e fenômenos com padrões característicos e determinados critérios associados a uma ação conjunta. Pode se referir a coleções estáticas de coisas inanimadas (equipamentos, estabelecimentos, documentos, habitações...), a agrupamentos vivos que reúnem animais e pessoas com objetivos específicos (sobrevivência, proteção, solução de interesses comuns...) e a ideias (hipóteses, criações, estratégias, ferramentas, soluções...).
>
> Como **sistema**, com fios, canais, dutos, veias e estradas, entre outros canais e estruturas ramificados que se entrelaçam, se entrecruzam, se interligam para comunicação e troca de dados, por onde circulam elementos materiais e imateriais, como as redes de neurônios (assim como a de vasos sanguíneos e linfáticos, nervos, fibras...), redes informáticas (associadas a equipamentos interligados que partilham informações, recursos e serviços por sinais, cabos, ondas radioelétricas ou outros tipos de transporte digital), redes elétricas (associadas a levar eletricidade dos transmissores aos utilizadores), redes de relacionamento ou networks (associada a rede de contatos), redes sociais ou digitais (associadas a comunidades virtuais), redes de colaboração, redes de educação, entre tantas outras que podem ser públicas, privadas, abertas, fechadas, livres e não livres.

A rede da vida e sua auto-organização

*Descobrimos em meu laboratório que o cérebro humano adulto tem perto de 90 bilhões de neurônios. Se cada um desses neurônios tiver 10 mil conexões (sinapses) com outros neurônios, temos um total estimado em um quatrilhão de conexões sinápticas entre neurônios em partes diferentes do cérebro. E mais: o número e a localização desses bilhões de neurônios e quatrilhão de conexões não são aleatórios cérebro afora: partes diferentes do cérebro são organizadas diferentemente, e têm padrões de conectividade diferentes com outras partes do cérebro, que é o que dota partes diferentes do cérebro de funções diferentes. Ainda por cima, o padrão exato de conectividade é particular a cada indivíduo. Este é o grau de complexidade do cérebro humano, o que significa que toda a informação biológica necessária para construir esse cérebro, com seus quase 100 bilhões de neurônios e um quatrilhão de conexões precisamente posicionadas, está contida em apenas dez mil genes. Como isso é possível? A resposta é que o cérebro é em grande parte um **sistema auto-organizado**. Apenas o básico precisa ser definido geneticamente — e uns 10*

> *mil genes são obviamente suficientes: o básico que eles definem são quais são e onde ficam as estruturas principais do cérebro, onde quais tipos de neurônios são encontrados e em quais quantidades aproximadas, e quais são as grandes rotas de conectividade. Essa definição das bases acontece no começo do desenvolvimento, durante a gestação. Mas o desenvolvimento continua após o nascimento, e no início da infância, o córtex do cérebro humano tem mais do que o dobro de sinapses que um dia ele terá na vida adulta. E mais: em ratos e camundongos, nós descobrimos que o número de neurônios dobra após o nascimento — e há evidência de que o córtex cerebral humano também ganha neurônios no início da infância.*
>
> — Suzana Herculano-Houzel[4]

A vida não está localizada em um ou outro órgão ou fenômeno bioquímico isolado. É sempre uma interação mútua, organizada e integrada em forma de redes coletivas interligadas a outras redes de reações que produzem diversas transformações e, assim, se automantêm e se autorregeneram. Essa percepção de que há um processo de "auto-organização" de forma autônoma foi estudada pelos biólogos chilenos Humberto Maturana e Francisco Varela, que o chamaram de "**autopoiese**" (do grego fazer-se a si mesma). O conceito de propriedade emergente se aplica à vida nas suas diferentes manifestações, pois as características emergem quando estão em conjunto. Nessa lógica, uma unidade autopoiética é a mais elementar organização de um organismo e se sustenta por uma permanente rede de reações que continuamente regeneram seus componentes dentro de uma fronteira própria.

Aqui surge uma reflexão importante sobre a lógica circular de regeneração dos componentes, utilizando uma célula como exemplo:

- Para ser quem é, é autossuficiente e não precisa de nenhuma informação vinda de fora, logo, trata-se de um **sistema operacionalmente fechado**.
- Para funcionar e sobreviver de forma equilibrada, recebe materiais vindos de fora, como nutrientes e energia, assim como descarta resíduos para fora; desta forma, compõe um **sistema termodinamicamente aberto**.

Esses sistemas se modificam ao longo do tempo, simultaneamente envelhecendo (a organização global não muda, mas algumas características estruturais sim) e evoluindo (as reações com a dinâmica das mudanças dentro e fora).

Um sistema está vivo enquanto se autossustenta por um processo de **autorregeneração** integrado em um sistema de sistemas autopoiéticos tridimensionais interligados — uma coemergência de organismos vivos, uma sinergia entre vida, percepção e consciência da existência da vida e a unidade de "**autopoiese**". Por outro lado, um sistema não está mais vivo quando perde a integração entre seus vários órgãos, fazendo com que a ligação mútua não exista mais, modificando, de forma progressiva, a unidade integrada. Existe, inclusive, um debate sobre sistemas de inteligência artificial, que podem ser autopoiéticos, mas não necessariamente vivos. E essa métrica ou lógica das redes biológicas é a mesma para as redes de sistemas sociais (famílias, escolas, organizações, empresas...), com suas regras internas, limites estruturados, pontos de equilíbrio com trocas e perspectivas de sobrevivência nas interações com outros seres humanos, assim como com a natureza.

Cabe acrescentar a habilidade de percepção, que leva à consciência não apenas do ambiente, como da extensão da interação de coemergência processada nesse ambiente. Varela usa o conceito de *sensorium* cognitivo para essa sondagem e afirma que não há vida sem a consciência da vida. Resumo da ópera: não existe um reducionismo da vida definindo-a apenas por seus átomos e moléculas em um núcleo central isolado; existe, sim, uma combinação de várias interações de suas propriedades emergentes e complexas, que ressoam simultaneamente em sentimentos, memórias e percepções processados na consciência de algum "eu".

Existe também, para além disso, uma ligação de **consciência** coletiva de espiritualidade, de criatividade artística, de pensamento abstrato e racionalidade entre as partes, qual complexo **labirinto** de possibilidades — das mais cruéis e destrutivas às mais belas e construtivas:

> *[...] o altruísmo, a cooperação e o amor podem ser ligados à seleção natural: grupos, tribos ou estruturas sociais que foram caracterizados pelo altruísmo e pela cooperação tiveram melhores chances de sobrevivência. Este é, com certeza, um aspecto importante da nossa natureza humana. Às qualidades do amor e do altruísmo devemos acrescentar emoções positivas como empatia, alegria, felicidade, gratidão, euforia e esperança, assim como sentimentos positivos, como se sentir satisfeito, compassivo ou realizado. Esse é, atualmente, um importante campo da investigação neurobiológica.*
>
> — Fritjof Capra

Tudo está ligado a tudo › Definições da consciência

Para trazer mais clareza sobre o verbete "consciência" e ajudar nas reflexões, eis uma seleção de definições[5] para você:

- Capacidade de natureza intelectual e emocional que o ser humano tem de considerar ou reconhecer a realidade exterior (objeto, qualidade, situação) ou interior, como, por exemplo, as modificações de seu próprio eu.
- Sentido ou percepção que permite ao homem conhecer valores ou mandamentos morais, quanto ao certo ou ao errado, e aplicá-los em diferentes situações, aprovando ou reprovando seus próprios atos, de modo que estabeleça julgamentos interiores que lhe propiciem sentimentos de alegria, paz, satisfação, etc., derivando daí convicções quanto a honradez, retidão, responsabilidade ou dever cumprido ou, contrariamente, remorso ou culpa; cacunda.
- Sistema ou conjunto de valores morais, construído com base nessas percepções ou convicções, que, tomado como paradigma individual, se torna disponível para que cada pessoa avalie seus atos, sua conduta e suas intenções, bem como os alheios.
- Conjunto de ideias, crenças e atitudes de um grupo de pessoas em relação ao mundo circundante ou a tudo aquilo que apresentam em comum; conhecimento, convicção, compreensão.
- (figurativo) O próprio ser humano, entendido como ser pensante ou entidade espiritual; alma, espírito, mente.
- Compreensão ou lucidez quanto a determinado tema ou assunto, em especial aqueles afeitos a questões sociais e políticas.
- (filosofia) Faculdade ou princípio intelectual inato que permite ao homem apreciar a diferença entre o Bem e o Mal e, consequentemente, discernir, de um ponto de vista ético, sem injunções pessoais de moralidade, o certo do errado; na concepção medieval, era considerada resultado de iluminação divina.
- (religião) Testemunho ou julgamento secreto da alma, aprovando ou reprovando nossos atos.

▷

> - (filosofia) Percepção ou faculdade pela qual o homem conhece e adquire lucidez quanto a si mesmo, com uma visão interior e exterior, construindo uma representação mental clara de sua existência ou do mundo exterior.
> - (filosofia, psicologia) Segundo a reflexão de Nietzsche (1844-1900), que conta com a adesão de grande parcela dos estudos contemporâneos de psicanálise, conceito de difícil apreensão, impreciso e heterogêneo, uma vez que os estados de tensão pulsional e as descargas de excitação passional, sob a forma das qualidades de desprazer-prazer no ser humano escapam a quaisquer tentativas de conhecimento e controle que se pretendam totais e abrangentes.
> - (psicologia) Instância dos processos mentais a respeito da qual o indivíduo tem percepção e lucidez, em oposição àqueles aperceptivos e inconscientes.
> - (psicologia) Segundo Freud (1856-1939), fase subjetiva de uma parte dos processos físicos, sensoriais e perceptivos que se produzem no sistema neurônico, nomeadamente como os processos de percepção do mundo exterior. Freud considerava a consciência um dado da experiência individual que se oferece à intuição imediata, um fato sem equivalência com qualquer outro, que não se pode explicar nem descrever, ainda que, quando se fala em consciência, todos saibam imediatamente, pela experiência, do que se trata.
> - (medicina) Estado geral do sistema nervoso central que permite o reconhecimento claro e preciso da realidade exterior e interior, a elaboração de raciocínios, reflexões e julgamentos coerentes, bem como o comportamento organizado; estado próprio daquele que se encontra lúcido, de posse de suas faculdades mentais.

Consciência: a mais misteriosa de todas as redes

Consciência pode significar experiência vivida conscientemente aqui e agora, a consciência crítica, estar desperto das faculdades cognitivas, atento aos problemas sociais, conectado a condutas corretas ou erradas com base na ética e na moral, plenitude e atenção espiritual, a percepção de uma estrutura superior, a autopercepção, origem da vida...

Para um mundo em que tantas inovações científicas não foram suficientes para demonstrar o que é consciência, o que é mente e o que é alma, especialmente de onde isso tudo vem para fazer a vida acontecer, o conceito primitivo ancestral de "sopro vital" traz alguma luz. Alma em grego é *psyque*, em latim é *anima*, em sânscrito é *atman*; espírito em latim é *spiritus*, em hebraico é *ruah*, e em grego *pneuma*: todas as palavras significam sopro. A mente é um processo, e o cérebro é a estrutura que o viabiliza, mas não de forma isolada, e sim interligado a todo o organismo vivo.

A consciência faz parte das estruturas da cognição e está conectada ao contínuo processo de viver, interagindo permanentemente com o ambiente e efetivando mudanças estruturais de aprendizagem e desenvolvimento com toda a subjetividade e individualidade de percepção que esse processo possibilita. Superando a visão cartesiana da mente (*res cogitans*, coisa pensante) e da matéria (*res extensa*, coisa extensa), métodos de pesquisa como a neurofenomenologia começaram a analisar tanto a experiência consciente como os padrões e processos neurais correspondentes necessários à vida, gerando estudos da reciprocidade no entendimento sistêmico da consciência. Esses processos evoluíram para formas mais complexas, assim como suas estruturas biológicas, compreendendo:

- Consciência primária ou nuclear: sentido transitório da percepção do eu em forma de experiência incessantemente repetida.
- Consciência reflexiva: sentido amplo do pensamento conceitual, das memórias autobiográficas, das imagens mentais de um inconsciente cognitivo que modela o pensamento consciente.

> *O Universo pode ter consciência. Apesar da frase meio poética, quem diz agora que isso é possível é uma ciência mesmo: a boa e velha matemática. Conseguimos prever fenômenos naturais com precisão apenas manipulando números, desde os movimentos dos planetas até a colisão de dois buracos negros a bilhões de anos-luz de distância. Mas como isso é possível? Para explicar, cientistas estão se debruçando sobre um modelo controverso chamado Teoria da Informação Integrada (IIT). Este modelo tenta quantificar e medir a consciência. Quando aplicado a objetos inanimados, como máquinas, partículas subatômicas e o próprio universo, o modelo chega a um resultado intrigante: eles também são conscientes. (...) Isso poderia ser o início de uma revolução científica.*
>
> — Johannes Kleiner[6]

Adeptos da **Teoria da Informação Integrada** (IIT), que se baseia em um valor chamado "phi", que representa matematicamente a interconectividade de uma rede, seja uma região do cérebro, um circuito ou um átomo, acreditam que esse cálculo é capaz de traduzir o nível de consciência de uma rede. Quanto maior o "phi", mais consciente a rede é. O córtex cerebral humano, por exemplo, tem um valor altíssimo, pois contém densos aglomerados de neurônios interconectados. Proposto pela primeira vez em 2004 pelo neurocientista Giulio Tononi, o cálculo "phi" da consciência de um cérebro humano era impensável, pois levaria muito tempo para ser solucionado. Descobertas recentes (e bastante polêmicas) sugerem que é necessário abandonar velhas convicções e aceitar que todos os tipos de matéria, mesmo as inanimadas, podem estar conscientes, inclusive o universo como um todo. Para os descrentes da IIT, os principais argumentos contra são a complexidade de transformar em números o que muitos respeitam, valorizam e creem como experiência única e divina da vida, assim como as implicações invisíveis e impensáveis de se viver em um universo consciente.

> **Tudo está ligado a tudo** Filosofia integral
>
> Ken Wilber,[7] filósofo e pensador contemporâneo autor de mais de vinte livros, em sua obra *Visão Integral*, explora o conceito de Mapa Integral ou SOI (Sistema Operacional Integral), a infraestrutura que viabiliza a operação dos vários "softwares" de habilidades que se utiliza na vida facilitando o conhecimento interdisciplinar e transdisciplinar, que viabilizou a Integral University, primeira comunidade de aprendizagem integral, assim como o Integral Spiritual Center.
>
> Considera que "ninguém possui a verdade completa" e que tudo tem aspectos comportamentais, sociais, culturais e intencionais. Valoriza a natureza fluida e mutável de todos os estágios, como se fossem quadrantes, linhas, tipos, estados, correntes, ondas e espirais em permanente desenvolvimento, com diferentes níveis de complexidade associados a múltiplas inteligências (cognitiva, interpessoal, psicossocial, emocional, moral), que, por sua vez, podem determinar níveis crescentes de consciência.
>
> Por exemplo, no desenvolvimento moral: do egocêntrico (estágio pré-convencional: "eu") passando para o etnocêntrico (estágio convencional: "nós") e caminhando para o mundicêntrico (estágio pós-convencional: "todos nós"), processo que pode se-

▷

-guir uma linearidade temporal, mas que pode avançar e retroceder também a depender de inúmeros fatores não objetivos.

> *Em todo o mundo, milhares de pessoas estão aplicando a Visão Integral a dezenas de diferentes áreas tais como artes, ecologia, medicina, criminologia, negócios e transformação pessoal. Uma vez que abrange e faz uso de mais verdades e mais potenciais do que qualquer outra abordagem, uma estrutura conceitual integral torna o trabalho em qualquer área radicalmente mais eficiente gratificante.*
>
> — Ken Wilber

Com foco em linhas de desenvolvimento, que podem ser de dominação ou de crescimento e que são impactadas por sistemas de valores, estados e estágios, Wilber mapeia alguns conceitos de renomados pensadores sobre linhas de desenvolvimento, comparando-as:

- Maslow e a escala das necessidades: fisiológicas, segurança, pertencimento, autoestima, realização pessoal, transcendência de si mesmo.
- Commons & Richards, Piaget/Aurobindo e sua linha cognitiva: sensório-motora, pré-operacional simbólica e concreta, operacional concreta, operacional formal, mente pluralista, baixa visão lógica, alta visão lógica, mente intuitiva (metamente), mente iluminada (paramente), mente transcendental (supermente).
- Graves/Dinâmica em espiral/Wade e a linha de valores: mágico-animista, egocêntrica, absolutista, multiplista, relativista, sistêmica.
- Kegan e as ordens de consciência: 0 a 5ª ordem.
- Loevinger/Cook-Greuter e a autoidentidade: simbiótica, impulsiva, autodefensiva, conformista, consciensiosa, individualista, autônoma, integrada, consciente do ego, transpessoal.
- James Fowler e os estágios da inteligência espiritual: pré-verbal, mágico-projetivo, mítico-literal, convencional, individual reflexivo, conjuntivo multicultural, comunidade universal.

Apesar de ter sido criticado por suas "orientações generalizadoras" em que tudo de uma certa forma se encaixava a tudo (mesmo se sem encaixar), criando resumos para transformá-los em consensos,[8] esse modelo de pensamento inspirou inúmeros outros modelos, inclusive de sistemas de educação, como a Ubiquity University.[9]

> **Fique ligado** — Aprendendo com os sistemas
>
> - Em quais sistemas você atua?
> - Você acredita em atuação "dentro do sistema" e "fora do sistema"?
> - Como delimitar os sistemas? Onde termina um e começa outro? Quais as fronteiras e os paradigmas?
> - Você aprende com os sistemas com os quais interage ou apenas "sucumbe" ao sistema, executa regras, protocolos e processos?
> - E a sua empresa, aprende com os sistemas com os quais interage?

Visão de redes sistêmicas no mundo dos negócios

No mundo dos negócios, com seus custos urgentes, descontos imediatos, oportunidades únicas e lucros incessantes, acredita-se que o impacto negocial de todas as coisas só existe agora e precisa acontecer agora, pois crescerá ou decrescerá exponencialmente seguindo lógicas alternativas (uma coisa ou outra), e não integrativas (uma coisa e outra).

Esse pensamento mecanicista e imediatista, princípio da economia neoclássica fragmentária e reducionista, é modelo vigente na gestão da economia e na administração de muitas empresas. Funções, curvas e teoremas de disciplina, rotina e execução fortalecem a burocratização dos processos para que tudo funcione como um relógio: claro, preciso, regular, confiável, com excelência operacional. Os empreendimentos são tratados como máquinas engenhosas que, ao operar, giram os mecanismos do mercado. São regras objetivas, peças funcionais específicas, conexões comunicacionais certeiras, modelos de conduta e de processos que, ao final, desembocam no resultado esperado caso tudo tenha sido feito corretamente. Os sistemas de controle são externos ao negócio, como se a fórmula fosse tão assertiva e poderosa a ponto de não importarem as interferências do ecossistema em suas macro e microestruturas; sem contar o dualismo entre os que pensam e os que executam — como diz o ditado "manda quem pode, obedece quem tem juízo". O próprio conceito de "reengenharia", que virou sinônimo de remodelagem e revisão, é a prova dessa lógica.

Tudo está ligado a tudo Níveis de complexidade da visão sistêmica

O **reducionismo** é reduzir e isolar as partes.

Por outro lado, o **holismo** propõe o totalismo, podendo induzir a ver apenas o todo sem considerar as especificidades das partes. A palavra vem do grego *holos* (que significa inteiro, total, integral), e é um conceito criado por Jan Christiaan Smuts, em 1926, que o descreveu como a "tendência da natureza de usar a evolução criativa para formar um 'todo' que é maior que a soma das suas partes". Distinto do convencional, considera o mundo físico, o energético, o mental, o emocional... Está conectado à Holística, concepção, nas ciências humanas e sociais, que defende a importância da compreensão integral dos fenômenos, e não a análise isolada dos seus constituintes.

Já a **visão sistêmica** não apenas abarca a parte e o todo como também os integra, estabelecendo conexões e relações com diferentes **níveis de complexidade** de acordo com as imbricações desses sistemas integrados a outros sistemas. Uma dica para a compreensão é pensar em um ecossistema, como a natureza (o todo), onde elementos distintos e heterogêneos (as partes) interagem de acordo com determinadas leis físico-químicas e produzem padrões complexos, não lineares e adaptativos (o sistema) que possibilitam, por exemplo, a vida.[10]

Nos níveis mais elevados, os sistemas podem inclusive **se adaptar e aprender**, com a capacidade de antecipação para resolver situações não previstas, criando padrões ainda mais complexos e em forma de blocos de construção (chamados de *building blocks*), que se combinam sem o controle de um sistema central, e sim pelas interações dos subsistemas. O nome técnico desse fenômeno é *Complex adaptive systems* (CAS), que acontece ao longo do tempo por estímulos do ambiente ou do próprio sistema, como "agentes" que se organizam e evoluem para melhorar sua habilidade de sobreviver mediante interações com tudo o que não estava programado, gerando insights. Cabe dizer que a **Inteligência Artificial** muitas vezes utiliza, como medida de rendimento, a satisfação das demandas, sem se preocupar com a legitimidade das informações e com o impacto que cada tomada de decisão trará.

O sistema que apenas considera as "condições ideias de funcionamento" a despeito das condições humanas pode ter toda a tecnologia contemporânea e inteligência artificial aplicada, mas será incompleto e possivelmente falho. Muitos profissionais ou consultorias vendem precisão, exatidão e soluções fechadas para desafios que definitivamente não são assim precisos, exatos e fechados. Mais que o "plano A, plano B, plano C", o plano é a mudança de plano, permanente e permeável.

O grande desafio do mundo dos negócios está nos fluxos contínuos e integrados em rede que pressupõem variações combinatórias e aleatórias, e não na performance estática, linear, previsível e estável — considerando que as pessoas definitivamente não são assim. Por isso, é importante para um gestor entender que todas as situações são conjuntos de componentes que interagem não só entre si, mas com todo um universo de possibilidades incontroláveis, o que interfere no planejamento referente a quanto investir em energia, tempo e recursos, assim como na realização dos objetivos esperados.

O fato é que nem sempre o mundo das ideias de planejamento coincide com os adventos do mundo real. É trivial a expressão "o papel aceita tudo", e isso vale para as estratégias de planejamento que se compõem como soluções absolutas e certeiras. Sempre bom lembrar que, para além dos valores monetários, de crescimento, de performance, que têm históricos e estatísticas comparáveis, existem valores e comportamentos humanos difíceis de serem estruturados e mensurados por serem altamente voláteis.

Por exemplo, nas questões relacionadas à dimensão social:

- O que as pessoas desejam quantitativa e qualitativamente?
- O que é o bem-estar de acordo com as expectativas de cada pessoa, cultura e contexto?
- Quais as condições mínimas de dignidade relacionadas à saúde, à educação, ao saneamento...?

Assim como nas questões associadas à liderança. Na esfera das decisões, dependendo de quem é e de como está esse decisor (estado físico, mental, emocional, social...), tudo pode mudar.

Sem contar que as **redes de relações, de intrigas e de interesses** se sobrepõem a todas as estratégias matemáticas, exercendo forte papel de interferência, seja pela persuasão e convencimento, pela coação ou pressão, pela emoção ou paixão, entre tantas outras variáveis invisíveis e altamente imprevisíveis.

> *Se passarmos os olhos sobre a lista dos problemas, há um aspecto deles que logo se torna evidente: esses problemas são interligados e se sobrepõem parcialmente. É claro que a solução de um problema tem muito a ver com a solução de outro. São tão interligados e imbricados de fato que não é de modo algum claro por onde devemos começar. Suponhamos, por exemplo, que concebemos a ideia de que o primeiro problema a ser solucionado é o de alimentar, abrigar e vestir adequadamente todos os habitantes do mundo. Como começaríamos a resolver este problema? A capacidade tecnológica existe. Podemos produzir o alimento necessário para chegar a este resultado e os materiais de construção que ofereceriam abrigo e os tecidos que vestiriam cada indivíduo. Então por que não fazemos isso? A resposta é que não estamos organizados para fazê-lo.*[11]
>
> — C. West Churchman

A complexidade de aplicação da gestão sistêmica está diretamente ligada à capacidade de percepção das expectativas e intenções dos nós que compõem esta rede — todos nós —, e isso interfere no sucesso e na sensação de acerto nas estatísticas de previsibilidade propostas por teorias sistêmicas computacionais, por exemplo. Não adianta um processamento rápido e técnico de dados para um autor de decisões incapaz de avaliá-las e utilizá-las adequadamente. A visão de curto prazo pode ser outro limitador; acredita-se ter uma solução imediata eficiente quando, no longo prazo, esta decisão se mostra insuficiente e mesmo incompetente. A visão ampla dos sistemas comprova uma estrutura "sem fim", se expande para o antes e o depois, recebe reflexões e refrações do que já aconteceu e certamente refletirá e refratará sobre o que está para acontecer.

Em muitas circunstâncias, sabemos dos problemas e temos a tecnologia para endereçar soluções, mas não temos capacidade de organização para resolvê-los. O motivo? Falta maturidade e educação para trabalhar em colaboração e pensar em rede para resolver questões complexas pensando de forma sistêmica. Vivemos em um ambiente que promove a desconfiança e a insegurança e dá pouco espaço para a colaboração e a solidariedade. Promovemos a ignorância, pois é mais fácil gerir pessoas menos questionadoras e menos conscientes do impacto do todo, com departamentos e hierarquias em que, até hoje, muitos empreendimentos garantiram suas zonas de conforto e mantiveram o "controle" da situação por conta de suas decisões "acertadas".

Mais do que saber se tudo está sendo realizado corretamente, controlar é poder avaliar os processos e os resultados para, inclusive, alterá-los. Saber quais são os objetivos do sistema total e de seus componentes está dentro do controle, assim como quais serão as respectivas medidas de rendimento. Já o domínio sobre os recursos que estão sendo considerados está parcialmente no controle, enquanto tudo sobre o contexto no qual o sistema se insere, assim como os outros sistemas nos quais esse se encaixa, estão totalmente fora do controle.

> *À medida que o século XXI se desdobra, torna-se cada vez mais evidente que os principais problemas de nosso tempo — energia, meio ambiente, mudança climática, segurança alimentar e financeira — não podem ser compreendidos isoladamente. São problemas sistêmicos, e isso significa que todos eles estão interconectados e são interdependentes. Em última análise, esses problemas precisam ser considerados como facetas diferentes de uma única crise, que é, em grande medida, uma crise de percepção. Ela deriva do fato de que a maioria das pessoas de nossa sociedade moderna, em especial nossas grandes instituições sociais, apoia os conceitos de uma visão de mundo obsoleta, uma percepção inadequada da realidade para lidar com o nosso mundo superpovoado e globalmente interconectado.*[12]
>
> — Fritjof Capra e Pier Luigi Luisi

Sim, existem soluções, mas para isso é fundamental uma mudança radical nos valores vigentes. No lugar de um pensamento autoafirmativo, racional, analítico, reducionista e linear, a proposta é ser autointegrativo, intuitivo, sintético, holístico e não linear. Em vez de expandir e crescer sempre — qual o preço do crescimento a qualquer custo? — que tal conter, manter, conversar? Onde tudo é medido por quantidade, não seria hora de avaliar a qualidade disso tudo? Frente à competitividade e a dominação, não seria hora da cooperação?

A lição COVID-19 não poderia ser um exemplo aplicado de como — por bem ou na raça — um processo desse acontece?

A não linearidade, um dos eixos da visão sistêmica, pressupõe redes complexas com incontáveis dimensões e suas interconexões biológicas, cognitivas, sociais e ecológicas comuns aos organismos, sistemas e ecossistemas vivos. Logo, para resolver quaisquer desafios atuais, as soluções precisam ser sistêmicas também, caso contrário não surtirão o resultado esperado. Serão pontuais, isoladas, efêmeras e gastarão esforço e energia à toa, sem contar a perda de tempo — enquanto as complexidades seguem acontecendo, totalmente sem controle.

Criou-se, ao longo da história, a falsa sensação de que centralizando o **poder** se poderia ter controle de todas as coisas. Mas como controlar o que é incontrolável? Como dar centralidade a uma série de processos que acontecem, quer você queira quer não, sem que ninguém tenha o poder de conter? A ilusão gerada em uma das dimensões (a política, talvez?) estruturou todo um sistema de crenças e valores que distancia a autonomia das pessoas e as mostra como dependentes, e não interdependentes. Vivemos em modelos corporativos antiquados, obsoletos, mecânicos, fragmentários, hierárquicos, de controle, de comando, de desconfiança, de acúmulo, de competitividade acirrada, de falta de sustentabilidade não apenas nas iniciativas das empresas, como nas atitudes das lideranças.

Na obra *New Power*, Henry Timms e Jeremy Irons demonstram que boa parte das empresas, inclusive muitas recentes e "digitais", ainda segue um modelo departamentalizado, fechado, do "*old power*", o velho poder. Mas já há novas estruturas começando a aparecer, inclusive remodelando o sentido de muitos conceitos-chave para lastrear o mundo dos negócios.

Tudo está ligado a tudo *O poder descentralizado nas redes

Já diz o ditado, querer é uma coisa, poder é outra bem diferente.

Os indivíduos e os grupos desejam o poder por vários motivos.

Um dos modelos cientificamente mais estudados é o de promover os seus próprios interesses e impor aos outros os seus valores pessoais, religiosos ou sociais em seu próprio benefício, o que traz as chamadas "recompensas emocionais", que às vezes se transformam em tridimensionalidades materiais também, indo de aplausos e honras a acessos exclusivos a pessoas, eventos e objetos de status.

Quanto maior a estrutura social, maior a demanda pela organização e distribuição do poder em suas diversas instâncias. Nos formatos coercitivos (impondo ou ameaçando), compensatórios (incentivando e beneficiando) e condicionados (persuadindo e educando), as estruturas são hierárquicas e centralizadoras, e a autoridade se dá pela dominação. Nem sempre os interesses do "todo poderoso" coincidem com o interesse do bem comum, do todo.

A partir do século XX, com o conceito de sociedade em rede, o poder se descentraliza para os pontos de conexão e de articulação — chamados de *hubs*, inclusive no mundo dos negócios —, invertendo a lógica: quanto mais fortes as conexões, mais a rede se beneficia e mais poderosa fica. A autoridade se dá pelas inúmeras especialidades e pela diversidade da rede em sua capacidade de articulação, e os interesses de crescimento e desenvolvimento, interdependentes, passam a ser de todos. Mas cabe aqui uma ressalva: mais poderosa que a rede é a pessoa ou a organização com a capacidade, a habilidade e o preparo de constituir e manter redes: conectar e integrar pessoas, grupos, organizações, empresas... (assim como a capacidade de desconectá-las e excluí-las dessas).

Fique ligado — Exercício de poder

O poder da construção:

- Você sabe construir redes? Quais são essas redes? Como é feito esse processo?
- Você sabe trabalhar em rede?
- De quais redes você faz parte? Qual o perfil dessas redes?

Pense nas pessoas ao seu redor e responda:

- Quem sabe construir redes? Quais são essas redes? Como é feito esse processo? Essas pessoas fazem parte da sua rede?
- Quem sabe trabalhar em rede? Qual o perfil dessa pessoa? De quantas redes faz parte? Essas pessoas fazem parte da sua rede?

O poder da organização:

Para se localizar nos sistemas, é preciso estar organizado:

- Como mapear aquilo que não se sabe que se tem?
- "Começativas" são fáceis e estimulantes. Como você lida com a questão das "acabativas"?
- Pense em impactos: o que cada tomada de decisão impactará?

Para ter uma visão de todo, de causa e efeito no seu negócio, é importante:
- entender o contexto;
- estudar o histórico;
- avaliar os impactos;
- perceber as reações;
- rastrear as conexões;
- registrar as interações;
- estar sempre atento.

> O poder da integração:
> Suas decisões consideram as diferentes áreas integradas dos negócios, como:
> - estratégia;
> - treinamento;
> - desenvolvimento;
> - padronização de processos;
> - planejamento e controles de execução;
> - metas individuais e coletivas?

Os nós das redes somos nós

O mundo aparece, desta maneira, como um complicado tecido de eventos no qual conexões de diferentes tipos alternam-se ou se sobrepõem ou se combinam, e por meio disso, determinam a textura do todo.

— Werner Heisemberg

Os conceitos contemporâneos de interdependência, conexão, sobreposição, intercessão e multidimensionalidade consideram toda uma dimensão ecológica e social da estrutura e mensuram não apenas os valores monetários como o PIB (Produto Interno Bruto), mas também valores sociais, humanitários, ambientais, educacionais, entre tantos outros mensuradores relevantes para a existência humana.

Apesar de muitos não quererem aceitar, é fundamental saber que:

- o modelo de crescimento quantitativo infinito não existe em um planeta de recursos finitos e impactos qualitativos;
- a lógica matemática das projeções certeiras não funciona para o imprevisível comportamento humano;
- não adianta agir em próprio benefício em um mundo integrado em rede, onde o "eu" precisa considerar o "nós".

Aproveitando a deixa, falemos de nós e de nós.

Segundo o verbete, nó[13] é um laço feito de duas cordas ou de coisa semelhante (fios, cordões, tiras, entre outros), cujas extremidades passam uma pela outra, apertando-se, com a finalidade de encurtá-los, uni-los ou emendá-los. Ornato em forma de nó. Em Botânica, é o volume que se forma nas partes das plantas em que nascem novos ramos; também é a parte mais apertada e rija na substância da madeira correspondente à inserção dos ramos. Na Física, é, em uma onda estacionária, ponto em que a amplitude do movimento é nulo; nodo. Parte central ou essencial de algo; âmago, cerne, essência: o nó da questão. Também pode ser um obstáculo que, ao se contrapor à vontade do protagonista, amarra o fluxo da ação; intriga, trama. Aquilo que atrapalha, estorva ou prejudica; empecilho, obstáculo. No lado afetivo, é aquilo que estabelece um relacionamento, que liga duas ou mais pessoas; laço, união, vínculo. Para a Astronomia, é o conjunto formado pelos dois pontos opostos em que o plano da elíptica é cortado pela órbita de um corpo celeste. Na linguagem náutica, é a unidade de velocidade que equivale a uma milha marítima por hora e que é usada para determinar a velocidade de embarcações, dos ventos e de correntes marítimas.

Como expressões, existe o "nó na garganta" para definir uma situação embaraçosa. O "ponto sem nó", que não deixa vestígios de sua estratégia. E até "nó górdio", em homenagem ao rei Górdio, da Frígia (região da Ásia Menor): um nó perfeito e sem pontas visíveis, que fazia parte de uma oferenda e trazia uma profecia: quem conseguisse desatá-lo seria rei de toda a Ásia. A expressão significa resolver uma situação de forma ardilosa e ousada, como conta a história dos tempos de Alexandre, o Grande (356–323 a.C.), que desfez o tal nó que ninguém conseguia desatar de forma não prevista ao cortá-lo com sua espada.

No plural, nó se transforma em "nós" na língua portuguesa.

E pensando em redes sistêmicas, relações e negócios, os nós de uma rede somos nós.

Sim, nós somos os nós da rede em um sistema, apesar de muitos se isentarem da participação e até colocarem a culpa no sistema em si, querendo sair desse, idealizando outro sistema.

Quem é que já não ouviu alguém querendo isso?

Não adianta delegar as soluções para as máquinas sem assumir a consciência social que cabe a nós. Quem faz as redes de relacionamento e estrutura os sistemas no mundo dos negócios somos nós. Quem programa os sistemas somos nós. Quem avalia esses sistemas somos nós. O que você tem feito para fazer a diferença?

Fique ligado — Decisões: quem decide e o que está em jogo

Pensando em sistemas de decisões:

- As decisões na sua empresa ou organização são estáticas (uma fase e um único decisor), são dinâmicas (múltiplas fases com um único decisor) ou são múltiplas (múltiplas fases com vários decisores)?
- Quem define o que é o correto e o que é o conveniente?
- O que está em jogo?
- E qual é o jogo?
- Qual o enfoque? Com base em que ponto de vista a estratégia está sendo traçada? Quais as concepções de mundo e de todo que estão sendo consideradas? Em especial, o que a empresa considera "todo o mundo"?

Pensando em nós nos negócios:

- Para finalizar uma negociação, quem costuma dar o arremate, dar o nó?
- Em caso de confusão ou desacordo, quem costuma desfazer os nós?
- Você trabalha pensando em você, no outro ou no coletivo, no "nós"?

Ponto de Vista | Nós, as bolhas e os silos do sistema

Hoje, muitas pessoas não se consideram "pertencentes" do mundo sem as redes sociais, um sistema virtual que interfere em nossas relações com as demais pessoas e com o mundo.

Convidei Nei Grando,[14] especialista em inovação, negócios e startups, para falar sobre esse assunto.

Como você define as redes sociais nos sistemas virtuais?

Redes sociais existem na sociedade antes mesmo da existência da internet. Elas são grupos ou conjuntos de relacionamentos, onde cada pessoa é um nó da rede que é conectado a outros pelo relacionamento que uma pessoa tem com a outra. Normalmente as pessoas participam de redes sociais compostas de colegas do trabalho, "irmãos" da igreja ou amigos de algum clube, parentes, amigos mais próximos etc. É claro, porém, que algumas pessoas pertencem a mais de um desses grupos, causando, assim, algumas conexões entre eles.

Mas essas redes foram além, pois agora participamos dessas também de forma virtual, a partir de ferramentas ou aplicativos, como Facebook, LinkedIn, Instagram, Twitter etc.[15] Os fornecedores desses aplicativos "gratuitos" e seus investidores e patrocinadores se utilizam dessas redes de pessoas e seus relacionamentos como um canal de mídia, tornando-os o que conhecemos por mídia social, usada segundo os interesses dos proprietários de tais canais e dos anunciantes. Essas mídias sociais e seus algoritmos passaram a nos conhecer e a ter influência significativa sobre nós. Elas mapeiam nossa navegação, os posts com os quais interagimos e como reagimos diante deles (curtir, gostar, reportar), além de observarem as informações de texto, fotos e vídeos que publicamos.

E as "bolhas", como e quando surgem? Temos algum controle sobre isso?

É natural que nos relacionemos com pessoas, marcas e canais de mídia que compartilhem dos mesmos gostos, interesses, ideias e visões de mundo que a gente. Mesmo antes da existência da web, fazíamos isso em nossos círculos sociais e hábitos de consumo. A diferença é que, com os algoritmos avançados de inteligência artificial e técnicas usadas em jogos, essas "redes sociais" observam com quais pessoas e marcas a gente mais se relaciona e passam a escolher quais conteúdos a gente vê, sem que a gente nem perceba. Enfim, nosso comportamento nesses espaços, somado à capacidade algorítmica desses aplicativos, nos coloca em agrupamentos invisíveis a nós, conhecidos como "bolhas". Uma bolha de filtro é constituída relacionando interesses comuns entre as pessoas que pertencem a ela e os interesses do sistema que a criou.

O interesse do sistema é exercer influência ainda maior de retenção e de mídia às pessoas que pertencem a essas bolhas. Então, ao longo do uso de tais aplicativos ou ferramentas de mídia social, as pessoas, sem se darem conta, ficam parcialmente presas a estas, sofrendo a influência delas sobre si e, querendo ou não, influenciando e reforçando ideias e informações às outras pessoas que estão nas bolhas. Outro ponto importante a se considerar é que, ainda que existam elementos positivos em agregar pessoas com interesses em comum ou com semelhanças significativas aos anunciantes que as veem como potenciais consumidores, tais divisões podem intensificar desigualdades e conflitos já presentes na sociedade. Quando as pessoas são, sem ciência disso, segregadas em linhas de pensamento, modos de comportamento, classes sociais ou até mesmo raças e etnias, de modo que recebem apenas um número restrito de informações, conhecimentos e experiências, é bastante possível que se tenham problemas sociais e políticos por consequência.

Como saber se estamos em uma bolha social?

Quando vemos opiniões conflitantes em nosso feed de notícias (timeline) isso pode causar desconforto e angústia. Não ter contato com outras visões de mundo, porém, pode nos levar a percepções distorcidas da realidade. Imagine que, ao entrar na sua rede social favorita, você se depare com um post de alguém conhecido que o deixa desconfortável. Pode ser um meme zombando de seu candidato político, uma proclamação com a qual você discorda sobre um assunto delicado, como controle de armas, ou mesmo uma foto de alguém vestindo ou fazendo algo que provoque grande zombaria. Diante disso, você por acaso pensa "Vou silenciar as postagens desse sujeito", "cancelando" seu amigo sem pensar duas vezes? Talvez, a princípio, você até sinta um alívio de poder voltar a ver seu feed de amigos que pensam exatamente como você, com anúncios totalmente direcionados aos seus desejos, mas, sem perceber, você acabou de fortalecer sua bolha de reforço.

Somos nós que construímos nossa bolha social?

Sim, nós contribuímos para a formação das bolhas, somos parcialmente culpados por nossos feeds altamente selecionados, mas, como vimos antes, a culpa não é toda nossa. Vejamos algumas explicações mais detalhadas de especialistas sobre as responsabilidades das partes envolvidas. "Sentimos pensamentos conflitantes como um desconforto psicológico considerável. A varredura cerebral revelou, de fato, que a dissonância cognitiva ativa áreas emocionais como a ínsula anterior e o córtex cingulado anterior dorsal", diz Don Vaughn, neurocientista do departamento de Psicologia da UCLA. "Visto que preferimos evitar experiências negativas, não é surpresa que as pessoas evitem o desconforto psicológico imediato da dissonância cognitiva simplesmente por não ler ou ouvir opiniões divergentes."

A autora acrescenta, ainda, que há um gasto de energia envolvida nessa tendência. Essencialmente, o processamento de novos fatos, ideias e perspectivas requer um esforço neural significativo. Em outras palavras, ele força nosso cérebro a reconfigurar sua teia de conexões para entender, avaliar e potencialmente incorporar o novo conhecimento ao qual se está sendo exposto.

Como lidar com as bolhas?

"Devemos sair de nossa tendência de teorizar sobre como a mídia social nos afeta e desenvolve uma compreensão científica rigorosa de como funciona", diz Sinan Aral, MIT Sloan professor. Para evitar os excessos das influências de tais redes em nossas vidas, precisamos, em primeiro lugar, buscar conhecimentos que tragam uma maior consciência sobre como ela opera. Em seguida, está o uso moderado e equilibrado dessas ferramentas, procurando manter contato não apenas com pessoas que pensam como você, mas também com ideias divergentes. Na sequência estão a postura e o comportamento nas redes, procurando atuar de forma construtiva, incentivando e ajudando as pessoas, evitando críticas desnecessárias, tendo o cuidado de ler e analisar as informações recebidas antes de apoiá-las ou repassá-las, principalmente se forem falsas, maldosas ou mentirosas. Enfim, contribuindo sempre que possível de forma positiva e proativa durante a utilização de tais ferramentas.

Os silos organizacionais também não seriam, do ponto de vista de pessoas, cultura e relacionamentos, algo parecido com tais bolhas sociais?

Sim, silos são bolhas. Silos organizacionais impedem a inovação e o crescimento. Eles também limitam o sucesso dos indivíduos, impedindo-os de perceber os benefícios positivos do trabalho em equipe e da colaboração. Ao usar estratégias que incentivam os indivíduos a se considerarem parte de uma equipe organizacional mais ampla, uma colaboração mais multifuncional pode se tornar uma realidade. O ritmo de mudança atual exige equipes mais colaborativas e inovadoras. Nesse sentido, a empresa deve buscar superar os silos e apoiar a interação multifuncional eficaz entre as equipes. Quando as equipes saem de seus silos, a organização tem uma chance melhor de sucesso em longo prazo.

Diferentemente das recomendações virtuais, como "furar" os silos corporativos?

Seguem algumas estratégias do artigo de Ian Cornett[16] que podem ajudar a quebrar silos e promover uma colaboração multifuncional em toda a organização:

- **Comunique uma visão unificada:** *frequentemente, os silos organizacionais se formam porque as metas individuais ou departamentais se tornaram extremamente prioritárias e muito importantes, fazendo com que os funcionários percam de vista os objetivos mais* *amplos da empresa. Uma visão unificada, que é amplamente comunicada entre os funcionários, ajuda os indivíduos a compreenderem que as metas individuais e de equipe são secundárias à visão organizacional. Para organizações que se acostumaram a operar em silos, a visão precisará ser comunicada com frequência e em diferentes meios para que permaneça como prioridade. Quando as pessoas têm uma visão geral, podem começar a entender seu lugar único na organização, bem como o de outras pessoas. Com o tempo, o foco em si mesmo e na equipe se expandirá para incluir outros indivíduos e equipes que também fazem parte da visão da empresa.*

- **Crie responsabilidades compartilhadas:** *Uma vez que uma visão unificadora tenha sido estabelecida e comunicada, ela precisa se traduzir nos comportamentos cotidianos de equipes e indivíduos para se estabelecer. As equipes podem se beneficiar por terem metas compartilhadas que as unem, em vez de dividi-las. Por exemplo, uma organização pode alinhar as metas do departamento de TI com as de outros departamentos para garantir o uso mais eficiente dos sistemas internos de TI. Para quebrar ainda mais os silos organizacionais, também pode ser útil ter duas ou mais equipes trabalhando juntas em uma força-tarefa que termina com uma apresentação conjunta para a alta administração.*

- **Reúna as equipes:** *romper silos organizacionais e aumentar a colaboração entre equipes não acontece por si só, mas será mais provável quando os indivíduos tiverem oportunidades de interagir e trabalhar juntos. Reuniões conjuntas, grupos de foco e sessões de bate-papo podem fornecer aos funcionários a oportunidade de conhecer pessoas de outras equipes, quem faz o que e como eles podem ajudar uns aos outros para atingir os objetivos da empresa. Outras atividades que reúnem equipes incluem a combinação de equipes semelhantes sob cochefes ou colocalização de equipes que podem se beneficiar da proximidade física, como no caso de empresas que mantêm equipes de vendas e marketing juntas. Organizar eventos corporativos também pode promover a colaboração, construir confiança e encorajar relacionamentos entre equipes.*

- **Envolva a liderança:** *pessoas em equipes diferentes provavelmente não colaborarão e permanecerão em silos, a menos que vejam suas lideranças modelando comportamento colaborativo. Os líderes da empresa precisam dar o exemplo para demonstrar que esperam um trabalho multifuncional em equipe e o compartilhamento de informações entre seus funcionários. Os líderes podem apoiar uma maior colaboração das seguintes maneiras: falando sobre metas compartilhadas entre equipes; designando um ou dois membros da equipe para manter outra equipe informada sobre um projeto importante;*

comunicando-se regularmente e passando tempo com líderes de outras equipes; reconhecendo e recompensando os indivíduos que demonstram colaboração com outras equipes; incorporando ferramentas de colaboração que podem reunir equipes na nuvem, tornando mais fácil o compartilhamento de ideias e informações e podem ser particularmente úteis na unificação de equipes e indivíduos remotos. Alguns exemplos incluem plataformas de gerenciamento de projetos com recursos de chat e quadro branco virtual, documentos compartilhados que permitem que várias equipes acessem e colaborem em apresentações, propostas e planos de projeto além de ferramentas de gerenciamento de dados que incorporam dados de outras plataformas (por exemplo, um CRM que se integra aos painéis da empresa usados por várias equipes).

- **Mude mentalidades e comportamentos com treinamento:** uma ótima maneira de ajudar os funcionários a se libertar dos silos é treiná-los para se envolverem em comportamentos que apoiem mais o trabalho em equipe e colaboração. Com a ajuda do treinamento de responsabilidade, comunicação e liderança, para citar alguns, os funcionários podem aprender mais sobre os perigos dos silos, ver os benefícios da colaboração e praticar técnicas úteis para quebrar os silos no trabalho.

Tudo está ligado a tudo — O mundo todo conectado em rede

Acreditar que "o mundo está conectado em rede" para planejar as suas estratégias de gestão é uma constatação que requer cuidado e pesquisa.

Segundo o relatório Estado Banda Larga 2019, produzido pela Comissão de Banda Larga das Nações Unidas, 49% da população não tem acesso à internet. No Brasil, A Pnad Contínua TIC 2017, elaborada pelo Instituto Brasileiro de Geografia e Estatística (IBGE),[17] que investiga o acesso à internet e à televisão, revelou que 74,9% dos domicílios têm acesso à banda larga.

O estudo da União Internacional de Telecomunicações (UIT), agência das Nações Unidas,[18] vê pelo lado positivo que mais da metade da população mundial está conectada à internet. São 3,9 bilhões de pessoas (o equivalente a 51% da população mundial) ligadas à rede.

▷

▷ Considerando essas projeções e pensando nas conexões realizadas, em um minuto acontecem em média (dados de 2020):
- 1 milhão de logins no Facebook;
- 41,6 milhões de mensagens enviadas no Facebook Messenger e no WhatsApp;
- 3,8 milhões de buscas no Google;
- 4,5 milhões de vídeos vistos no YouTube;
- 390 mil aplicativos baixados na Google Play e na Apple Store;
- 87 mil pessoas tuitando;
- 695 mil horas de vídeos assistidas na Netflix;
- 347 mil "scrolls" (movimento de baixar a tela) no Instagram.

Paradoxos:

Porém, não necessariamente são pessoas participando desse volume de ativações e engajamentos das redes sociais. Além do aumento orgânico do número de usuários, há também o crescimento na quantidade de robôs acessando à rede e seus serviços. Atualmente, segundo a pesquisa Bot Traffic Report,[19] da empresa americana Imperva, os robôs são responsáveis por mais de 50% do volume de buscas da internet. Contudo, o acesso pessoal, de forma individual, tende a diminuir por uma série de fatores, em especial:

1) O "tempo de tela" já vem sendo apontado como um mal contemporâneo que afeta a saúde humana de maneiras ainda desconhecidas. Muito se comenta sobre o "detox digital". A própria Apple lançou o serviço "screen time", para que o usuário controle o tempo em que passa usando o iPhone.

2) O número de usuários que tem redes sociais fechadas, apenas para amigos e/ou amigos próximos, já é maior do que as pessoas que usam redes sociais abertas. Isso naturalmente reduz o volume de interações com outras pessoas.

3) O crescimento da utilização de assistentes virtuais pessoais ajudará a lidar com o volume de informação e interações. Antigamente, um assistente era algo usado por executivos de grandes empresas. No futuro próximo, com os assistentes virtuais mais acessíveis, a vida digital será menos complexa. O motor por trás dessa mudança é o desenvolvimento e adoção em massa de plataformas de inteligência artificial.

Fique ligado — Redes de valores e redes de conhecimento

- O que você considera relevante em uma escala crescente de valores?
- Se estes valores fossem fios de histórias/linhas que se entrelaçam com o seu desenvolvimento profissional, como seriam? (retas, linhas circulares soltas, círculos concêntricos, espirais...)
- E na sua empresa, o que é considerado relevante em uma escala crescente de valores?
- Se estes valores fossem fios de histórias/linhas que se entrelaçam com o seu desenvolvimento dos negócios, como seriam? (retas, linhas circulares soltas, círculos concêntricos, espirais...)

Pensando em desenvolvimento pessoal, agora com o olhar educacional:

- Como foi a sua formação educacional formal? (conteúdo técnico, repertório crítico, visão de realidade, consciência social)
- Depois da educação formal (escola, faculdade e/ou pós-graduação), como e onde você aprimorou os seus conhecimentos?
- Como você se atualiza? Com quem você efetiva trocas sobre conhecimento e aprendizagem?
- Nas empresas com as quais você se relaciona, existe Universidade Corporativa?
- Qual o modelo dessa universidade?
- Como você constrói a sua própria rede de conhecimento?
- Você aplica o seu conhecimento adquirido no dia a dia de trabalho? Como?

Ligue os pontos: Redes de mapeamentos relacionais

Redes de mapeamento intra e inter-relacionais

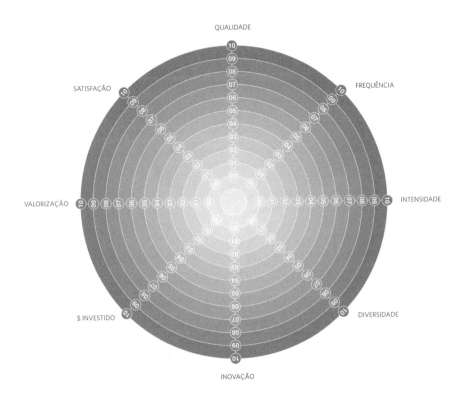

Exercício:

Esta é uma base para mapeamento de Redes Relacionais para o seu **autoconhecimento e análise comparativa**. Não é um jogo de certo e errado e sim uma **avaliação pessoal para reflexão e transformação**.

A partir da próxima página pontue na escala de 0 a 10 a representatividade dos quesitos elencados (qualidade, frequência, intensidade, diversidade, inovação, dinheiro investido, valorização e satisfação) conforme cada um dos enfoques propostos e ligue os pontos, formando uma teia.

Redes de mapeamento intra e inter-relacionais

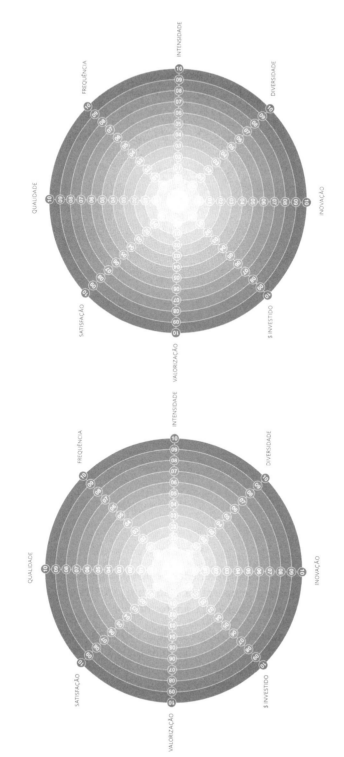

Desenvolvimento Interpessoal

Mapeamento das ações e atividades relacionadas ao desenvolvimento das relações com as pessoas ao meu redor. **O quanto e como estou investindo em minha rede de relações de troca?**

Desenvolvimento Pessoal

Mapeamento das ações e atividades relacionadas ao autodesenvolvimento. **O quanto e como estou investindo em mim?**

As redes e nós 77

Redes de mapeamento intra e inter-relacionais

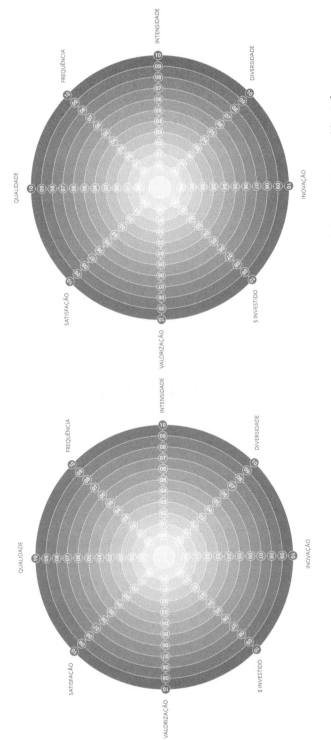

Desenvolvimento Profissional

Mapeamento das ações e atividades relacionadas ao desenvolvimento profissional. **O quanto e como estou investindo em minha profissão, em minha carreira, em meus negócios?**

Desenvolvimento Socioambiental

Mapeamento das ações e atividades relacionadas ao desenvolvimento da atuação cidadã e sustentável junto à sociedade. **O quanto e como estou investindo em minha atuação como transformador social?**

Como as nossas mais diversas redes podem se transformar em redes de corresponsabilidade?

4 Sistemas & corresponsabilidades

Sinopse: para os gestores de empresas que **se consideram socialmente responsáveis**, mas que estão preocupados apenas com o próprio bem ou em ampliar única e exclusivamente os seus bens, demostro que responsável é quem considera, mapeia, analisa, projeta, implementa, acompanha, ajusta e considera projetos para o bem comum, pois tudo é um grande sistema e cada decisão exerce impacto, de maior ou menor proporção, não apenas no mercado, mas em todo o planeta.

Palavras-chave: Revolução Científica, Teoria Econômica, Pensamento Sistêmico, Responsabilidade Social Empresarial, Capitalismo Consciente, Consciência Social, Negócio Social

> *Os sistemas vivos são sistemas cognitivos, e a vida como processo é um processo de cognição. Esta afirmação é verdadeira para todos os organismos, com e sem um sistema nervoso.*
>
> — Humberto Maturana

A sociedade e a economia dos sistemas

Até 1500, a visão da sociedade medieval era balizada na perspectiva de comunidades pequenas, orgânicas, com forte interdependência com a natureza e com intensa inter-relação entre as pessoas, especialmente para satisfazer as necessidades e sobreviver da melhor forma possível. O objetivo da ética, da razão e da fé era tentar compreender as coisas e os fenômenos naturais, e não os prever para ter o controle da situação. E o poder que ditava as referências do certo e do errado vinha de duas entidades principais: a igreja e os pensadores, como o grego Aristóteles.

A partir de então, mudança de perspectivas com a chegada da ciência, que passou a considerar o mundo como um mecanismo, uma máquina que podia ser conhecida, montada, desmontada e, principalmente, descrita em números e fórmulas para ser controlada. E uma série de questões "sem resposta" começaram a ser testadas com hipóteses e experimentos pelo método científico, despojando o mundo de sensibilidade, de consciência e de espírito, em prol do poder centralizado da verdade e da certeza. Foi exatamente nesse momento que a quantificação e a mensuração começaram a ganhar valorização, diminuindo a sensibilidade ética, estética e poética na relação com todas as coisas. O que era espiritual cedeu à luz da razão, que assumiu o poder com suas fórmulas e com uma autorização para manipular, testar e experimentar a natureza de forma a saber como é composta para poder explorá-la e dominá-la. A própria Medicina se distanciou de uma visão integral de cada ser humano, mesmo que inicialmente mais mágica e intuitiva, para um modelo fragmentado, reduzindo tudo a unidades da biologia molecular e celular, fracionando as partes do corpo para entender como as doenças se manifestam sem considerar o real motivo pelo qual essas disfunções acontecem. Essa forma de pensamento impacta o entendimento das circunstâncias, o contexto, as questões psicológicas, sociais e emocionais que interferem — e muito — nas reações físicas e químicas do corpo humano.

A Revolução Científica começou considerando tanto um mundo empírico e indutivo quanto um mundo racional e dedutivo. Ambos se consolidaram na ciência natural, trazendo a percepção do tempo e do espaço para os fenômenos fisicamente tridimensionais em um tempo absoluto, verdadeiro e matemático, e em um espaço homogêneo e imóvel. O pensamento cartesiano, separando tudo, rotulando e departamentalizando: Deus e matéria, corpo e mente (*res extensa*: coisa extensa, e *res cogitans*: coisa pensante).

De início, Deus ainda era considerado o criador e o definidor das leis; aos poucos, a visão divina desapareceu, estabelecendo o ceticismo que permanece até hoje.

Com as ciências sociais não foi diferente.

A crença de que uma abordagem racional resolveria todos os relacionamentos e interações humanos fundamentou a chamada, não por acaso, Era da Razão ou Iluminismo. A sociedade, nesse contexto, foi atomizada e transformada em componentes (a partir de cada indivíduo) que reagem a determinados problemas econômicos e políticos, obedecendo uma certa lógica que determina os fenômenos comportamentais. Esse pensamento estruturou diversos valores ainda respeitados, como o individualismo, o direto à propriedade, mercados livres, governos representativos, entre tantos outros que oferecem as condições mínimas para um estado equilibrado da sociedade nos moldes do que era considerado o equilíbrio das leis da natureza. Foi a era da Física Social, quantificando as ações e reações e desconsiderando — ou melhor, desqualificando — a qualificação das expectativas e das intenções, da vontade e do propósito.

No mesmo contexto se estruturou a Teoria Econômica.

Até o século 16, a economia era parte intrínseca das relações humanas em seu exercício permanente pela sobrevivência e pela subsistência. Existia uma mutualidade com base nas trocas e na reciprocidade para prover recursos básicos, como vestimentas, alimentos, habitações, entre outros necessários às comunidades de então. Não havia a valorização do que conhecemos hoje como "motivação econômica", pois não havia o dinheiro. Tudo era local e familiar, envolto em rituais e cerimoniais sagrados de acordo com as tradições e costumes de cada família ou região e com um único objetivo: fazer a melhor organização e divisão desses bens e acessos essenciais. A moeda em jogo, em diversas tribos, era o prestígio. Algumas expressões que qualquer pessoa entenderia atualmente não faziam o menor sentido naquele tempo, por exemplo, riqueza, acúmulo, especulação financeira, juros, crédito bancário...

Com a Era Industrial, a partir do século 17, as regras foram se modelando com mais rigor e instituições foram nomeadas para regular os fluxos dessa administração de assuntos domésticos com o surgimento da Economia Política, que assumiu a racionalização da administração dos assuntos domésticos, até então feita de forma autônoma, livre e isolada pelas comunidades. Vieram regras, noção de mercado e estruturação das atividades econômicas: produzir, ofertar, distribuir, comercializar, abastecer, lucrar, emprestar...

Nesse ambiente, surge o conceito de capitalismo, inicialmente conectado a sistemas religiosos de contrapartidas e de "exigências divinas", que compõem a ética do trabalho e o conceito de obrigação moral:

- Empreender na terra para ganhar um lugar no céu.
- Trabalhar arduamente aqui, pois é a sua missão na Terra.
- Produzir bastante para poder acumular e garantir a segurança.

Entre os fundadores da economia moderna está o inglês Sr. William Petty[1] (1623–1687), médico, professor de anatomia e de música, que trouxe argumentos racionais quantificáveis para explicar fenômenos econômicos: as negociações se transformaram em fórmulas, pesos e medidas; e preços e commodities passaram a refletir de forma justa a quantidade de trabalho que abarcavam, como se fosse uma equação matemática. Outro dos fundadores, John Locke, trazia a objetividade da definição dos preços com base na oferta e na procura, lei mecânica com cálculos diferenciais exatos com base em suposições.

O escocês Adam Smith, autor de *A Riqueza das Nações* (1776), primeiro tratado completo sobre economia, foi inspirado pelos fisiocratas (do grego *fisio* = natureza, e *cratos* = governo) franceses. Considerava que trocar e intercambiar sempre fez parte da natureza humana, que era natural a Revolução Industrial para facilitar e aprimorar a produção de tudo o que tornasse a vida melhorada e, entre tantas outras questões ainda vigentes na forma de economia que se conhece hoje, que o mercado tinha a capacidade de se autoequilibrar com as crescentes e contínuas demandas de oferta e procura. O mercado, nessa visão do *laissez faire*, era um sistema estruturado para a produção de riqueza material como um resultado social harmonioso para todos, com foco no bem comum, e não nas intenções individuais, cuja restrição de avanço seria a limitação dos recursos naturais.

Na sequência de pensadores sistemáticos surgiu David Ricardo (1772–1823), com variáveis para antecipar fenômenos baseadas no conceito de "modelo econômico", com modelos científicos, dogmas e regras que forçavam a separação e a divisão de classe entre a liderança e os trabalhadores.

Então surgiram os chamados reformadores da economia: John Stuart Mill (1806–1873), com seu *Princípios da Economia Política*, elaborou sobre duas vertentes da economia: a neoclássica, científica e matemática, denominada "economia pura" por excluir variáveis sociais e ambientais, e a arte da filosofia social ou política. Karl Marx (1818–1881), diferentemente da visão reducionista vigente, reconheceu as inter-relações em uma totalidade orgânica altamente interdependente não só na economia, mas na sociedade, com suas ideologias e tecnologias. E enfatizou a questão da "mais-valia" ou do excedente como algo apropriado apenas pelos donos dos meios de produção, gerando e reforçando a desigualdade.

Depois dessa fase, ainda na vertente cartesiana, vigorou o modelo keynesiano, de John Maynard Keynes (1883–1946), que considerou, para o equilíbrio do sistema, uma economia mais instrumental e política. Assim, passou a incorporar em suas análises algumas variáveis sociais da economia doméstica, como renda nacional, quantidade de empregos e consumo total, entre outras. Foi aplicado no século XX, porém, no século XXI, ficou nítida a sua desconexão com redes altamente relevantes e influentes: os acordos econômicos e as condições políticas internacionais, as estratégicas globais das corporações, os custos sociais e ambientais das atividades econômicas, para citar alguns fatores relevantes.

Na contramão, surgiram teóricos organizacionais críticos do sistema burocrático de mecanização da vida e do espírito humanos, como Max Weber (1864–1929), reiterando a importância dos valores e das ideologias na estrutura e no desenvolvimento da sociedade.

Já reforçando a administração científica e seu apego ao planejamento como se tudo realmente fosse acontecer conforme planejado está o taylorismo, sistema formatado por Frederick Taylor (1911), largamente utilizado tanto nas linhas de produção "fordistas" como em modelos de fast food e de franquias que tiveram sua expansão em escala quantitativa. Padronização, eficiência nos mínimos detalhes, produtividade, a especialização focada, porém sem a visão de todo. O **propósito** é aumentar a produtividade tratando tudo como uma linha de produção, como se fazia há duzentos anos.

Sistemas & corresponsabilidades 85

> **Tudo está ligado a tudo** — Considerações sobre propósito

O uso "solto" da palavra propósito como algo associado a causas de transformação social soa estranho. Há propósitos e propósitos no mundo, e a palavra definitivamente não significa "para a harmonia e o bem de todos".

Vem do latim *propositum* e pode significar tomada de decisão, deliberação, intento, intenção, finalidade, desígnio, pertinência, objetivo, resolução, mira, tino, juízo.

Em algum momento a palavra ficou igual a "fazer o bem, fazer a diferença na vida de alguém". Virou ranking, virou fator de diferenciação, nome de curso, título de artigo; se misturou com a chamada responsabilidade social corporativa. Lembrete: as pessoas, assim como as empresas, sempre podem ter bons ou maus propósitos.

Depende da amplitude do olhar.

Muitas empresas chegam com seus discursos floreados de "causas e propósitos", porém suas posturas não condizem com as novas estruturas esperadas na gestão contemporânea de negócios, pensando no todo, para o todo. E mais, produzir eficientemente e gerar lucros crescentes não significa produzir algo que fará a diferença para a qualidade de vida das pessoas.

Fique ligado — Propósitos e sentidos

Tudo tem um propósito.
- Qual o seu propósito?
- Qual o propósito da sua empresa?

Tudo tem um sentido, mesmo que não seja percebido da mesma forma por todos. Quem disse que os sentidos são únicos e certos?

Eis um exercício com algumas possibilidades de "antes e depois": vale refletir qual sentido essas palavras têm para você, para a sua empresa e para os líderes que você respeita e admira (na política, na economia, nas empresas, no empreendedorismo social...):

▷

> - Sucesso: é ser melhor do que outros ou é possibilitar resultados positivos para todos?
> - Resultado: é ter números "no azul" só para você ou considerar todos os envolvidos?
> - Positivo: é você crescer mais e mais ou é estimular o crescimento da sociedade?
> - Crescimento: é ganhar mais dinheiro ou é promover metas para que todos ganhem?
> - Metas: são perspectivas financeiras individuais ou que impactam a sustentabilidade?
> - Sustentabilidade: é garantir a viabilidade só de um negócio ou de toda uma sociedade?
> - Impacto: é medir a abrangência no mercado ou considerar a sociedade como um todo?
> - Sociedade: é o agrupamento de sócios ou todos os cidadãos que coexistem e interagem?
>
> Vale listar outras palavras que necessitam urgentemente ser ressignificadas nos negócios e na sociedade. Talvez até nas escolas, para que a imposição de certezas (incertas!) não se multiplique indefinidamente. Ter "um sentido" é uma coisa, agora "ser o único sentido", isso já é outra coisa bem diferente. Beira a ditadura das palavras, e, apesar de ainda gerar entendimento nesse modelo de mercado, é importante já estar preparado e revisar os seus conceitos.
>
> Afinal, qual o sentido de poder que está vigente?

Os fundamentos do pensamento sistêmico

Cientificamente falando, o pensamento sistêmico, de perspectiva holística, começa a ser estruturado nas primeiras décadas do século 20.

Primeiramente, na escola organísmica da biologia, o organicismo, em oposição às leis da física e da química, propunha mecanicismos da teoria celular, da embriologia e da microbiologia. Para compreender um organismo vivo, é preciso compreender as relações organizadoras entre suas partes, e não apenas as partes de forma isolada; esse conceito de organização se sofisticou posteriormente com a **auto-organização**, cujos padrões são primordiais na compreensão da essência da vida.

Diferentemente da lógica cartesiana, analítica e reducionista de pensar em que tudo são blocos básicos de propriedades intrínsecas cujo comportamento representa o todo, compreender os padrões de organização com base em relações ordenadas entre organismos vivos, pensando na analogia entre o biológico e o social, foi fundamental para a estruturação do pensamento sistêmico, inclusive na sua semântica, fazendo uso de palavras como conexidade, **relações**, padrões e **contexto**. A própria palavra **sistema** (do grego *syn* + *histenai*, colocar tudo junto) foi utilizada inicialmente pelo bioquímico Lawrence Henderson (1878-1942), demonstrando que a compreensão sistêmica é a que estabelece relações entre determinados componentes, integrando-os em um contexto, estabelecendo relações organizadoras. Esse entendimento foi fundamental para a percepção de estruturas em múltiplos níveis de hierarquia dos processos da natureza em que partes se combinam e interagem, fazendo parte de outras partes maiores que se combinam e interagem, e assim subsequentemente, estruturando múltiplos sistemas dentro de cada ecossistema. Importante destacar duas tendências fundamentais nesse processo: a autoafirmativa, que preserva a autonomia individual ou as "propriedades emergentes"[2] de cada nível de complexidade, e a integrativa, integrando as partes em um todo maior com propriedades distintas.

Em paralelo, surge na psicologia um conceito primordial para o pensamento sistêmico: o de **Gestalt** (do alemão "forma orgânica"), utilizado pela primeira vez pelo filósofo austríaco Christian von Ehrenfels (1859-1932) para representar um padrão perceptivo irredutível: "O todo é mais que a soma das partes."

Sincronicamente, nessa mesma época, o conceito de **ecologia** (do grego *oikos* + *logos*, cuidar do lar) foi formatado em 1866 pelo biólogo alemão Ernst Haeckel (1834-1919) como a "ciência das relações entre o organismo e o mundo externo circunvizinho", considerando as relações funcionais nas comunidades animais e vegetais. Na evolução dos estudos e debates sistêmicos da ecologia, surge a noção de **ecossistema**, "uma comunidade de organismos e seu ambiente físico interagindo em uma unidade ecológica". Com isso, estruturam-se mais dois conceitos primordiais ao pensamento sistêmico: o de **comunidade** e o de **rede**, ambos considerando relações mútuas entre organismos menores e autônomos, que por si só são ecossistemas complexos, e um imenso ecossistema que surge das interações e interdependência de cada um dos organismos, de suas partes e de suas comunidades.

> *A teia da vida consiste em redes dentro de redes. Em cada escala, ao serem examinados mais estreitamente, os nodos da rede revelam-se como redes menores. Tendemos a arranjar estes sistemas aninhando-os todos em sistemas maiores acima dos menores, em um esquema hierárquico que coloca os sistemas maiores acima dos menores, à maneira de uma pirâmide. Mas essa é uma projeção humana. Na natureza não existe "acima" ou "abaixo", e não há hierarquias. Há somente redes aninhadas dentro de outras redes.[3]*
>
> — Fritjof Capra e Pier Luigi Luisi

Refletir sobre isso mudou a percepção da Física clássica com a estruturação da Teoria Quântica. Aproximadamente em 1920, os físicos começaram a perceber que no mundo subatômico as coisas não eram partes menores isoladas de um todo, e sim átomos e partículas subatômicas que compõe uma complexa teia de relações: um pequeno todo que faz parte, interage e é **interdependente** do grande todo. Uma realidade estranha e inesperada, repleta de paradoxos, que despertou não apenas questões intelectuais, mas emocionais e existenciais que ajudaram a compor a nova física na qual há uma visão sistêmica da vida, holística e ecológica, em que tudo está conectado a tudo.

> *As coisas derivam o seu ser e a sua natureza por dependência mútua e, em si mesmas, nada são.*
>
> — Nagarjuna, filósofo budista

Para expressar as limitações dos conceitos clássicos perante os fenômenos atômicos, foi criada uma forma matemática chamada **princípio da incerteza**, que utiliza a noção de **complementaridade** como fundamento. Assim, para cada imagem, são consideradas descrições complementares da mesma realidade, porém cada uma parcialmente correta e com uma faixa limitada de aplicação. Desse modo integradas, fornecem uma descrição mais completa, sempre dentro dos limites da incerteza, partindo do pressuposto de que, no mundo subatômico não existe matéria em um local definido, mas uma tendência para a matéria ocorrer. É como uma vibração de **onda de probabilidade matemática** e abstrata que pode (ou não) ocorrer e gerar interconexões. Da precisão e da previsibilidade das certezas na ciência clássica, em que as propriedades e o comportamento das partes determinam o todo, foi dado um salto rumo à imprecisão e arbitrariedade das probabilidades estatísticas nas quais é o todo quem determina o comportamento das partes.

> *Partículas materiais isoladas são abstrações, sendo suas propriedades definíveis e observáveis por meio de sua interação com outros sistemas.*
>
> — Nicolas Bohr

Para completar, mais uma variável importante que modifica a dicotomia entre mente e matéria: o processo de **correlação**, no qual a decisão consciente do observador é que determinará as propriedades de um fenômeno, que certamente será sempre ativo, em movimento e instável. E onde, com base na Teoria da Relatividade, de Einstein, não existe um tempo e um espaço definidos, e sim um *continuum* quadridimensional chamado de "espaço-tempo" que é curvo por considerar os campos gravitacionais dos campos massivos. Ou seja, conforme a curvatura muda de lugar para lugar mediante a distribuição dos corpos massivos, varia o fluxo de tempo. Tudo isso integrando a **consciência** humana não só à complexa teia cósmica, como também às forças fundamentais que atuam subatomicamente: o eletromagnetismo (liga elétrons ao núcleo e controla todos os processos químicos), a gravidade, a força nuclear forte (mantém os componentes dos núcleos subatômicos unidos em um todo coeso) e a força nuclear fraca (responsável pelo decaimento radioativo).

> *Uma partícula elementar não é uma entidade não analisável que tenha existência independente. É, em essência, um conjunto de relações que se estendem a outras cousas.*
>
> — Henry Stapp

O objetivo de toda essa teoria é mostrar, de forma prática e pensando no mundo corporativo, que a visão de negócios, por muitos anos, assemelhou-se ao modelo clássico, dicotômico, reducionista, fragmentado e especializado em todas as suas relações. Mas coisas não são tão "simples assim" como muitas das fórmulas da administração e da gestão pressupõem.

É fundamental considerar a mudança de perspectiva para além do que se conhece e se aplica. Há todo um ecossistema de atuação e integração que se deve considerar, especialmente para alcançar relações mais sustentáveis e respeitosas entre as pessoas.

Visão sistêmica: o modelo ideal para o mundo dos negócios

Em vez de presidir no topo da pirâmide da natureza, no entanto, a humanidade está profundamente emaranhada na teia da natureza. Estamos integrados no mundo vivo, não separados e nem acima dele: vivemos dentro da biosfera, não sobre o planeta.

— Kate Raworth

Essa reflexão vale para inúmeros executivos e empresas que se acham fora do sistema, em um plano isolado do "mundo dos negócios", onde existem apenas planilhas de vendas e dados de performance, com rankings de sucesso que valorizam as melhores e as maiores com base em pesquisas e estatísticas sobre o comportamento e os desejos dos consumidores, aqueles que são agrupados de acordo com seus hábitos de consumo.

Tudo é um grande sistema, e cada decisão exerce impacto, de maior ou menor proporção, não apenas no mercado, mas em todo o planeta.

Existe toda uma questão semântica para descrever as relações e as trocas efetivadas com os recursos naturais e humanos desse planeta. Muitas palavras perderam seu sentido, e outras estão repletas de significados desatualizados, que não fazem mais sentido.

Assim como falar em recursos humanos pode soar de forma estranha em algumas organizações para as quais pessoas são pessoas, e não recursos, o mesmo pode se dar com os recursos da natureza, com os quais as pessoas devem se relacionar de forma integral e sistêmica, entendendo que há impactos em cada troca, e não como um presente que está disponível para ser gasto de forma inconsequente. Já diz o ditado: não existe almoço grátis. Para cada pequena coisa que se retira e que se transfere, uma mudança ou um impacto ocorrerá: relacionamentos, integrações, coexistências, redes, reciprocidade, responsabilidade, sistemas. Complexos!

Uma gestão contemporânea precisa considerar características do pensamento, sistêmico e integral tais como:

- a mudança de perspectiva das partes para o todo, com padrões de organização resultantes do conjunto que nenhuma das partes isoladamente possui;
- multidisciplinaridade inerente a todos os sistemas (famílias, organizações, comunidades) ou ecossistemas sociais, em que tudo está altamente integrado;
- a autonomia e a independência;
- a intencionalidade e imprevisibilidade.

Com isso, efetivar as transposições:
- de objetos para relações, ou melhor, redes de relações encaixadas em redes ainda maiores, em que tudo interage com tudo;
- de medições para mapeamento das relações, com suas redes, seus ciclos e suas fronteiras;
- de quantidades para qualidades complexas da matemática dos padrões visuais;
- de estruturas para processos metabólicos vivos e em permanente desenvolvimento;
- da ciência objetiva para a ciência epistêmica, que valoriza a compreensão do processo de conhecimento como um empreendimento científico coletivo;
- da certeza cartesiana ao conhecimento aproximado, considerando que, se tudo está interconectado a tudo, não se pode ter nenhum conhecimento completo e definitivo.

Ligue os pontos: Desafio dos diagramas integrativos

A complexidade estuda de que forma as relações entre as muitas partes de um sistema moldam o comportamento do todo. Na teoria, pode até existir, mas na prática, é inalcançável ou inatingível conceber um modelo perfeito e equilibrado, previsível e controlável como um experimento de laboratório. Uma coisa são os problemas de simplicidade, com poucas variáveis de causalidade linear, mecânica e previsível (uma maçã caindo), outra coisa são problemas de complexidade desordenada, com bilhões de variáveis aleatórias (a disseminação de um vírus como o da COVID-19). No meio disso, estão os problemas de complexidade organizada, que consideram variáveis inter-relacionadas em um todo orgânico, criando um sistema complexo, porém organizado.

Para transformar todos esses conceitos em algo concreto e prático para você, como profissional, e para a gestão dos projetos que você lidera, eis uma sequência de diagramas sequenciais e complementares que exemplificam alguns níveis crescentes da simplicidade relacional à complexidade sistêmica. Assim fica mais fácil e estruturado para você visualizar o quão interconectadas (ou não) estão as iniciativas com as quais se envolve.

Reserve alguns minutos para experimentar e implementar.

Esse processo, além de organizar o pensamento, pode poupar muito de seu tempo, energia, talento e, inclusive, dinheiro.

Bons exercícios!

Sistemas & corresponsabilidades

Ligue os pontos 1 — Tudo está ligado a tudo e cada ponto de conexão importa

No começo era apenas um ponto de vista, um ponto de partida:

Cada ponto de vista é um ponto de partida que se transforma em ponto de conexão, quer você queira, quer não. Amplie os horizontes.

Exercício:

Que tal estabelecer um mapa a partir de você mesmo ou de um desafio que você tenha? Em cada página, uma atividade para você exercitar seu pensamento sistêmico.

Ligue os pontos 2 — Circunferências, círculos, esferas e pontos de conexão

Potencialidades de cada ponto de conexão:

Inúmeros pontos de vista em cada pequeno ponto compõem a realidade, mesmo que você não imagine. Mude os seus paradigmas.

Exercício:

Qual o seu ponto de partida? Como é esse ponto por dentro? O que aparenta ser por fora?

Ligue os pontos 2.1 — Ligações, mediações e conexões diretas

Conectividade de cada ponto de conexão:

Inúmeros desdobramentos interligados compõem a realidade, mesmo que você não veja. Fique ligado.

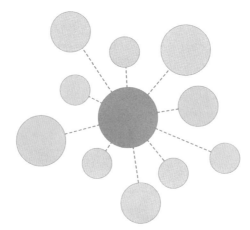

Exercício:

Quais as suas conexões diretas, com quem são estabelecidas e qual o peso que têm?

Ligue os pontos 2.2 — Ligações, mediações e conexões indiretas

Subconectividade de cada ponto de conexão:

Inúmeras possibilidades interligadas compõem a realidade, mesmo que você não considere. Fique atento.

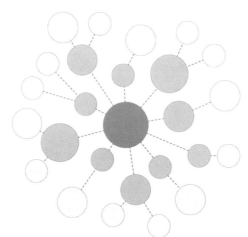

Exercício:

Quais as suas conexões indiretas, com quem são estabelecidas e qual o peso que têm?

Sistemas & corresponsabilidades   95

Ligue os pontos 3 — Estruturação em sistemas simples

Interconectividade dos pontos de conexão:

Imprevisível e incontrolável já começam a tomar forma, mesmo que você não queira. Fique alerta.

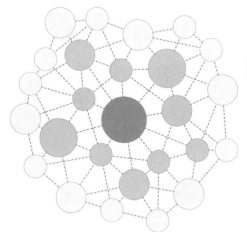

Exercício:

Sistematizando as conexões, quem ou o que pode se conectar em comum?

Ligue os pontos 4 — Estruturação em sistemas de redes

Interdependência das conexões e dimensões sistêmicas:

Inúmeras redes de redes transformam a realidade de tudo e de todos, mesmo que você não saiba. Faça alguma coisa.

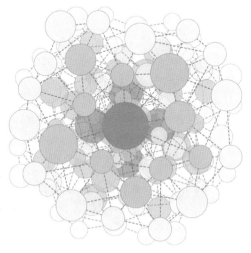

Exercício:

Como se localizar entre tantas redes e tantos sistemas? O que mantém as suas propriedades de diferenciação?

Ligue os pontos 5 — Mapa de interferências por diferentes contextos

Interferência dos textos e contextos:

Inúmeras dimensões sobrepostas coexistem na realidade, mesmo que você não perceba. Fique ciente.

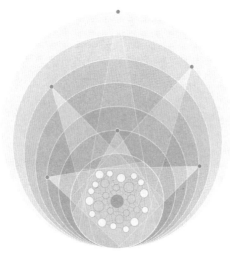

Exercício:

De que forma os diferentes contextos podem mudar completamente o seu ponto de partida, de chegada e de vista?

Ligue os pontos 6 — Estruturações sistêmicas no universo das possibilidades

Multiplicidade e transformação do conjunto:

Um novo organismo sistêmico, possibilitando um caleidoscópio microscópico e macroscópico de possibilidades, mesmo que você não aprecie. Fique consciente.

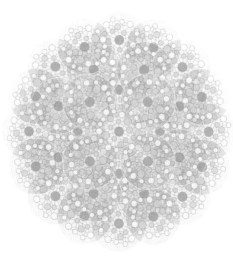

Exercício:

O quão consciente você está do seu papel compondo um grande todo, múltiplo e mutante?

Sistemas & corresponsabilidades 97

Ligue os pontos 7 — Redes relacionais em diferentes perspectivas

Relevância dos pontos de vista:

Tudo depende das sinapses de quem avalia, compreende e conceitua, mesmo que você ignore. Vale para os outros, e vale para você também.

EXEMPLOS DE DIMENSÕES:

- PARADIGMAS
- ESPAÇOS
- PANORAMAS
- PROPOSTAS
- SABERES
- REFLEXÕES

Exercício:

Quais os pontos de vista em jogo e quais os ângulos das opiniões?

Nas próximas páginas, há um exemplo de como as diferentes perspectivas podem modificar a conceituação e a percepção das trocas e dos relacionamentos em redes e sistemas.

Ligue os pontos 7.1 — Os paradigmas de Alain Caillé

As trocas são todas simbólicas, assim como os laços sociais que as efetivam; mais importante que o bem precioso é a proposta do dom. Por isso, empresas funcionam e mercados se animam não pela abstrata e universal lei econômica da oferta e da procura, mas pela cadeia das (inter)dependências e das relações de confiança com as quais se tecem as redes. Não é a razão que produz as grandes descobertas da ciência, e sim a habilidade em tecer alianças e estabelecer uma eficiente rede de aliados.

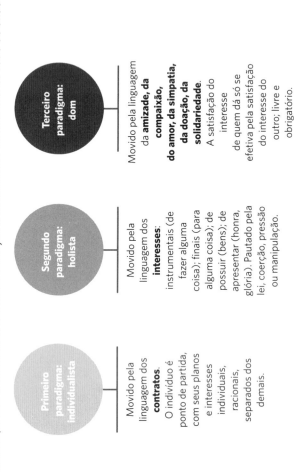

Ligue os pontos 7.2 — Os espaços de Pierre Léuy

A nova formatação de laços e vínculos por intermédio das dádivas e dons de indivíduos, marcas e empresas é complexa, pois todas as coisas e relações afetadas por tal valor, em tal comunidade, em tal contexto, em tal lugar, em dado momento podem assumir outros valores em outros espaços e em outros tempos, porque não existe um bem único, bom para todos e para todos os instantes. O grande trunfo da humanidade são as redes de atuação e compartilhamento estruturadas pela inteligência coletiva.

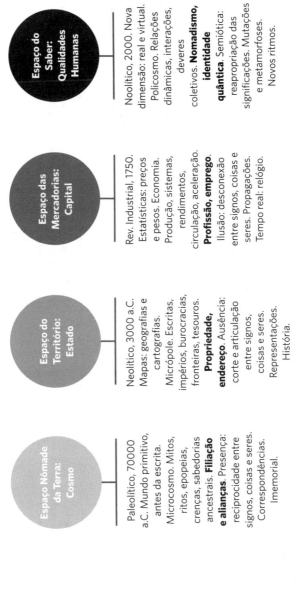

Espaço Nômade da Terra: Cosmo
Paleolítico, 70000 a.C. Mundo primitivo, antes da escrita. Microcosmo. Mitos, ritos, epopeias, crenças, sabedorias ancestrais. **Filiação e alianças**. Presença: reciprocidade entre signos, coisas e seres. Correspondências. Imemorial.

Espaço do Território: Estado
Neolítico, 3000 a.C. Mapas: geografias e cartografias. Micrópole. Escritas, impérios, burocracias, fronteiras, tesouros. **Propriedade, endereço**. Ausência: corte e articulação entre signos, coisas e seres. Representações. História.

Espaço das Mercadorias: Capital
Rev. Industrial, 1750. Estatísticas: preços e pesos. Economia. Produção, sistemas, rendimentos, circulação, aceleração. **Profissão, emprego**. Ilusão: desconexão entre signos, coisas e seres. Propagações. Tempo real: relógio.

Espaço do Saber: Qualidades Humanas
Noolítico, 2000. Nova dimensão: real e virtual. Policosmo. Relações dinâmicas, interações, deveres coletivos. **Nomadismo, identidade quântica**. Semiótica: reapropriação das significações. Mutações e metamorfoses. Novos ritmos.

Ligue os pontos 7.3 — Os panoramas de Arjun Appadurai

O complexo universo das relações, com suas trocas incessantes, simultâneas e invisíveis, depende do posicionamento histórico, linguístico e político de diversos agentes em permanente modificação. Por isso, tem infinitas camadas de percepção e interesse, em mundos múltiplos idealizados, cuja interpretação depende do contexto de cada um. Daí o poder do agente individual, que também é um plano de entendimento da realidade e dá seu próprio sentido às informações e coisas oferecidas pelo mercado.

Etnopanoramas
Mundo de migrações fluidas e móveis por culturas e fronteiras, em inúmeras comunidades que afetam a política das, e entre as, nações em grau até então **sem precedentes**.

Midiapanoramas
Mundo de *commodities*, "notícias" e política misturados em vastos e complexos repertórios de imagens e narrativas. **Experiência do imediato**, de roteiros de comportamento.

Finançopanoramas
Mundo do capital global: circulação de capital demanda infraestrutura nas operações financeiras e movimenta grandes quantias de dinheiro em alta velocidade; **incontrolável e imprevisível**.

Tecnopanoramas
Mundo compacto, em alta velocidade; circular; informações, cultura, notícias, negócios em updates o tempo todo. Permite trocas e intercâmbio inimagináveis, **sem limites de fronteiras**.

Ideopanoramas
Mundo de discursos que se moldam em contextos diferentes e mantêm unidas imagens e coerência de múltiplas crenças comuns nas diversas tribos: **sinestesia global variável**.

Sistemas & corresponsabilidades 101

Ligue os pontos 7.4   As propostas de Ítalo Calvino

O escritor Ítalo Calvino estruturou as suas *Seis Propostas para o Próximo Milênio* para um ciclo de seis conferências na Universidade de Harvard, em Cambridge, Massachusetts. Seu foco foram valores literários que mereciam ser preservados no curso do próximo milênio, mas a força das palavras que representam cada uma das propostas é potente e ultrapassa as fronteiras da literatura para propor uma reflexão leve, veloz, exata, visível, múltipla e consistente sobre as relações de comunicação que se estabelecem no mundo dos negócios, e de que forma podem se tornar mais integradas, produtivas e sustentáveis.

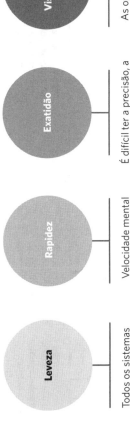

Leveza

Todos os sistemas funcionam a partir de seus componentes mínimos, minúsculos, móveis e leves.
São invisíveis, mas não podemos desconsiderá-los, pois, entidades sutilíssimas que são, dissolvem tudo a **infinitas possibilidades, previsíveis e imprevisíveis**: átomos, bits, bytes... e todos os circuitos de informações que nos rodeiam.

Rapidez

Velocidade mental não pode ser medida, e pensar rápido não significa chegar a uma conclusão ponderada. Qual o ritmo que rege os negócios, sabendo que neste mundo não se perde tempo, pois tempo é dinheiro e dinheiro não tem hora? Qual o sentido de **produzir cada vez mais e cada vez mais rápido em escalas exponenciais?**

Exatidão

É difícil ter a precisão, a exatidão para a certeza em modelos de gestão que, por essência, partem da diversidade de mentes, de frentes, de atuações. **Quanto mais possibilidades, mais complexo** fica, pois o infinito é um conceito que corrompe e altera todos os demais.

Visibilidade

As opiniões são múltiplas, e a visão depende do ponto de vista. Ver a mesma coisa é compreender os mesmos objetivos, o que só é possível com um repertório comum de significantes, para os quais os significados têm as mesmas funções. Como saber se as coisas têm o mesmo sentido?

Multiplicidade

A rede que concatena todas as coisas é feita de pontos espaço-temporais ocupados sucessivamente por todos os seres, uma multiplicação infinita das dimensões do espaço e do tempo... Uma rede crescente e vertiginosa de tempos divergentes, convergentes, paralelos.

Consistência

Quem somos nós senão uma combinatória de experiências, de informações, de leituras, de imaginações? Cada vida é uma enciclopédia, uma biblioteca, um inventário de objetos, uma amostragem de estilos onde tudo pode ser continuamente remexido e reordenado de todas as maneiras possíveis.

Ligue os pontos 7.5 — Os paradigmas de Edgar Morin

Edgar Morin estruturou o que chama de *Sete Saberes Necessários à Educação do Futuro*, demonstrando questões essenciais para o desenvolvimento não só para as escolas, mas para a sociedade e para a cultura. Em uma iniciativa promovida pela UNESCO, em 1999, foi convidado a sistematizar reflexões para se repensar a educação religando a cultura científica e a cultura das humanidades, rompendo a oposição cultura e natureza. "Complexus" significa o que foi tecido junto; de fato, há complexidade quando elementos diferentes são inseparáveis constituintes do todo (como o econômico, o político, o sociológico, o psicológico, o afetivo, o mitológico), e há um tecido interdependente, interativo e inter-retroativo entre o objeto de conhecimento e seu contexto, as partes e o todo, o todo e as partes entre si.

Erro & Ilusão
Muitos **erros e ilusões na gestão de conhecimentos** e transformação desses aprendizados em verdadeiros ativos e talvez futuros legados para a empresa são causados por desconhecimento da liderança, que gera um efeito "pedrinha na lagoa" para toda a equipe.

Conhecimento pertinente
Muitos processos invisíveis não estão evidentes, pois historicamente sempre foram tratados de forma departamentalizada e especializada, ignorando aspectos como a **intercomunicação e a relação com o todo (sistemicidade)** que valorizam a percepção do essencial.

Condição humana
Olhando para fora, existe um cosmos, um planeta, uma natureza e uma humanidade que não se conhece por completo, assim como não há completo domínio do seu entorno. Olhando para dentro, **cada um de nós é um cosmos (ou vários!)**, com características completamente distintas, biológicas e culturais.

Identidade terrena
Não vivemos em um sistema global centralizado, organizado e previsível, mas sim em uma estrutura em permanente movimento constante, mutante e imprevisível, em que todas as pessoas (e toda a natureza) são interligadas e intersolidárias: tudo está conectado a tudo. Uma simbiosofia, a sabedoria de viver junto com você mesmo e com o mundo.

Incertezas
Temos a ilusão de controle, de estabilidade, de planejamento a curto, médio e longo prazo. Temos gadgets que nos passam a sensação de presença ubíqua: ao mesmo tempo em todos os lugares em que tudo se resolve com conectividade e com os poderes da ciência: neurociência, nanociência, teleciência...

Compreensão
Uma coisa é comunicar, outra coisa é se fazer compreendido. Uma coisa é o detalhamento objetivo inteligível, outra é o entendimento intersubjetivo, que pressupõe, mais do que um "tradutor de dados" por parte do destinatário da mensagem, abertura em forma de empatia, identificação e projeção.

Ética humana
As interações entre as pessoas produzem a sociedade, que retroage sobre as pessoas. Todo desenvolvimento humano deve verdadeiramente compreender o desenvolvimento conjunto das autonomias individuais, das participações comunitárias e da **consciência de pertencer à espécie humana.**

Sistemas & corresponsabilidades

Ligue os pontos 7.6 — As reflexões de Kate Haworth

Kate Raworth, em seu livro *Economia Donut: uma alternativa para o crescimento a qualquer custo*, estruturou recomendações para uma economia integrada e sistêmica partindo de trocas respeitosas com o ambiente e com as pessoas, considerando que a Terra dá vida, que a economia precisa garantir que todos exerçam suas múltiplas identidades sociais (produzir, distribuir, consumir), que os bens comuns são criativos e seus recursos compartilháveis da natureza ou da sociedade não devem ser usurpados por poucos; que as empresas, para maximizar o valor de suas ações em uma era de perda de credibilidade por desrespeito aos colaboradores e à natureza, precisam ter um propósito; e, entre outros atributos, que as relações de troca têm sempre dois lados; é necessária uma cooperação efetiva transfronteiriça para compartilhar benefícios dos fluxos e torná-los justos.

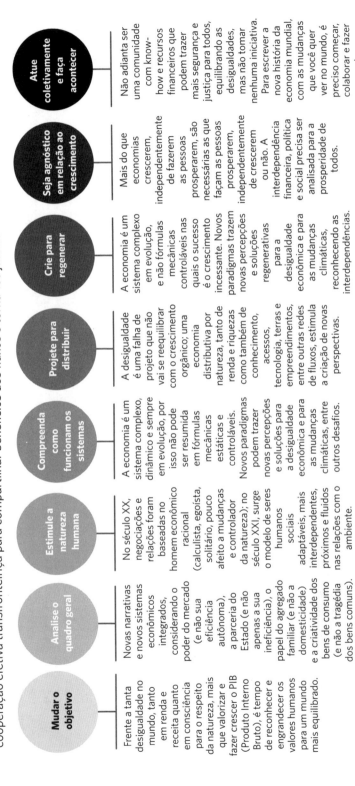

Mudar o objetivo — Frente a tanta desigualdade no mundo, tanto em renda e receita quanto em consciência para o respeito da natureza, mais que valorizar e fazer crescer o PIB (Produto Interno Bruto), é tempo de reconhecer e engrandecer os valores humanos para um mundo mais equilibrado.

Analise o quadro geral — Novas narrativas e novos sistemas econômicos integrados, considerando o poder do mercado (e não sua eficiência autônoma), a parceria do Estado (e não apenas a sua ineficiência), o papel do agregado familiar (e não a domesticidade) e a criatividade dos bens de consumo (e não a tragédia dos bens comuns).

Estimule a natureza humana — No século XX, negociações e relações foram baseadas no homem econômico racional (calculista, egoísta, solitário, pouco afeito a mudanças e controlador da natureza); no século XXI, surge o modelo de seres humanos sociais adaptáveis, mais interdependentes, próximos e fluidos nas relações com o ambiente.

Compreenda como funcionam os sistemas — A economia é um sistema complexo, dinâmico e sempre em evolução, por isso não pode ser resumida em fórmulas mecânicas estáticas e controláveis. Novos paradigmas podem trazer novas percepções e soluções para a desigualdade econômica e para as mudanças climáticas, entre outros desafios.

Projete para distribuir — A desigualdade é uma falha de projeto que não vai se reequilibrar com o crescimento orgânico; uma economia distributiva por natureza, tanto de renda e riquezas como também de conhecimento, acessos, tecnologia, terras e empreendimentos, entre outras redes de fluxos, estimula a criação de novas perspectivas.

Crie para regenerar — A economia é um sistema complexo em evolução, e não fórmulas mecânicas controláveis nas quais o sucesso é o crescimento incessante. Novos paradigmas trazem novas percepções e soluções regenerativas para a desigualdade econômica e para as mudanças climáticas, reconhecendo as interdependências.

Seja agnóstico em relação ao crescimento — Mais do que economias crescerem, independentemente de fazerem as pessoas prosperarem, são necessárias as que façam as pessoas prosperarem, independentemente de crescerem ou não. A interdependência financeira, política e social precisa ser analisada para a prosperidade de todos.

Atue coletivamente e faça acontecer — Não adianta ser uma comunidade com know-how e recursos financeiros que podem trazer mais segurança e justiça para todos, equilibrando as desigualdades, mas não tomar nenhuma iniciativa. Para escrever a nova história da economia mundial, com as mudanças que você quer ver no mundo, é preciso começar, colaborar e fazer acontecer.

Ligue os pontos 7.7 — Os seus pontos de vista e perspectivas

Descreva quem é você, qual o seu ponto de partida e quais os seus pontos de vista e perspectivas pensando em redes sistêmicas.

Quais os seus pontos de partida?
Descreva qual o seu contexto/formação:

Quais os seus pontos de luz?
Descreva as suas inspirações:

Quais os seus pontos de vista?
Descreva as suas crenças:

Quais os seus pontos de conexão?
Descreva a sua rede relacional:

Quais os seus pontos de interrogação?
Descreva as suas dúvidas:

Quais os seus pontos de tensão?
Descreva os seus desafios:

Quais os seus pontos de apoio?
Descreva os seus ativos:

Quais os seus pontos de chegada?
Descreva as suas perspectivas:

*Imagem disponível para download no site da editora www.altabooks.com.br

A teia das responsabilidades e a responsabilidade social empresarial

> *Quando os acionistas e outros organismos externos avaliam a "saúde" de uma organização empresarial, eles geralmente não perguntam sobre o grau de vitalidade de suas comunidades, a integridade e o bem-estar de seus funcionários, ou a sustentabilidade ecológica de seus produtos. Eles perguntam sobre lucros, valor para o acionista, participação de mercado e outros parâmetros econômicos, e aplicarão qualquer tipo de pressão que puderem para garantir retornos rápidos sobre seus investimentos, independentemente das consequências de longo prazo para a organização, o bem-estar de seus funcionários ou impactos sociais e ambientais amplos.*
>
> — Fritjof Capra

Socialmente responsável é a empresa que considera, mapeia, analisa, projeta, implementa, acompanha, ajusta e considera projetos para o bem comum, e não apenas para o próprio bem ou para ampliar única e exclusivamente os seus bens.

Existe um grande equívoco no conceito de economia quando associado apenas ao sucesso, crescimento e acúmulo, que muitas vezes geram, para a performance positiva de alguns, a escassez para outros tantos. A empresa socialmente responsável é a que, para além de todas as suas responsabilidades mínimas previstas, tem como missão criar novas oportunidades que gerem bem-estar, poder e renda, além dos produtos e serviços ofertados para as mais diversas pessoas. Isso pode ser resumido em aspectos tangíveis, como acesso a bens/serviços e geração de renda, por exemplo, e intangíveis, como resgate da cidadania e desenvolvimento do capital social, entre outros.

Podem-se encontrar artigos em várias normas que, juntos, poderiam ser unidos sob o nome de RSE (Responsabilidade Social Empresarial). Segundo o IBDEE,[4] há normas sobre direito ambiental, naturalmente visando proteger o meio ambiente; normas de direito tributário, estabelecendo benefícios fiscais para aqueles que têm iniciativas de responsabilidade social; inúmeras normas de Direito Previdenciário e do Trabalho, como aquela que estabelece cotas de contratação de pessoas com deficiência; assim como valores éticos e morais que são prestigiados socialmente, embora não traduzidos em normas jurídicas. Em minha opinião, a lei do bom senso também vale. Ou seja, quando a empresa adquire a consciência da autorregulamentação e da criação de parâmetros internos para atuar de forma socialmente responsável. A partir daí, gera-se engajamento interno e mobilização externa para um benefício comum: uma sociedade mais igualitária e próspera, principalmente nas áreas de saúde e educação. Ser socialmente responsável é fazer não só porque é obrigatório, mas sim por ser fundamental.

A natureza é a maior doadora de recursos para a humanidade, e doa sem esperar retribuição. E a humanidade dá o que em troca? Cada vez mais as pessoas estão refletindo sobre o real sentido de suas vidas, sobre suas interações com o meio e com o próximo e sobre o legado que deixarão para este mundo. Nunca se falou tanto em dimensão social, humanitária e até mesmo espiritual, especialmente no mundo dos negócios. O olhar para as necessidades não apenas dos necessitados, mas também da pessoa que está ao seu lado, passa a se tornar um valor reconhecido que gera reputação, traz felicidade e faz a diferença.

Para se autopromover, muitas empresas se utilizam do efeito *green washing* (em livre tradução, "lavagem verde"), mostrando em ações e campanhas que a empresa é ecologicamente sustentável, que faz reciclagem e projetos ambientais, entre outros, sem que seja verdade. Isso vale para causas sociais, de inclusão e diversidade, entre tantas outras. Para as empresas que acreditam que isso ajuda na geração de reputação, muita atenção: o efeito é exatamente o contrário. Quando os colaboradores, os clientes, os fornecedores, entre outros públicos, percebem que essa postura não é autêntica e verídica, isso pode desvalorizar o negócio, inclusive financeiramente. Na era das mídias sociais, com alta velocidade de troca de informações, qualquer deslize de uma empresa pode ganhar visibilidade escalonada em poucos minutos. E o custo para corrigir isso é muito alto.

O histórico de mercado é de muito blablablá, e às boas intenções por vezes faltam boas estratégias bem fundamentadas e pensadas de maneira estruturada e contínua. Muitas vezes, as empresas querem apoiar a sociedade com base apenas nos seus interesses particulares e desde que mantidas as suas garantias de ganhos financeiros, por exemplo. Mas isso é bem diferente de atuar no desenvolvimento de uma área específica de problema de infraestrutura social, como saúde, educação, saneamento básico... gerando uma transformação social cujo benefício não é só para a empresa. No modelo individualista e cartesiano de pensamento corporativo, em que as empresas competem por rankings e resultados financeiros, são mais valorizados e divulgados os *outputs* (resultados quantitativos unidimensionais) do que os *outcomes* (resultados qualitativos multidimensionais).

> *As manifestações que varrem o mundo hoje sinalizam que, apesar do progresso sem precedentes contra a pobreza, a fome e as doenças, muitas sociedades não estão funcionando como deveriam. O fio condutor é a desigualdade. Assim como a lacuna nos padrões básicos de vida está diminuindo para milhões de pessoas, as necessidades para prosperar também evoluíram. Uma nova geração de desigualdades está se abrindo, em torno da educação e da tecnologia e das mudanças climáticas — duas mudanças sísmicas que, sem controle, podem desencadear uma "nova grande divergência" na sociedade do tipo nunca visto desde a Revolução Industrial.[5]*
> United Nations Human Development Reports

No capitalismo global, sobre o qual todo mundo opina, mas não há uma definição única, alguns fatores são relevantes para a questão da responsabilidade — não apenas das empresas, mas dos indivíduos também:

- As atividades econômicas são globais e a produtividade e a competitividade estão na geração de conhecimento e no processamento de informações; estão estruturadas em redes de fluxos financeiros e desconsideram os custos sociais.
- Nessas redes, as interações humanas e tecnológicas se efetivam pela tecnologia dos computadores e da internet, com rápido processamento de informações e modelagens matemáticas sofisticadas, porém instáveis e passíveis de falhas e turbulências.
- Os recursos se movem dos pobres para os ricos, e a poluição vai dos ricos para os pobres, especialmente por conta do modelo de produção de determinados bens específicos para a exportação, o que esgota de maneira mais acelerada a natureza.
- As regulamentações ambientais são postergadas ou ignoradas, fazendo parte do crescimento do capitalismo.
- A desigualdade é cada vez mais absurda: os ricos concentram cada vez mais riquezas, enquanto os mais pobres detêm cada vez menos recursos. No Brasil, a renda do trabalho do 1% mais rico da população é 34 vezes maior do que a metade mais pobre, segundo dados do IBGE 2019.[6]

- A ética foi deixada de lado, assim como os direitos humanos, a proteção ao meio ambiente e a integridade básica para a realização de negócios justos.
- Os negócios são orientados para o norte, de cima para baixo, e não só criando riqueza, mas tirando a riqueza dos outros.
- Só existe uma dimensão classificatória linear com base no desenvolvimento, que pressupõe crescimento quantitativo ilimitado.
- Vende-se o conceito de "desenvolvimento sustentável", que é naturalmente um paradoxo, pois o modelo ideal de desenvolvimento sustentável inclui diversas outras dimensões além da econômica: social, ecológica, cultural, ética, entre outras, além de ter métricas qualitativas de resultado.
- As operações são velozes e em fluxos globais com muitas "opções futuras", ampliando o risco de processos operados.

Exemplificando: uma empresa lança um site com aulas e dicas de educação financeira para a população de baixa renda desbancarizada e com níveis identificados de analfabetismo funcional. Os resultados unidimensionais são a quantidade de acessos ou downloads dos materiais, e são mais fáceis de ser mensurados e aferidos. Por outro lado, os resultados multidimensionais são as efetivas transformações geradas na população que acessou o conteúdo em diferentes esferas sociais, culturais, econômicas, entre outras, e obter esses dados é mais desafiador e complexo.

O mesmo funciona para uma ONG que captou determinado recurso vindo de uma doação corporativa. Os resultados unidimensionais são a quantidade de recurso repassada, fácil de se aferir e passível de todos os quesitos da transparência que o mundo do *compliance* pressupõe, mas os resultados multidimensionais consideram em que medida esse recurso realmente interferiu na mudança de qualidade de vida da população atendida, o que usa uma lógica bem distinta.

Em muitas das iniciativas sociais promocionadas e dos gestos solidários e altruístas divulgados pelas empresas, os impactos para a saúde, a educação e o bem-estar das comunidades apoiadas por uma corporação são mínimos. Por outro lado, as organizações da sociedade civil podem promover uma causa nobre, mas a rede de conexões pode ser pobre. Individualmente, o conceito é perfeito, mas não há interconexão com o entorno e com o todo — são instituições sociais planejadas para determinadas funcionalidades em determinado contexto, mas que não foram estruturadas para resolver desafios sociais de maneira integrada.

Daí a importância de pensar de forma sistêmica, que considere os impactos de cada pequena tomada de decisão, especialmente por conta da pandemia de COVID-19, que modificou muitas das expectativas para o desenvolvimento e o futuro das nações.

> *A crise da COVID-19 é mais do que uma emergência de saúde global; é uma crise sistêmica de desenvolvimento humano, refletindo nossa interação com o ecossistema do qual fazemos parte, que já está afetando as dimensões econômica e social do desenvolvimento de formas sem precedentes. Políticas para reduzir vulnerabilidades e desenvolver capacidades para enfrentar crises, tanto no curto quanto no longo prazo, são vitais para permitir que indivíduos e sociedades melhorem o clima e se recuperem desses choques. (...) Cada sociedade, grupo e indivíduo são vulneráveis a eventos adversos. No entanto, quando se trata de choques como a pandemia de COVID-19, nossa capacidade de resposta é significativamente menor e distribuída de forma desigual. (...). O nível de desenvolvimento humano e sua desigualdade, juntamente com a capacidade do sistema de saúde, podem retratar a preparação dos países para responder com eficácia e eficiência a uma crise de saúde. Por exemplo, um país com muito desenvolvimento humano tem em média 55 leitos hospitalares, mais de 30 médicos e 81 enfermeiras por 10.000 pessoas, em comparação com 7 leitos hospitalares, 2,5 médicos e 6 enfermeiras em um país menos desenvolvido. Bloqueios generalizados em todo o mundo significam que muitas pessoas dependem do acesso à internet para trabalhar, continuar seus estudos e interagir com outras pessoas. A exclusão digital tornou-se mais significativa do que nunca, já que centenas de milhões de pessoas em todo o mundo ainda não têm acesso a uma internet de banda larga confiável.*[7]
>
> COVID-19 e o Desenvolvimento Humano: Preparo e Vulnerabilidades
> United Nations Human Development Reports

> **Tudo está ligado a tudo** — Capitalismo Consciente e seus princípios
>
> Capitalismo Consciente[8] "é um movimento global que se originou nos Estados Unidos a partir de um estudo acadêmico conduzido por Raj Sisodia, Jaf Shereth e David Wolf. O estudo tinha o objetivo de verificar como algumas empresas conseguiam manter alta reputação e a fidelidade dos clientes sem ter investimentos exorbitantes em publicidade e marketing. A prática do Capitalismo Consciente é baseada em quatro princípios: propósito maior, cultura consciente, liderança consciente e orientação para *stakeholders*.
>
> - Propósito maior: o propósito de uma empresa deve ser muito mais do que simplesmente gerar lucros: é a causa pela qual a empresa existe.
> - Cultura consciente: cultura consciente é a incorporação dos valores, princípios e práticas subjacentes ao tecido social de uma empresa. Ela conecta os *stakeholders* uns aos outros e também ao seu propósito, pessoas e processos.
> - Liderança consciente: os líderes conscientes são responsáveis por servir ao propósito da organização criando valor para todos os seus *stakeholders* e cultivando uma cultura consciente de confiança e cuidado.
> - Orientação para *stakeholders*: um negócio deve gerar diferentes valores para todas as partes interessadas, os chamados *stakeholders*.

Ponto de Vista | Capitalismo Consciente

Entrevista com Hugo Bethlem,[9] presidente do Conselho do Capitalismo Consciente.

SOBRE EMPRESAS CONSCIENTES

Quais os sentidos que a palavra "consciente" desperta no mundo dos negócios?

Ser consciente no mundo dos negócios significa fazer investimentos e negócios baseado nos pilares que levam a uma gestão mais humana, mais ética e mais sustentável para diminuir a desigualdade. Praticar a busca do propósito, ao invés de apenas o lucro, cuidar das pessoas e do planeta, ter uma relação de interdependência com todos os stakeholders e ter cultura e valores para perpetuar a Cia.

Existem empresas "mais conscientes" ou "menos conscientes"? O que isso significa? Como isso é mensurado? Quais os "aferidores" para isso?

Existem empresas conscientes que têm um propósito alinhado à sua visão estratégica e, com isso, geram um impacto social positivo, curando uma dor da humanidade, e há empresas inconscientes, que buscam o lucro a qualquer custo, usam os recursos humanos e naturais para seus interesses de curto prazo e acabam causando uma dor na humanidade.

Alguns segmentos de negócios são mais propícios ao modelo "consciente", ou qualquer tipo de empresa pode ser/se tornar mais consciente?

Qualquer empresa que efetivamente responder às perguntas: Por que ela existe? Como ganhar dinheiro está alinhado a essa existência? Cura uma dor da humanidade? Entende que todos stakeholders são interdependentes e que a relação deve ser ganha/ganha/ganha? Todas as empresas podem gerar um impacto social positivo, basta querer; e então será mais consciente. Mas existem empresas cujo propósito já é causar um impacto social positivo, as chamadas empresas sociais de impacto. As empresas onde o "como" fazem dinheiro é mais importante que o "quanto" fazem de dinheiro são muito mais conscientes.

O tamanho do negócio (startup, microempresa, média, pequena, grande, imensa...) interfere de alguma forma no nível de consciência?

Não interfere, mas nascer consciente é mais fácil que transformar uma empresa existente em consciente. De qualquer maneira, é uma questão de atitude e determinação do líder. Capitalismo Consciente é uma determinação top down, infelizmente muito difícil de fazer uma transformação dessa grandeza bottom up.

O que é ser um líder consciente no mercado? Existe alguma formação específica para isso? Como a liderança consciente impacta os relacionamentos junto aos diversos stakeholders?

Um líder consciente é um líder que cuida das pessoas, que entende que não importa o negócio do seu negócio, o seu negócio são pessoas. Por isso, cuida das pessoas que cuidarão da empresa. Temos várias formações de liderança humanizada, mas precisa querer e depende do grau de maturidade da consciência. Viemos de uma liderança militar, pela coesão, passamos pela liderança mercenária, pela meritocracia, e evoluímos para a liderança missionária, pela inspiração do caminho a ser seguido pela equipe. A liderança consciente é o elo de ligação e equilíbrio entre todos os stakeholders, acreditando que somente com a interdependência e respeito a todos eles os resultados serão efetivamente maximizados aos investidores. Um dos indicadores de que este é o caminho está em nosso novo curso exclusivo para Embaixadores do Capitalismo Consciente certificando os "novos líderes conscientes" — só em 2022, serão 300, e que sejam muitos mais nos próximos anos.

Focando em equipes, como selecionar, preparar e manter uma equipe aberta a "ser consciente"? Existem modelos e/ou práticas? Algum exemplo bem-sucedido no Brasil?

Essa é uma grande questão e deveria começar invertendo o hábito normal de contratação de pessoas. No modelo tradicional, contratam-se competências e depois acaba-se demitindo por comportamento. Faça o inverso, contrate comportamento e alinhamento de propósitos entre o da empresa e do candidato, bem como seus valores. Algumas empresas que agem assim são a Reserva, o Grupo Anga, a Movida, a Dengo, a SocialDocs, a Legado Cafés, a Magazine Luiza, a Petz, a Riachuelo, a Gerdau, entre outras.

Pensando em empreendedorismo, empreendedores conscientes pensam e agem de forma diferente? Se sim, como?

Sempre pensam no coletivo, não há interesse exclusivo do bem-estar como investidor sem que os demais stakeholders não estejam contemplados, pois acreditam que apenas uma liderança humana irá gerar mais riqueza a todos envolvidos, e não apenas lucro aos seus interesses.

SOBRE CAPITALISMO CONSCIENTE

Como surgiu o conceito de Capitalismo Consciente?

Nasceu em 2008, nos EUA, por iniciativa de John Mackey — CEO e cofundador do Whole Foods Market — e do professor Raj Sisodia, professor emérito em Babson College, depois que este publicou um livro denominado Firms of Endearment, em 2007 (traduzido no Brasil: Empresas Humanizadas). No Brasil, fundamos o Instituto Capitalismo Consciente em 2013.

Existe alguma relação com o Consumo Consciente?

O Capitalismo Consciente parte dos princípios de um equilíbrio de seus quatro pilares, não prega um consumo a qualquer custo. Somos parceiros do Instituto Akatu de Consumo Consciente e apoiamos seus princípios.

Na sua visão, desde a criação do conceito Capitalismo Consciente, os negócios ficaram mais "conscientes"? Tem números/pesquisas/estudos para lastrear a sua resposta?

Temos visto muitas empresas procurando mudar seu "jeito de fazer negócios", bem como uma enorme quantidade de startups já nascendo com propósito e buscando seguir os pilares do Capitalismo Consciente. O livro que acabamos de publicar em março de 2020, Empreendedorismo Consciente — Como melhorar o mundo e ganhar dinheiro, do pesquisador da USP professor Pedro Paro e do jornalista Rodrigo Caetano, traz relatos de algumas das 22 empresas que foram identificadas como Empresas Humanizadas em pesquisa de 1.115 empresas brasileiras, que tem esse mesmo título.

SOBRE A PANDEMIA DE COVID-19

Muitas empresas estão agindo de forma solidária e generosa, outras estão remodelando seu "jeito de ser" para estarem mais próximas de seus clientes e solícitas às necessidades da sociedade. Na sua visão, isso é por necessidade, por consciência ou por peso na consciência?

As empresas nascem geralmente de empreendedores bons com muitas boas intenções, algumas seguem seu Propósito e Valores, outras são desviadas ao longo da jornada, por ganância e oportunismo. O ser humano aprende por dois caminhos: pelo amor, que é sua escolha, ou pela dor, que é pela falta desta escolha. Nas crises, somos mais humanos e buscamos mais solidariedade, nos unimos nas nossas diferenças e juntos entendemos que somos mais fortes. Espero que saiamos desta (porque vai passar!) mais conscientes, mais resilientes, mais solidários e mais sustentáveis, e que muitos aprendizados fiquem.

> **Fique ligado** — Níveis de conscientização
>
> - Você se considera uma pessoa consciente? Sobre o quê? Quando? Como demonstra?
> - No mundo dos negócios, a palavra está sendo utilizada cada vez mais. Temos "consciência social", somos "conscientes da realidade brasileira", "reforçamos a conscientização dos nossos colaboradores"...
>
> Será que as pessoas realmente têm consciência do que estão falando?

Compromissos e corresponsabilidades

A visão do todo pode pressupor um compromisso com o todo.

Realmente, para alguns, talvez seja mais interessante o compromisso com uma parte: um pedaço da história, um pedaço da prestação de contas, um pedaço do esforço para garantir um pedaço do recurso, do lucro, da vantagem.

> *Minha posição é a de que temos em nível global um sistema econômico que não funciona. E é um sistema que depende que um mundo rico bombeie recursos para um mais pobre e, por sua vez, que este mundo pobre bombeie lucro de volta ao rico. É uma simplificação extrema, mas é assim que funciona. Isso gerou grande desenvolvimento no hemisfério sul do planeta — algo bom para a região —, mas, ao mesmo tempo, cria pobreza e desigualdade, inclusive no mundo desenvolvido, tanto ao ponto de mostrar que o sistema não é sustentável.*
> *Em 2008, dissemos: "Há muita dívida." E a razão foi que os bancos centrais imprimiram muita moeda e as pessoas usaram isso para especular. E a solução foi US$75 bilhões extras em dívida e mais dinheiro por parte dos bancos centrais. Estamos tentando curar a doença... com mais doença. E a doença é o capitalismo financeiro. E qual a cura que se está oferecendo para a crise da COVID-19? Mais dinheiro por parte dos bancos centrais, mais dívida. Então, antes de falar de Modernidade, devemos falar de algo muito mais recente: o modelo econômico neoliberal, que está baseado em uma profunda desigualdade, especulação financeira extrema e baixos salários. Um modelo que em algum momento funcionou, mas que não funciona mais.*[10]
>
> — Paul Manson[11]

O pensamento sistêmico pode ser aplicado para repensar as regras do jogo e pensar em soluções integrativas diferentes das modelagens dominantes. O sucesso está relacionado ao equilíbrio, e não ao desequilíbrio, na prosperidade humana, e não no sucesso financeiro de alguns em detrimento de outros. Esse pensamento cria uma nova teia de relações mais inclusiva, mais respeitosa, mais humanitária e mais cidadã.

Para além das mensurações do PIB (Produto Interno Bruto[12]), que avalia a soma de todos os bens e serviços finais produzidos por um país, estado ou cidade em um ano considerando a moeda local de cada país, é preciso considerar a integração de impactos utilizando outras métricas integrativas, como:

- O IDH (Índice de Desenvolvimento Humano da ONU), que mensura o progresso em longo prazo de forma sintética em três dimensões básicas do desenvolvimento humano: renda, educação e saúde, oferecendo um contraponto ao PIB per capita, que considera apenas a dimensão econômica do desenvolvimento. Foi criado por Mahbub ul Haq, com a colaboração do economista indiano Amartya Sen, ganhador do Prêmio Nobel de Economia de 1998. Desenvolvimento humano é um processo de ampliação das escolhas individuais para que as pessoas tenham capacidades e oportunidades para serem aquilo que desejam ser. Segundo dados de 2020, o Brasil está na 84ª posição entre 186 países avaliados. Porém está na 2ª posição como maior concentração de renda do mundo: quase um terço de todas as riquezas estão nas mãos do 1% mais rico da população. Na disparidade de gênero e desigualdade, as mulheres estão em melhores condições de educação e saúde, porém a renda nacional bruta é 41,4% menor que a dos homens[13].

- O IPM (Índice de Pobreza Multidimensional Global), produzido pelo Programa das Nações Unidas pelo Desenvolvimento (PNUD) e pela Iniciativa de Pobreza e Desenvolvimento Humano (OPHI) da Universidade de Oxford mapeia, em 107 países, as privações múltiplas e sobrepostas sobre o padrão de vida como nutrição, acesso à água limpa e frequência escolar. Segundo dados de 2020, a COVID-19 já desacelerou muitos dos progressos da última década: 1,3 mil milhões de pessoas são multidimensionais pobres, e destas 82,3% são privadas de pelo menos cinco indicadores. Metade das pessoas multidimensionalmente pobres (644 milhões) é menor de 18 anos, e uma em cada três crianças é pobre, em comparação com um em cada seis adultos.[14]

- O IWR (Inclusive Wealth Report), Índice da Riqueza Inclusiva da ONU,[15] avalia o bem-estar humano mensurando a riqueza inclusiva de um país pelo valor social (e não pelo preço em dólar) de todos os seus bens de capital, incluindo capital natural (florestas, combustíveis fósseis, recursos pesqueiros, terras agrícolas, rios e estuários, oceanos, a atmosfera e os ecossistemas, recursos do subsolo…), capital humano (conhecimento, educação, habilidades, saúde e aptidão) e capital produzido (estradas, edifícios, máquinas, equipamentos e outras infraestruturas físicas).

- O SPI (Social Progress Index), Índice do Progresso Social,[16] que utiliza indicadores sociais e ambientais associados às três dimensões do progresso social: as necessidades humanas básicas, os fundamentos de bem-estar e as oportunidades. Ele mede o progresso social utilizando estritamente indicadores de resultados, e não o esforço que um país realiza para alcançá-los. Progresso social é a capacidade de uma sociedade de atender às necessidades humanas básicas de seus cidadãos, estabelecer os componentes básicos que permitam aos cidadãos melhorar sua qualidade de vida e criar as condições para as pessoas e as comunidades atingirem seu pleno potencial. O Brasil está na 61ª posição entre 163 países, segundo o ranking 2020.[17]

- O HPI (Happy Planet Index), Índice do Planeta Feliz,[18] que mensura a expectativa de vida, o bem-estar, a pegada ecológica e a desigualdade. O Brasil estava em 23ª lugar de 140 países em 2020.

- O WER (World Happiness Report), Relatório Mundial da Felicidade,[19] que mensura o senso comum de satisfação quanto às instituições, confiança e a união entre as pessoas, valorizando a responsabilidade compartilhada para o bem comum com base em seis critérios: PIB per capita, em termos de paridade de poder de compra; expectativa de vida saudável; apoio social, medido com base na pergunta "Se você estiver em dificuldades, você tem parentes ou amigos com os quais pode contar, quer você precise deles ou não?"; liberdade para fazer escolhas de vida; generosidade, medida com base na pergunta "Você doou dinheiro a alguma instituição de caridade no mês passado?"; e percepção da corrupção. Na edição de 2020, o Brasil estava em 32º lugar entre 156 países.

Essas, entre tantas novas formas de avaliar a performance para o bem-estar social, e não para o acúmulo, podem apoiar lideranças públicas e privadas no compromisso de enfrentar as mudanças climáticas, na colaboração entre as cidades, entre outros sistemas relacionais de impacto global e nas novas visões e estruturas de impacto para o crescimento em rede de um mundo que seja suficiente para todos, sem os acúmulos desnecessários que criam barreiras na teia das trocas. O olhar do todo, respeitando as partes e entendendo sistemicamente que tudo está interconectado a tudo, vascularizando soluções em forma de circuito para todos os microssistemas da sociedade.

Pensando em circuito, é fundamental mapear a maior quantidade possível de variáveis de impacto que estão em circulação, seja na gestão de um país, de uma empresa, de uma comunidade ou mesmo de uma família, o que traz uma visão de expectativas e intenções dos mais diversos públicos envolvidos.

Um exemplo concreto são os *System Maps do Government Office for Science*, do Reino Unido.[20] O documento é de 2008, válido por cinquenta anos — logo, está atual — e traz exemplos claros de como mapear impactos de acordo com os objetivos propostos e áreas de influência e sustentabilidade, mapeando interesses especiais *versus* interesses públicos, tais como drivers globais do continente, do país, de cada região, de cada sub-região:

- Integrados a questões de estrutura econômica; demografia; crescimento econômico; consumo; moradia; bem-estar; estrutura urbana; transporte e mobilidade; demanda por energia; água; mudanças climáticas; agricultura; estoques bióticos.

- Considerando indicadores como desenvolvimento sustentável: emissão de gases; geração de energia; uso de recursos; água; recursos naturais; indicadores de contexto; sociedade; emprego e pobreza; de acordo com serviços do ecossistema (culturais, provisionamento, regulatórios de suporte), serviços sociais e culturais; intervenções governamentais; qualidade de vida; necessidades humanas (relevâncias, determinantes do bem-estar, ciência, educação e informação...); dinâmicas de mercado; mensuração das ineficiências de mercado; externalidades do ambiente; externalidades sociais e culturais; externalidades econômicas; mudanças climáticas (regulamentações, políticas, governança, planejamento local, negócios com stakeholders...).

Moral da história: não adianta a empresa colocar um lindo adesivo na parede (o famoso "marketing de parede") falando sobre a beleza de sua combinação missão-visão-valores com o plano para os próximos cinquenta anos, se indicadores de relevância social, educacional, ambiental, entre tantos outros não forem levados em consideração.

A perspectiva de crescimento dos Fundos de Investimento para Negócios de Impacto Social (ESG) é um sinal de que vários investidores estão apostando em condutas corporativas que valorizam fatores ambientais, sociais e de governança (do inglês *Environmental, Social and Governance*). Parece óbvio, mas no mundo dos negócios, muitas coisas não são nada óbvias, pois de que adianta investir em uma empresa que pode até trazer ganhos imediatos, mas que, no longo prazo, trará prejuízos em série para a sociedade, logo, se prejudicará também?

Perpetuar um negócio não é só fazer um planejamento financeiro que seja sustentável para a empresa e seus acionistas no curto prazo, e sim para o planeta, seus recursos e seus habitantes.

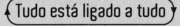

▲ **Tudo está ligado a tudo** ▶ O modelo de Negócio Social criado pelo professor Muhammad Yunus[21]

Em 1983, o professor Muhammad Yunus lecionava economia na Universidade de Chittagong, Bangladesh, quando, observando a miséria enfrentada pelas pessoas mais vulneráveis, resolveu criar o Grameen Bank, um banco que disponibiliza microcrédito a mulheres pobres, cobrando juros competitivamente muito mais baixos, com mais de 30 milhões de pessoas beneficiadas só em Bangladesh nos últimos anos e com baixíssima inadimplência. Por gerar benefícios sociais e econômicos aos economicamente desfavorecidos, foi reconhecido pelo Prêmio Nobel da Paz em 2006.

Dessa iniciativa surge o conceito de negócios sociais criado para resolver problemas da humanidade reinvestindo retorno financeiro na multiplicação de impacto do próprio negócio.

Fundada em 2011, a Yunus Social Business Global Initiatives[22] tem fundos de investimento de impacto que fomentam negócios locais promotores de emprego, educação, saúde, água e energia limpa no leste da África, América Latina e Índia. No Brasil, em 2013, atuava na ponte entre empresas e filantropia, uma alternativa sustentável para empreendedores, investidores e corporações comprometidos com negócios de impacto positivo para a humanidade.

▷

▷

Eis os sete princípios do professor Muhammad Yunus[23] para um Negócio Social:

- O objetivo é resolver um problema da sociedade (como pobreza e saúde), não maximizar o lucro.
- Sustentabilidade financeira e econômica.
- Investidores recebem apenas o que investiram, sem direito à distribuição de dividendos.
- O lucro deve ser 100% reinvestido na empresa, para expandir as operações e aumentar o seu impacto social, em vez de ser distribuído como dividendo.
- Deve ser ambientalmente consciente.
- Funcionários obtêm salários compatíveis com o mercado e boas condições de trabalho.
- Faça com prazer!

Os produtos e serviços criados com esse foco geram receita para cobrir custos operacionais e tornar a empresa financeiramente autossustentável. Dependendo de sua modelagem financeira, um negócio social pode resolver o problema para o qual foi criado e ser muito lucrativo. De qualquer forma, o lucro obtido é sempre reinvestido no próprio negócio, ou em outro, para dar mais escala à solução encontrada e garantir a circulação de recursos.

Negócios sociais aliam o impacto positivo da filantropia aos meios e sustentabilidade financeira do empreendedorismo.

Fique ligado — Reflexões sobre o nível de responsabilidade do seu negócio

- Já pensou nos níveis de atuação de seu negócio para o nível comunitário?
- Já refletiu sobre ampliar as responsabilidades do seu negócio pensando em outros fatores multidimensionais (prevenção de saúde, por exemplo)?
- Já considerou aproveitar gaps de desenvolvimento social para potencializar a atuação de seu negócio?

▷

- Já avaliou intervenções, estudou leis e regulamentações e analisou fatores de risco do seu negócio no médio e longo prazo?
- Já ponderou sobre a máxima "a responsabilidade é global, mas o meu risco é particular"?
- Já mobilizou a sociedade de forma integrada com a comunidade, empoderando pessoas para que se mobilizem de forma efetiva na solução de um problema real particular conectado com o seu negócio?
- Já se reuniu com formuladores de políticas e empresários para pensar em melhores decisões para priorizar e enfrentar desafios comuns que impactam a sociedade e os negócios de todos? Alto impacto social massivo faz a diferença e pode trazer alto retorno financeiro.
- Já recebeu algum investimento de fundos de investimento para negócios de impacto social?
- Na sua visão: hoje as empresas estão realmente preocupadas com questões como Responsabilidade Social Empresarial (RSE), ou buscam apenas sobreviver da melhor forma possível?
- Que empresa vem imediatamente à sua mente quando se fala em Responsabilidade Social Empresarial (RSE)? Quais dados você tem para saber se essa empresa é autenticamente responsável ou se essa é apenas uma estratégia de marketing?

Será que ter consciência da corresponsabilidade de tudo e de todos pode transformar o circuito de interdependência econômica de uma empresa?

5 Interdependência econômica:
estratégias para o futuro

Sinopse: para os gestores que **cultivam a mentalidade** de crescimento a qualquer preço, sem ética e sem respeito, argumento que, para cada pequena coisa que se retira e que se transfere, uma mudança ou um impacto ocorrerá: em relacionamentos, em integrações, em coexistências, em redes, em reciprocidade, em responsabilidade, em sistemas, todos complexos, que voltam para você também.

Palavras-chave: Economia, Crescimento, Perspectiva dos Sistemas Vivos, Prosperidade Regenerativa, Permacultura, Fluxos, Escassez, Problemas Complexos, Sucesso, Ética

*O crescimento é um dos objetivos mais
estúpidos já inventados por qualquer cultura.
É preciso que baste em algum momento.
Crescimento de quê, por que e para quem,
e quem paga a conta, e quanto tempo pode
durar, e qual é o custo para
o planeta, e quanto é o suficiente?*

— Donella Meadows

As implicações do crescimento econômico

Falar de uma visão integrada da economia pressupõe um esclarecimento importante: entender alguns preceitos básicos sobre o que é economia.

Na Grécia Antiga, o termo **economia** foi utilizado por Xenofonte para definir a arte da prática da administração doméstica. Aristóteles trouxe a diferenciação desse termo com a crematística, a arte de adquirir riquezas. Dois mil anos depois, em 1767, a arte virou uma ciência, a da "política interna nas nações livres", segundo James Steuart. Dez anos mais tarde, ganhou "dois objetivos distintos: promover renda ou subsistência farta para as pessoas, ou, mais apropriadamente, possibilitar-lhes o provimento de tal renda ou subsistência para si próprias; e, em segundo lugar, promover o Estado ou a comunidade com uma renda suficiente para os serviços públicos", na visão de Adam Smith. Então, setenta anos depois, foi a vez de John Stuart Mill, com um novo foco: "uma ciência que traça as leis de fenômenos da sociedade tais como surgem das operações combinadas da humanidade para a produção de riqueza." Para Lionel Robbins, em 1932, "é a ciência que estuda o comportamento humano como uma relação entre fins e meios escassos que possuem usos alternativos". E na visão de Gregory Mankiw, é o estudo de como a sociedade administra seus escassos recursos. Na contramão desses pensamentos, John Ruskin: "não existe riqueza a não ser a vida... O país mais rico é aquele que alimenta o maior números de seres humanos nobres e felizes." É nesse terreno que começa a se estruturar a "economia humanista" que, na verdade, deveria ser o único sentido da economia, como definido primordialmente. Para Manfred Max-Neef, o desenvolvimento deveria atender a um conjunto de necessidades humanas fundamentais, como a subsistência, a participação, a criatividade e um senso de pertencimento mediante formas adaptadas ao contexto de cultura de cada sociedade. Para o Prêmio Nobel Amartya Sen, o desenvolvimento deveria estar em "fazer avançar a riqueza da vida humana, e não da economia na qual os seres humanos vivem".

> *O principal objetivo desta ciência é garantir um certo fundo de subsistência para todos os habitantes, prevenindo qualquer circunstância que possa torná-lo precária; promover tudo o que for necessário para suprir as vontades da sociedade e empregar os habitantes (supondo que sejam homens livres) de uma forma tal que criem naturalmente relações e dependências recíprocas entre eles, fazendo com que seus interesses diversos os levem a suprir-se mutuamente com suas vontades recíprocas."*
>
> — James Stewart

A economia é replicada em modelos previstos em imagens que se transformam nas grandes verdades que balizam a vida política, social e cultural do mundo inteiro. Linhas, curvas, setas, parábolas, gráficos de todos os formatos, entre outras analogias, ajudam as massas a compreender de forma rápida e prática o que os especialistas estudam em fórmulas matemáticas mais complexas e, por isso, inacessíveis ou incompreensíveis.

Mas como explicar uma estrutura sistêmica com correlações e corresponsabilidades múltiplas se os modelos de educação econômica multiplicados nos últimos séculos, tanto em materiais didáticos como em soluções de mercado, utilizam esquemas ou enquadramentos visuais ultrapassados, incorretos, parciais... tratando tudo como leis estáticas de demanda e oferta,[1] como se a economia fosse 100% previsível e controlável como uma lei da física, como um modelo do fluxo circular de uma instalação hidráulica?[2] E mais, tendendo sempre a um determinado conceito de "crescimento", com curvas ascendentes, barras crescentes e resultados progressivos, caso contrário, o cenário é de estagnação e declínio?

Os líderes dos mais diversos países são afeitos a expressões como "crescimento sustentado" (Angela Merkel), "crescimento equilibrado" (David Cameron), "crescimento duradouro, de longo prazo" (Barack Obama), "crescimento inteligente, sustentável, inclusivo, resiliente" (José Manuel Durão, Comissão Europeia), "crescimento verde inclusivo" (Banco Mundial), entre tantos outros nomes por vezes esvaziados de sentido prático e repletos de senso mercadológico para efeito retórico na mídia. O fato é que qualquer modelo econômico que desconsidere o impacto sistêmico de fatores externos imprevisíveis é limitante e enviesado; é só um jogo de palavras. Não traz a visão do todo, não mapeia de forma holística, não retrata a complexidade do processo.

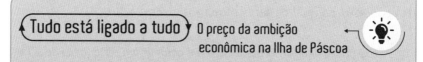

Tudo está ligado a tudo ▶ O preço da ambição econômica na Ilha de Páscoa

Uma analogia para os dias de hoje sobre como a má gestão dos recursos ambientais turbinada pela ambição humana desmedida destruiu todo um ecossistema em uma enigmática ilha no meio do Oceano Pacífico, assim como pode destruir uma cidade, um país ou todo o planeta. Uma reflexão sobre velhos hábitos que não mudam, mas precisam ser revistos com urgência.

▷

▷ Era uma vez uma paradisíaca ilha isolada de tudo e de todos com uma exuberante floresta tropical — a Ilha de Páscoa.

Para os polinésios, primeiros habitantes que ali chegaram, a ilha parecia um paraíso, por conta do solo fértil e das chuvas frequentes, perfeitos para plantações que alimentariam a população e trariam prosperidade. A falsa sensação de fartura e de que os recursos naturais eram infinitos colocou tudo em risco. E se a construção de mais e mais habitações para dar conta do crescimento populacional podia parecer ameaçadora, imagine um ritual de transportar pela ilha, possivelmente em sistemas de rolamento com toras de madeira, estátuas gigantes de pedras vulcânicas, chamadas de Moais, que, segundo estudos de arqueologia, eram esculpidas e erguidas para devoção a divindades ou lideranças tribais. Some a isso à ambição de cada tribo querer fazer mais e mais estátuas, centenas delas e cada vez maiores, a ponto de devastar a flora e a fauna de toda a ilha por conta de uma "economia do sucesso": quem tivesse a maior quantidade de Moais e em maior tamanho era considerado mais poderoso e deteria o controle de toda a ilha.

Para quem estava em dúvida quanto à interdependência de todas as coisas, eis uma explicação didática: as árvores são essenciais por inúmeros motivos. Por exemplo, para manter o solo preservado por conta das intensas chuvas tropicais; para regenerar a fertilidade do solo com as suas folhas secas; para criar uma floresta úmida e fresca que possa atrair ainda mais chuva. Já as raízes das árvores, muito abaixo da superfície, ficam em contato direto com um ecossistema milenar em que plantas, fungos, insetos, entre tantas formas de vida atuam em simbiose e interação com elementos minerais para manter tudo regulado, estável e vivo. Os resíduos se tornam insumos para nutrir o crescimento. Esse processo cria um circuito, uma circularidade: a chuva rega as raízes de árvore; as raízes seguram o solo; o solo oferece suprimentos para a árvore; a árvore atrai mais chuva.

Fica fácil imaginar o que acontece quando as árvores são cortadas: as raízes morrem, assim, nada segura o solo, a chuva leva o solo embora; sem árvores não há umidade, logo, não há mais chuvas. Foi o que aconteceu na Ilha de Páscoa: devastação total pela vaidade, pela competição, pela falta de visão de todo e das consequências de longo prazo para a subsistência de todos. Quando já não havia mais árvores, não choveu mais, os rios secaram, as plantações ficaram arrasadas e a população colapsou sem comida, sem água, sem madeira para fazer fogueiras, nem casas, nem barcos. Então, desesperadas pela sobrevivência, as tribos começaram a brigar e a quebrar as estátuas uns dos outros em uma tentativa de "retirar" a prosperidade que alguém pudesse ter. Traduzindo: da população de ▷

▷

20 mil pessoas, sobraram pouco mais de uma centena, todos passando fome e sofrendo muito. A civilização próspera que construíram sucumbiu, fato confirmado por exploradores navegadores que chegaram à ilha há 300 anos. A Ilha de Páscoa é objeto de estudo; estive lá para conferir pessoalmente o que acontece quando uma sociedade se deixa levar de forma inconsequente pela espiral incessante — e vazia — do sucesso.

Eis a questão: se do topo da ilha todo mundo podia ver o que estava acontecendo, por que não pararam antes que fosse tarde demais? Boa pergunta, mais que pertinente hoje para cada um de nós e para as lideranças que escolhemos como nossos representantes.

Façamos um comparativo com a sociedade contemporânea transportando a analogia da Ilha de Páscoa para nosso planeta. E vejam só como a história se repete.

A população do planeta está aumentando a cada dia, mas os recursos são limitados. Vivenciamos as queimadas e a devastação das florestas. Segundo projeções, 25% das florestas originais do planeta terão desaparecido nos próximos 15 anos. Estamos vivendo erosão dos solos em uma velocidade crescente. Podemos dizer que estamos em um momento diferente, que temos "tecnologia avançada", mas quem disse que a tecnologia está aí apenas para resolver os problemas? Para os moradores da Ilha de Páscoa, a alta tecnologia eram as ferramentas de madeira e pedra, além da força muscular, e vejam o estrago que eles fizeram com tão pouco. Imagine com as ferramentas que se tem hoje para garantir o "progresso de cada nação", produzindo mais e mais, exportando, poluindo, gastando cada vez mais recursos naturais que colaboram com as mudanças climáticas, mudando biomas e o ciclo das chuvas, além de alterar a temperatura global, entre outros fatores que interferem na saúde de cada um de nós. Com a globalização, o mundo vira uma ilha: todos compartilhamos recursos de forma interdependente e interconectada. Na Ilha de Páscoa, isolada no meio do oceano, a população não tinha para onde ir, não tinha como escapar — nem madeira para as canoas havia. Por mais estranho que pareça, nós também, por isso estamos procurando habitar Marte, em vez de tentar resolver de forma civilizada os nossos desafios aqui. Poderíamos aprender com civilizações do passado, entendendo seus sucessos e fracassos. Como resolver os desafios de forma sustentável, se todos estão vendo o que está acontecendo? Talvez ver não seja o mesmo que compreender.

Passa o tempo, a história se repete... Pessoas são sempre pessoas.

Prosperidade regenerativa

> *A tarefa do século XXI é clara: criar economias que promovam prosperidade humana numa **teia de vida florescente**, de maneira que possamos prosperar em equilíbrio (...). Isso começa com o reconhecimento de que cada economia — do âmbito local ao global — está integrada na sociedade e no mundo vivo. Também significa reconhecer que o agregado familiar, os bens de consumo, o mercado e o Estado podem ser todos meios eficazes de satisfazer as nossas muitas necessidades e desejos, e tendem a trabalhar melhor quando em conjunto. Ao aprofundar a nossa compreensão da natureza humana, podemos criar instituições e incentivos que reforcem nossa reciprocidade social e valores altruístas, em vez de solapá-los. Uma vez que aceitemos a complexidade inerente da economia, podemos moldar a sua dinâmica em evolução constante por meio de uma administração inteligente. Isso abre a possibilidade de transformar as economias divisivas e degenerativas de hoje em economias distributivas e regenerativas por concepção e nos convida a ser agnósticos em relação ao crescimento, criando economias que nos permitam prosperar, quer estejam crescendo ou não.*
>
> — Kate Raworth

Existem várias formas de pensar a economia, com níveis diferentes de visão de todo.

Vamos pelos extremos. Por exemplo, há uma economia degenerativa, descartável e linear, resultante de uma mentalidade predatória que privilegia valores monetários, custos baixos, mão de obra barata, vendas em escala e crescimento a qualquer preço. E que gera desperdícios — lixo, resíduos, supérfluos — que não são contabilizados no processo produtivo, são apenas descartados inconsequentemente para que alguém, em algum momento, assuma esse custo e resolva o problema. Nesse modelo, o ganho é limitado: restringe-se aos "donos do negócio" (empresários, fornecedores, intermediários, estruturas governamentais corruptas...) interessados em especulações de curto prazo. Todos reconhecem que esse não é o melhor caminho mas, como prática, é mais comum do que se imagina.

Já uma outra visão é a da economia regenerativa, renovável e circular, fruto de um pensamento consciente que utiliza as riquezas naturais de forma inteligente e valoriza o que as pessoas têm de melhor também, reaproveitando tudo que é possível de forma sistêmica, em um fluxo de causa e efeito, que considera os impactos de cada tomada de decisão, com mais responsabilidade e consciência das consequências para o ecossistema. Nesse formato, todos ganham, pois as soluções são pensadas para o bem comum.

Não é preciso ter muito conhecimento técnico para perceber que esse é o modelo ideal, mas frente à complexidade de implementá-lo, alguns o consideram utópico e distante. Uma empresa pode começar a fazer diferente, mas se o sistema todo não contribuir, fica complexo manter a transformação. Para sobreviver e prosperar, é fundamental ter parcerias interessadas em investir para transformar as velhas fórmulas e, assim, em fazer negócios mais respeitosos, que desenvolvam, no médio e longo prazo, valores humanos, padrões ambientais e estrutura das comunidades.

> *A simples métrica monetária não conseguirá, inevitavelmente, refletir o valor criado numa economia regenerativa: a receita financeira é apenas uma pequena fatia do que uma economia gera quando seu objetivo é promover a prosperidade humana numa teia de vida florescente. O monopólio da métrica monetária acabou: chegou o momento de adotar um conjunto de métricas vidas. E, em vez, de focar o fluxo de valor monetário, como acontece com o PIB, essas novas métricas irão monitorar as muitas fontes de riqueza — humana, social, ecológica, cultural e física — a partir das quais todo o valor flui.*
>
> — Kate Raworth[3]

No meio do caminho, estão diversas empresas de porte micro, pequeno, médio ou grande, de origem regional, nacional ou multinacional, estabelecidas ou startups, que estão em busca de soluções mais transformadoras para adaptar ou reposicionar os seus negócios. Mais que por força da lei — as normatizações específicas para as empresas serem mais conscientes de seus impactos socioambientais ainda são incipientes —, autorregulamentações estão acontecendo em diversas categorias de negócios por pressão não de dentro da empresa para a sociedade, mas da sociedade para com as empresas. Para isso, já existem algumas certificações autônomas que estão ganhando espaço, como o Sistema Empresa B: em vez de ser a melhor do mundo, a proposta é se qualificar para ser uma empresa melhor para o mundo.

Para sair de um modelo econômico divisivo e degenerativo e partir para um formato distributivo e regenerativo, uma ideia é pensar de forma menos mecânica e mais orgânica.

Pensar no mundo não como uma máquina, e sim como um **jardim**. Mais do que fazer previsões sobre o imprevisível, trata-se de garantir as condições para que as plantas cresçam, floresçam e, assim, se perpetuem. Ninguém crescerá pelas plantas, assim como ninguém controlará o comportamento de cada ser vivo para criar um ambiente "perfeito". Afinal, o que é perfeito? E mais, é perfeito para quem?

A natureza oferece milhares de exemplos de auto-organização que merecem ser observados, ouvidos, tocados e experimentados, considerando os milênios evolutivos que trouxeram a humanidade até o hoje.

> *Nunca tivemos que lidar com problemas da escala daqueles que confrontam a sociedade interconectada de hoje. Ninguém sabe ao certo o que vai funcionar, então é importante construir um sistema que possa evoluir e se adaptar rapidamente.*
>
> — Elinor Ostrom

"Dê-me uma alavanca e um ponto de apoio e moverei o mundo." Arquimedes estruturou o conceito de alavancagem — uma pequena mudança em uma coisa pode levar a uma grande mudança em tudo. Isso é fundamental para pensar a economia como uma **rede distribuída** inspirada nas redes da natureza, com suas ramificações e fractais, veios, vasos, raízes e afluentes, entre tantos outros formatos, que repartem de forma equitativa energia, matéria e informação, podendo ser inspiração para um modelo bem-sucedido de distribuição de conhecimento, acessos, fontes de riqueza e renda.

> *O desenvolvimento econômico precisa estar mais centrado no desenvolvimento de capital humano, comunitário e das pequenas empresas, porque a vitalidade em longo prazo, interescalar, depende disso.*[4]
>
> — Sally Goerner

A força da auto-organização nas estruturações sistêmicas sobre a economia circular de código aberto é uma referência lógica e viável para facilitar o entendimento das leis de causa e efeito, e a natureza é perfeita para essa analogia. Na verdade, uma árvore já é um símbolo emblemático para representar essa estruturação: nasce de uma semente, interage com o solo extraindo nutrientes minerais e substratos orgânicos, processa quimicamente esses elementos em forma de seiva bruta por todo o seu caule, que interagem com a copa da árvore integrando processos bioquímicos, como a fotossíntese das folhas, frutifica em forma de flores e infrutescências, interage com o ar, com a chuva, com o sol e com outros seres vivos simbióticos, miméticos ou predadores; tudo é cíclico, um circuito que volta para a terra, para a água, para o ar e interfere na vida de milhares de outras árvores, de outros seres e de pessoas, criando uma espécie de auto-organização e autorregulagem para regenerar toda a floresta como um conjunto, um sistema, um todo, e não para o seu próprio benefício.

Falta essa consciência nas relações de produção e de troca no mercado.

Escolhemos com quem queremos efetivar trocas, definimos os interesses e selecionamos os ganhos. Boa parte dessas transações desconsidera o outro, o ambiente, a árvore e a floresta. O senso competitivo suplanta as perspectivas de uma atuação colaborativa. Todos os processos são sementes de algo. O que estamos semeando com tantos resíduos, lixo, desperdício, desrespeito aos recursos naturais?

Inclusive esses preceitos são premissas[5] da Economia Circular e da Permacultura, perspectivas viáveis para se repensar as estruturas da economia vigente.

> **Tudo está ligado a tudo** ▸ Aprendendo com a permacultura
>
> O conceito de permacultura foi criado por Bill Mollison e David Holmgren na década de 1970. Vem do inglês *permanent agriculture* (agricultura permanente), e com o tempo, a expressão se modificou para *permaculture* (cultura permanente), abrangendo conhecimentos trans-multi-interdisciplinares de diversas áreas científicas para além da agricultura. Engloba a compreensão da ecologia, da leitura da paisagem, do reconhecimento de padrões naturais, do uso de energias e do bom manejo dos recursos naturais, com o intuito de planejar e criar ambientes humanos autossustentáveis, que evoluem naturalmente em relacionamentos dinâmicos e renováveis com o ambiente ao seu redor, repensando o conceito de produtividade em equilíbrio e harmonia com a natureza.[6]
>
> É considerada uma ciência holística socioambiental, integrando o saber científico com o tradicional popular, e visa, é claro, a nossa permanência como espécie na Terra.
>
> ▷

Um bom aprendizado de modelo sistêmico e auto-organizado é refletir sobre o sistema ético e os princípios de planejamento da permacultura inspirados na ecologia sustentável das populações tradicionais e suas interações com a natureza, a produção e a vida, trabalhando a favor, e nunca contra — algo que a sociedade, a economia e o mercado definitivamente precisam aprender. Como se desenvolver contribuindo e não competindo?

Três éticas da permacultura
- Cuidar da Terra.
- Cuidar das pessoas.
- Cuidar do futuro.

Doze princípios de planejamento

Sempre em sinergia com as éticas, os princípios foram desenvolvidos ao longo de mais de duas décadas e publicados em 2002 por David Holmgren.[7]

> *Os excedentes e os excessos podem ser um incentivo para encontrar novos modos criativos de se obter um rendimento.*
> — David Holmgren

Os seis primeiros seguem a perspectiva dos elementos, organismos e pessoas:

1) Observe e interaja: quando você observa o sistema como um todo, as soluções podem surgir de fenômenos que se interconectam.

2) Capte e armazene energia: repense o nível de consumo antes de gastar energia e utilize fontes de energia locais e renováveis para a autossuficiência pessoal.

3) Obtenha rendimento: o longo prazo melhora a vida do planeta, o curto prazo melhora a sua vida: conserve a energia no sistema, produza alimentos adaptados ao ambiente local, nativos ou não, para a sua dieta, saúde e fertilidade do solo; use os excedentes para consumo ou comercialização.

4) Pratique a autorregulação e aceite conselhos (feedbacks): ninguém tem controle dos inúmeros fatores que envolvem cada processo, mas a interação com a natureza pode trazer feedbacks para interferências ou manutenções, considerando as consequências de curto, médio e longo prazo.

5) Use e valorize os serviços e recursos renováveis: aproveite o sol, as marés, a água e o vento, pois são energias diárias ou sazonalmente renováveis para o manejo e a manutenção das produções.

6) Não produza desperdícios: recuse, reduza, reaproveite, repare e recicle em conjunto, para além do discurso "ambientalmente correto" que o mercado promove. Somente reciclar não funciona: revise seus valores sociais e de consumo entendendo os efeitos de cada "comprinha" nos ciclos da natureza.

Os outros seis seguem a perspectiva dos padrões e relações que tendem a emergir por meio da auto-organização e coevolução dos ecossistemas:

7) Design partindo de padrões para chegar aos detalhes: adapte-se aos padrões naturais locais e busque inovações tecnológicas para o uso equilibrado de energia e recursos.

8) Integrar, em vez de segregar: para construir uma sociedade com práticas adequadas em harmonia com a natureza, privilegie relações cooperativas e simbióticas, bem mais contributivas que as relações apenas competitivas.

9) Use soluções pequenas e lentas: aproveite soluções locais e em pequena escala que podem ser certeiras e trazer excelentes resultados no longo prazo, contrapondo o conceito da aceleração, que muitas vezes tem um custo alto para a natureza e a sociedade.

10) Use e valorize a diversidade: aproveite a riqueza de biomas, paisagens, culturas, solos, animais e vegetais da nossa terra e evite a monocultura induzida, que pressupõe baixa variedade de nutrientes e pode prejudicar não apenas o solo como a sua saúde.

11) Use os limites e valorize o marginal: considere as zonas periféricas, os limites, as bordas de conexão entre ambientes, ecossistemas ou biomas como espaços de produtividade e oportunidades. Apesar de serem tratados como invisíveis, concentram muito mais diversidade e energia.

12) Responda criativamente às mudanças: prepare-se para replanejar o tempo todo e seja criativo; mantenha-se flexível e aberto às mudanças para acompanhar a imprevisibilidade e a durabilidade dos sistemas vivos naturais e da cultura humana.

Interdependência econômica: estratégias para o futuro   133

Ligue os pontos: Exercícios de Permacultura

Sistema integrativo em flor

Princípios da permacultura

Os excedentes e os excessos podem ser um incentivo para encontrar novos modos criativos de se obter um rendimento.

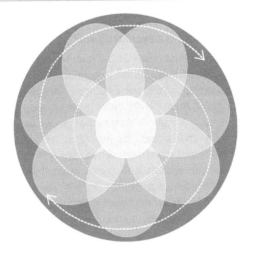

Qual é o seu modelo de sistema integrativo? Por qual motivo?

O jardim distributivo e regenerativo

A árvore sistêmica da vida

Interconexões para garantir as condições para que as plantas cresçam e floresçam e, assim, se perpetuem. Ninguém crescerá pelas plantas.

O que está interligado com o que no "jardim dos seus negócios"? Onde estão as suas raízes, e o que floresce e frutifica na copa de suas árvores?

Ponto de Vista | O que é a permacultura e seus ensinamentos sobre gestão sistêmica

Entrevista com Arthur Schmidt Nanni[8]

Qual a sua relação com a permacultura?

Pratico a permacultura desde 2002, quanto saí da cidade para viver na roça buscando qualidade de vida. A permacultura e bem-estar ecológico estão intimamente ligados, por essa razão, desenvolvi uma pesquisa de pós-doutorado na Austrália dentro do tema. Quando entrei na universidade pública, propus a inserção da temática da permacultura em ambiente acadêmico. A permacultura está espalhada mundo afora e, claro, também no Brasil, via de regra desenvolvida por permacultores vinculados a institutos e unidades rurais, que muitas vezes aplicam os conceitos para si, mas não se sentem seguros em transmitir seus conhecimentos adiante. Por essa razão, resolvi introduzir a temática no ambiente acadêmico buscando utilizar a infraestrutura universitária pública como um veículo de propagação e popularização da permacultura, pois ela ainda é vista por muitos como sendo muito "branquinha" e elitista. Sou um cientista do tipo mão na massa, que pratica e vivencia técnicas, métodos e contextos de planejamento de ecossistemas de vida. Faço isso para ter certeza do que levar em termos de conteúdo para a sala de aula. Nosso objetivo dentro da universidade é tornar o tema muito mais acessível a todos. Muita gente diz que a permacultura é utópica, mas ela é tópica. Na academia ocidental, muitos ensinamentos levam os estudantes a apenas alimentar o sistema baseado no capital para gerar impostos e, assim, retroalimentar o poder centralizado. Todos os dias entro em contradição com isso no ambiente onde estou; na minha visão, as universidades deveriam formar pessoas plenas de si. Somente depois disso, as mesmas podem decidir se dedicar ao sistema mercantil ou não.

Como foi a construção "acadêmica" da permacultura no Brasil?

Estamos construindo a permacultura na Universidade Federal de Santa Catarina (UFSC) desde 2011, e o Núcleo de Estudos em Permacultura (NEPerma/UFSC) foi um passo importante. Em 2017, iniciamos um passo maior com a articulação de uma rede brasileira de núcleos e estudos em permacultura, ligados às instituições públicas de ensino. A sistemática adotada pelo NEPerma é conduzida por servidores professores, técnicos e acadêmicos da UFSC, e busca refletir e fortalecer sobre a experiência do Núcleo como um local livre ao pensamento sistêmico na universidade. O Núcleo facilita a troca de saberes entre diferentes áreas do conhecimento por meio de ações de ensino, pesquisa-ação e extensão, que objetivam criar uma nova proposta de aprendizagem, a partir da permacultura, que leve à formação ple-

na das pessoas. A caminhada de construção dessa nova ciência (permacultura), que já conta com mais de 40 anos e está presente em mais de 150 países, carece ainda da sensibilização e compreensão de grande parte dos atores da academia e, certamente, de uma nova lógica de formação e ensino para atender às emergentes demandas da sociedade.[9]

Que contribuições a permacultura traz para a conscientização da sociedade?

Temos cinco vezes mais população humana do que o planeta poderia hospedar. Com a capacidade de carga planetária ultrapassada, já deveríamos ter colapsado há muito tempo. Só não colapsamos porque baseamos nosso desenvolvimento civilizatório em cima do petróleo, buscando no passado geológico sua energia estocada, para satisfazer o atendimento às nossas "modernas" demandas de consumo energético. O petróleo é como um "bolsão de luz" fruto da acumulação de matéria orgânica oriunda da fotossíntese das plantas e animais mortos no passado geológico. Nossa "orgia" energética atual nos cega para outras possibilidades de convívio harmonioso com o planeta, tal como fazem os povos ancestrais: indígenas, maoris, aborígenes, e por aí vai.

Estamos cometendo um grande engano ao alicerçar o [des]envolvimento de uma espécie inteira com base em energias finitas. Esse equívoco nos traz ao ápice de uma grande crise civilizatória, onde o coronavírus é só a "ponta do iceberg"; tem outras coisas muito piores a caminho. Teremos que estar preparados para novas ameaças, como as mudanças climáticas e a perda de biodiversidade, mas estamos longe disso. A maior parte dos pensadores diz que a pandemia é um grande teste para ver se conseguimos dar um basta a tanta agressão planetária; uma compreensão do que realmente devemos fazer. Ainda acho que voltaremos a um "normal" onde, infelizmente, a destruição global seguirá em curso, mas não quero ser pessimista e, nisso, a permacultura me ajuda a buscar e propor soluções por novos e criativos caminhos.

Permacultura e negócios. Essa é uma fórmula viável?

Se eu levar em consideração a lógica da permacultura para planejar algum tipo de negócio, eu posso até melhorar a eficiência do negócio e obter mais lucratividade, mas essa lucratividade estará fora da ética econômica da permacultura, que é "cuidar do futuro", porque qualquer coisa que gere lucro acumulará energia que poderia ser dividida para o bem-estar de outros/todos.

Longe de mim também defender um sistema como o socialista nos moldes soviéticos, que pegava os recursos naturais e dividia, porém, detonava todos os ecossistemas para fazê-lo. Prefiro pensar na lógica dos indígenas, que, quando saem para caçar, estão empreendendo de forma coletiva e o fazem, assim, buscando aumentar a efetividade do processo, que busca trazer alimentos na quantidade necessária para o seu povo na aldeia.

Isso é bem diferente de empreender para um negócio lucrativo ou mesmo acumular energias ao longo do tempo para, posteriormente, se especular valores "de papel".

Eu já trabalhei no setor privado e compreendo que toda empresa no sistema capitalista precisa obter lucros, se não quebrará. Nenhuma empresa quer empatar receitas, custos e, muito menos, quebrar. Eu vejo a empresa — e eu gosto muito do conceito cooperativista — como um sistema que cresceu além do seu propósito. No modo lucrativo, a empresa opera como o ambiente de solução para negócios que cresceram além da escala de percepção individual de cada um daqueles que a constroem. A partir do momento em que a empresa não consegue gerar bem-estar para aqueles que estão envolvidos em sua estrutura e apenas instala um rito de exploração, ela perdeu sua função social. E não adianta apostar em marketing verde, porque vai ruir em algum momento, pois não terá base.

Como está sendo sua jornada como permacultor?

Depositei as minhas fichas em um processo de migração cidade-campo. Não é preciso ir para o campo para praticar a permacultura, porém, dentro da cidade ela será paliativa, pois vai bater, em algum momento, no limite que a própria cidade impõe, pois a cidade é um dispositivo de crescimento anômalo dentro das regras de funcionamento do planeta.

A permacultura é chamada de "revolução silenciosa", pois parte do indivíduo para fora, envolvendo a organização da célula familiar (no senso judaico-cristão), para a comunidade, para o bairro, para cidade... Enfim, respeitando a escala de percepção de cada um e visando ao empoderamento individual. É revolução silenciosa, pois a pessoa que começa a praticar se sente empoderada e representante de uma célula de resistência. Muitas pessoas não enxergam a permacultura como um movimento social por conta disso, pois as pessoas não se aglomeram para fazer uma passeata ou porque não querem brigar com o sistema hegemônico centralizado. Cada um tem a sua autonomia independente baseada no contexto de cada um, e o que se quer é uma mudança coletiva através do somatório da conscientização individual de quem adota a permacultura como estilo de vida.

A permacultura trabalha sob a lógica da necessidade, em vez de futilidade. Se alguém quiser produzir sua autonomia dentro do rito de consumo de um cidadão mediano, desistirá no curto prazo, e é por isso que muitas pessoas nem começam. A permacultura é anárquica por essência, e o único modelo de negócios que mais se aproxima disso no Brasil é o cooperativo; eu não consigo ver outro.

Como aprender gestão com os exemplos da permacultura?

Um exemplo de como gerenciar sociedades e negócios está na Espanha,[10] Grécia e Portugal, onde, depois da "crise econômica" de 2008, muitas pessoas começaram sair das grandes cidades para nichos rurais,[11] buscando formas de viver mais baratas, autônomas e menos dependentes de turbulências da globalização. Porém, ainda vivemos um modelo muito centralizado no urbano. Como movimento de contracultura, a permacultura busca a autogestão numa escala comunitária, onde a pessoa pode perceber o destino das suas ações. Se olharmos de forma crítica, veremos que a permacultura é um rótulo atual que encontramos para resgatar modos harmônicos de convívio de nossa espécie com o planeta, modo esse baseado em povos ancestrais que habitam há milênios os ecossistemas que os abrigam sem danificá-los. Isso não diminui sua importância, apenas nos coloca a par do que realmente estamos buscando.

David Holmgren, criador do conceito de permacultura junto com Bill Mollison, diz que as atitudes de hoje recairão sob sete gerações. Com base nisso e em toda a filosofia e lógica da permacultura, decidi criar meus filhos num ambiente mais próximo do natural, possibilitando que eles caminhem em direção à sustentabilidade. Faço o melhor que posso, e as coisas são lentas e graduais, pois não se chega a um bom estágio de conexão com a natureza do dia pra noite.

Temos de "querer muito" para seguir contraculturando. O sistema nos abraça com um rito de mimos que nos cativam a não abrir mão deles? Ainda carrego muitos deles comigo!

Do fluxo de riquezas para a riqueza de fluxos

O universo pode ser finito ou infinito, pouco importa. O que é certo é que é ilimitado, ou seja, não fechado, ou seja, aberto em cada ponto e em cada direção a todo o resto de si mesmo. A informação só pode ser macroscópica, nunca microscópica. E essa ordem estruturada em suas grandes linhas — que corpos celestes, vida biológica e consciência trabalham incessantemente para produzir — apoia seus fundamentos sobre um desmoronamento impalpável e imprevisível de ocorrências microscópicas.

— Ítalo Calvino

Um dos endereçamentos para solucionar problemas complexos é a economia circular, que atua com as premissas de eliminar o desperdício e a poluição, manter os produtos e materiais em uso e regenerar os sistemas naturais. Longe do conceito de economia-máquina, feita e perfeita para competir e performar mais e melhor, a **perspectiva dos sistemas vivos** nos aproxima de uma economia-floresta, imprevisível e incontrolável, na qual o sucesso da floresta não é medido pelo crescimento infinito de suas árvores, mas por sua capacidade de atingir a maturidade e prosperar em um estado de equilíbrio com tudo o que a rodeia.[12]

Essa perspectiva dos sistemas vivos proporciona uma mudança importante de paradigma econômico: de um fluxo de riqueza para uma riqueza de fluxos, como propõe a analogia das tubulações de Ken Webster:[13] "O que queremos como economia e sociedade? Apenas tornar os fluxos mais eficientes?"

Para essas respostas, dois pontos de vista:

Uns, mais cartesianos, consideram a economia como uma "grande tubulação": uma estrutura mecânica independente, em que tudo é previsível e controlado artificialmente por botões ou alavancas; tanto os insumos (matéria-prima, informações, recursos, energia, entre outros), quanto os processos (estoques, distribuição, preços, desperdícios, entre outros).

Nesse modelo, não há preocupação com o contexto, logo, não há preocupação com a sociedade para além da performance da tubulação em um processo para o qual quanto mais recursos injetados, mais fluxos para completar o *loop* e mais gastos também.

O fator de sucesso está na **eficiência** proporcionada pelas respostas, pelos rendimentos e pelas taxas de transferência nos fluxos de energia, recursos materiais, informação e dinheiro, proporcionando cada vez mais *loops*. Aqui há um senso de equilíbrio focado no longo prazo: estamos trabalhando hoje para que amanhã tudo fique bem e no futuro estejamos em um **mundo melhor**.

Outros, mais sistêmicos, entendem que a economia é uma "grande circulação":[14] uma estrutura viva, naturalmente dinâmica e interdependente, adaptativa e complexa e, especialmente, imprevisível: as pessoas podem participar, influenciar e atuar em conjunto, mas não podem controlar e tampouco oferecer certezas.

Nesse modelo, há toda uma consideração pelo contexto, possibilitando maior consciência social inclusive por maximizar circularidade das trocas e garantir que ninguém tenha poder ilimitado de extrair, em vez de fazer circular. Tanto que o fator de sucesso está na **eficácia** do ecossistema de negócios proporcionado, por exemplo, pela redução da quantidade de insumos, que reduz custos; logo, quanto menos insumos, menos fluxos para completar o *loop* e menos gastos, o que pode gerar queda de renda para alguns, mas que aumenta o nível geral de prosperidade de todos. Por isso, tudo precisa circular; se não circular, não funciona, pois o equilíbrio se dá nos múltiplos ciclos que acontecem a cada instante, e não lá longe, no longo prazo.

> *Você não pode prever como uma floresta vai se comportar; existem vários atores, jogadores e influências. Não existe um jardineiro assumindo a liderança e dizendo: cresça mais rápido. Você precisa estabelecer certas condições para a floresta, para o jardim. Pode até escolher o que plantar, fazer ajustes, mas não pode dizer: este será o resultado. Você precisa esperar para ver o resultado. Se não funcionar, ajuste. Mas ninguém pode ter total controle, e certas pessoas não gostam disso; precisam ter o controle nas mãos, se sentem poderosas com isso. Se perdem o poder não podem prometer um certo crescimento ou uma certa quantidade de produção. Há uma tensão real entre sermos responsáveis pela economia e sermos participantes. Essa diferença de perspectiva é central para a economia circular.*
>
> — Ken Webster

Muitos negócios (e líderes) vivem e valorizam a economia da escassez: algo escasso que faz as pessoas pagarem produtos e serviços por um preço maior, gerando ainda mais escassez para quem não tem dinheiro. Isso centraliza recursos e produtividade nas mãos de poucos e limita as possibilidades de acesso para quem quer criar a própria prosperidade.

Como transformar isso, criando uma estrutura mais inclusiva para todos?

Mudando o paradigma "crescer & prosperar" para além dos altos e baixos dos resultados de venda e investimentos e usando tecnologia e sistemas de energia saudáveis — regenerativos, acessíveis e abundantes — que beneficiem a todos os envolvidos.

Em vez de extrair e acumular, distribuir e fazer circular, aproveitando tudo, como no pensamento da floresta: qualquer coisa que cai no solo acaba por alimentar incontáveis criaturas.

Nada se perde, tudo faz parte de um grande ciclo vivo, interligado e autossustentável.

Os ecossistemas vivos sobrevivem por sua generosidade, e vale o ensinamento para os gestores, líderes e empreendedores: para alimentar as árvores, é necessário alimentar a floresta. Sábia natureza.

> **Tudo está ligado a tudo** Mandacaru: os ciclos sistêmicos e a inconsequência humana
>
> O mandacaru[15] (*Cereus jamacaru*) é uma cactácea nativa do Brasil adaptada às condições climáticas do semiárido. A planta alcança até 6 metros de altura e tem grande capacidade de captação e retenção de água por ser protegida por uma grossa cutícula, permitindo que sobreviva durante as secas.
>
> O nascimento de suas flores brancas, que desabrocham à noite e murcham antes do nascer do sol, simboliza a chegada da chuva no sertão árido; o fruto tem cor violeta forte e polpa branca com sementes pretas que servem de alimentos para aves da região e também humanos.
>
> É importante para a restauração de solos degradados e serve como cerca natural. Após um processo que é iniciado pela retirada do espinho, serve como ração para os animais e é um dos poucos recursos disponíveis em períodos de longa estiagem.
>
> As aves e o vento ajudam no nascimento e crescimento do mandacaru em áreas rurais, espalhando as suas sementes.
>
> A adaptação dessa cactácea no bioma da caatinga durou milhões de anos, porém, por conta do desmatamento (entre outras ações humanas), corre sério risco de extinção, uma perda significativa para o ambiente e para a agricultura.

Entre a prosperidade e a degradação

A reflexão sistêmica sobre a degradação ecológica é primordial para se entender a desigualdade social, tão em voga como demanda emergencial na atualidade. Kate Raworth, em sua obra *Economia Donut: uma alternativa para o crescimento a qualquer custo*,[16] estruturou algumas recomendações para uma economia integrada e sistêmica, partindo das seguintes premissas:

- A Terra dá vida; é um superorganismo em que tudo impacta tudo, por isso precisa ter seus limites respeitados.
- A sociedade é fundacional; para ser próspera e construir uma governança democrática, é preciso sempre alimentar as suas conexões.

- A economia é diversificada; para garantir que todos exerçam suas múltiplas identidades sociais (produzir, distribuir, consumir), é fundamental apoiar os seus sistemas.
- O agregado familiar é nuclear; por sua relevante função na economia doméstica para o bem-estar humano, precisa ter sua contribuição valorizada.
- O mercado é poderoso; mais que livre e regulado em suas transações políticas, legais e culturais, para gerar acesso a todos, deve ser integrado com sabedoria.
- Os bens comuns são criativos; por serem recursos compartilháveis da natureza ou da sociedade que não devem ser usurpados por poucos, merecem ter seu potencial liberado.
- O Estado é essencial; em um mundo interdependente, precisa ser um parceiro capacitador e empoderador do engajamento cívico para a participação e responsabilização.
- As instituições financeiras estão a serviço da economia e da sociedade, por isso precisa ser replanejado o sistema de controle e acúmulo de recursos pensando em servir à sociedade.
- As empresas são inovadoras; para maximizar o valor de suas ações em uma era de perda de credibilidade por desrespeito aos colaboradores e à natureza, precisam ter um propósito.
- O comércio tem dois lados; é necessária uma cooperação efetivamente transfronteiriça para compartilhar benefícios dos fluxos e torná-los justos.
- O poder permeia tudo; está em todas as relações, mas historicamente esteve presente acompanhando o "dinheiro" e os "ricos", por isso precisa ter seus abusos vigiados.

Para ninguém sofrer escassez, é primordial disponibilizar os elementos básicos da vida, o mínimo para uma sobrevivência digna: alimento suficiente; água potável e saneamento adequados; acesso à energia e instalações limpas para cozinhar; acesso à educação e assistência médica; habitação digna, uma renda mínima e trabalho decente; e acesso a redes de informação e de apoio social. Além disso, exige-se que esses elementos sejam adquiridos com igualdade de gênero, igualdade social, voz política, paz e justiça.

Considerando que o mundo é um sistema socioecológico de alta complexidade e que tudo interfere em tudo de forma interconectada, não adianta considerar a prosperidade de alguns privilegiados quando o que importa é a prosperidade do todo, do planeta.

No modelo Donut, Haworth elenca os princípios norteadores que são boas alternativas para o crescimento a qualquer custo:

1) **Mudar o objetivo**

   Frente a tanta desigualdade no mundo, tanto em renda e receita quanto em consciência para o respeito da natureza, mais que valorizar e fazer crescer o PIB (Produto Interno Bruto), é tempo de reconhecer e engrandecer os valores humanos para um mundo mais equilibrado.

2) **Analisar o quadro geral**

   Momento de novas narrativas e novos sistemas econômicos integrados considerando o poder do mercado (e não sua eficiência autônoma), a parceria do Estado (e não apenas a sua ineficiência), o papel do agregado familiar (e não a domesticidade) e a criatividade dos bens de consumo (e não a tragédia dos bens comuns).

3) **Estimular a natureza humana**

   No século 20, as negociações e as relações ocorreram com base no modelo do homem econômico racional (calculista, egoísta, solitário, pouco afeito a mudanças e controlador da natureza); no século 21, o modelo de seres humanos sociais adaptáveis começa a surgir mais interdependente, próximo e fluido nas relações com o ambiente.

4) **Compreender o funcionamento dos sistemas**

   A economia é um sistema complexo dinâmico e sempre em evolução, por isso não pode ser resumida em fórmulas mecânicas estáticas e controláveis. Novos paradigmas podem trazer novas percepções e soluções para a desigualdade econômica e para as mudanças climáticas, entre outros desafios.

5) **Projetar para distribuir**

   Considerando que a desigualdade é uma falha de projeto que não se reequilibrará com o crescimento orgânico, é importante uma economia distributiva por natureza, tanto de renda e riquezas como também de conhecimento, acessos, tecnologia, terras e empreendimentos, entre outras redes de fluxos que estimulem a criação de novas perspectivas.

6) **Criar para regenerar**

A economia é um sistema complexo sempre em evolução, e não pode ser resumida em fórmulas mecânicas estáticas e controláveis, nas quais o sucesso é o crescimento incessante. Novos paradigmas trazem novas percepções e soluções regenerativas para a desigualdade econômica e para as mudanças climáticas, reconhecendo as interdependências.

7) **Ser agnóstico em relação ao crescimento**

Mais do que economias que precisam crescer, independentemente de fazerem as pessoas prosperarem, são necessárias as que façam as pessoas prosperarem, independentemente de crescerem ou não. A interdependência financeira, política e social precisa ser analisada considerando a prosperidade de todos.

Responsabilidade social individual

Ao contrário do que acontece com o cidadão, os meios de expressão do consumidor são limitados: enquanto cidadãos podem abordar qualquer aspecto da vida cultural, social e econômica... os consumidores só encontram expressão no mercado.[17]

— Justin Lewis

Existe toda uma questão semântica para descrever as relações e as trocas efetivadas com os recursos naturais e humanos deste planeta. Para cada pequena coisa que se retira e que se transfere, uma mudança ou um impacto ocorrerá: relacionamentos, integrações, coexistências, redes, reciprocidade, responsabilidade, sistemas; todos complexos.

A humanidade adquiriu ótimas habilidades para permutar, negociar e trocar nas estruturas do mercado de maneira transcontinental e transcultural. Mas não pode se esquecer da visão sistêmica proporcionada por virtudes altruístas, como humanidade, justiça, lealdade, generosidade e espírito público, que são os sistemas recíprocos para a sobrevivência de todos e para o bem comum em seus processos de dar, compartilhar, retribuir e cooperar.

Em um certo momento da história, todos deixamos de ser cidadãos e nos tornamos consumidores — em alguns países, o fenômeno se deu nos anos 1970 com o mercado de consumo aquecido, o que foi bastante oportuno. Porém, essa rotulagem ou estereotipagem passou a servir para tudo, inclusive como desculpa para o afastamento das responsabilidades e deveres de cada indivíduo. É mais cômodo ser consumidor e contribuir para o crescimento econômico, acumulando bens na espiral incessante do sucesso, do que ser cidadão e contribuir distribuindo seus recursos para o equilíbrio do bem comum.

Compreender a complexidade humana pode contribuir no redesenho do "eu econômico":

- de seres egoístas e autocentrados para sociais e recíprocos;
- das preferências inflexíveis aos valores fluidos;
- do isolamento à interdependência;
- do cálculo exato à aproximação;
- do domínio da natureza à integração com a teia da vida.

Aproveitando, cabe uma reflexão sobre a "eficiência de mercado", viabilizadora do progresso com sua capacidade de produção, distribuição e abastecimento, e também geradora de desigualdades sociais por oferecer vantagens acumulativas e sucesso em escala para os bem-sucedidos — a saber, 1% dos mais ricos acumulam cerca de metade da riqueza financeira do mundo, enquanto parte significativa da população ainda sofre com a escassez de infraestrutura básica, como saneamento e educação.

> *O mercado só valoriza o que tem preço e só entrega àqueles que podem pagar. Como fogo, é extremamente eficiente no que faz, mas perigoso quando foge do controle. Quando não tem restrições, degrada o mundo vivo, forçando exageradamente as fontes e os escoadouros da Terra. E também não consegue entregar os bens públicos essenciais — desde a educação e vacinas até estradas e ferrovias — dos quais seu próprio sucesso depende.*[18]
>
> — Kate Raworth

Muitos tratados em economia, especialmente a comportamental, estruturam suas verdades considerando apenas a sociedade WEIRD (Western, Educated, Industrialized, Rich and Democratic). Traduzindo: pessoas ocidentais, instruídas, industrializadas, ricas e democráticas. A riqueza de considerar a diversidade de culturas e comportamentos traz um cenário mais realista e amplificado. São vários os estudos e pesquisas atuais que tratam as pessoas como consumidores por excelência, que aguardam a sua maioridade para poder consumir uma série de produtos e serviços associados a valores de interesse do mercado, fazendo a roda da renda individual e da economia global rodar. A visão do todo permite perceber que o raio de influência dessa roda pode ser maior, para além do eixo das transações de compra e venda que geram as balizas de um certo modelo de mundo que consumimos. Tudo impacta em tudo, e a economia não pode ser tratada como um campo autolimitante de controle que pode ser ajustado com altas e baixas de uma bolsa de valores. Onde está a bolsa de valores humanos?

Será que gestores, empreendedores e lideranças enxergam isso?

Cabe prestar muita atenção nesta parábola Sufi sobre os cegos e o elefante:

> *Era uma vez... uma cidade onde todos os habitantes eram cegos.*
> *Certo dia, um rei apareceu por lá montado nas costas de um elefante, à frente de seu exército.*
> *Todos ficaram curiosos para saber que tipo de animal era aquele, e como não podiam enxergar, foram tocá-lo. Como o elefante era imenso, cada um definiu o que era aquele animal pela parte que conseguia tocar.*
> *Quem pegou a trompa achou que fosse uma poderosa cobra gigante. Quem pegou o pé achou que fosse o tronco de uma árvore.*
> *E assim cada um passou as suas impressões individuais sobre uma parte do elefante — o todo — sem poder compreender qual era a sua forma.*

Moral da história: olhar a parte sem relacioná-la com o todo pode distorcer a realidade.

Por isso, perceber cada relacionamento como parte de um grande sistema em que tudo está atrelado a tudo é fundamental aos que querem tentar entender o mundo ao seu redor para, consequentemente, tentar gerir seus negócios de forma mais consciente.

> *Os neurônios, sendo as unidades de processamento de informação do cérebro, podem ser considerados a matéria-prima da cognição, mais ou menos como pecinhas de Lego: uma pilha grande de Legos expande o número de estruturas que podem ser construídas com as pecinhas. No entanto, assim como existe a chance de que elas permaneçam como uma pilha de Legos se não der uso a elas, também possuir neurônios suficientes para sustentar comportamentos complexos não é a garantia de que eles serão usados de modos transformadores.*[19]

— Suzana Herculano-Houzel

Essa parábola tem a ver com todas as nossas relações que envolvem negócios, economia e ambiente no pensamento sistêmico.

Aproveitando a analogia para um reforço, por mais que vejamos apenas uma parte do elefante, tudo faz parte de um sistema maior, e todos os sistemas são sistemas dentro de sistemas.

Ver somente a parte é o reducionismo, que interfere nos pensamentos, na linguagem e nas ações, criando uma certa forma fragmentada de se ver o mundo: achamos que é um tronco de árvore o que, na verdade, é uma pata do elefante.

Achar que podemos entender essas partes como peças de encaixe é a visão **mecanicista** de que tudo funciona como uma máquina, de forma previsível, compreensível e controlável, como se alguém pudesse domar uma pisada da pata desse elefante.

E considerar que a economia é um processo em que os recursos entram e o desperdício sai para aumentar a eficiência e impulsionar um crescimento econômico sem fim que atenda às necessidades e aos desejos de todas as pessoas é o pensamento linear, que até reconhece o elefante pelas partes e pelo todo, mas não visualiza o quão integrado o animal está com o contexto geral e não percebe a conexão com os demais sistemas naturais e sociais.

Esse pensamento difere do pensamento sistêmico, que é a capacidade de compreender como as partes de um sistema se interconectam e interagem entre si e com o contexto geral e os demais sistemas para identificar problemas complexos e endereçar soluções complexas.

Produzir mais potes de macarrão instantâneo para oferecer mais produtos por um menor preço e alcançar mercados de todo o mundo para ter mais vendas lucrativas e cada vez mais consumidores "satisfeitos" pode ser considerado um problema simples — se isso era complexo para você, muita atenção: reveja os seus conceitos.

Um problema complexo é entender, por exemplo, que a embalagem desse macarrão é plástica, e assim como a produção, a distribuição e o armazenamento têm seus impactos, o descarte também tem. Exemplificando apenas o que acontece com o descarte, cabe dizer que isso definitivamente não é um "problema dos lixões", como muitas vezes é tratado pelas indústrias. É um desafio para toda a sociedade, pois interfere na poluição e está associado a questões globais como a falta de pesquisas e o financiamento para o desenvolvimento de soluções com design mais eficiente ou biodegradáveis e bioamigáveis, as práticas comerciais de preço baixo hoje que não consideram o custo em longo prazo, as alternativas para a distribuição entre granel, o atacado e as embalagens fracionadas, a falta de educação e de infraestrutura para a reciclagem... E poderia listar outros inúmeros fatores aqui, lembrando que o mesmo acontece para tudo. Nesse mesmo exemplo, será que esse macarrão é mais que gostoso, saudável? Quais os ingredientes? São rastreáveis? São nutritivos e realmente fazem bem? E o tempero, quanto sódio e componentes artificiais danosos para a saúde estão mapeados? Os dados nutricionais apresentados são condizentes com as características do produto? Que impacto traz para a saúde pública?

É, um macarrão instantâneo é muito mais do que os três minutos de aquecimento no microondas e uma satisfação imediata da sua fome.

Em escala industrial, pode estar associado ao aquecimento global e inclusive a populações que estão passando fome ou estão desnutridas por questões ambientais, comerciais e sociais, e você nem sabia.

> **Tudo está ligado a tudo** Ética, valores e bem-estar
>
> **Quatro princípios éticos para os economistas do século XXI, por George DeMartino**
>
> Considerando a integração e a aproximação da economia com a comunidade, segundo George DeMartino,[20] economista e especialista em ética:
>
> - Atuar em serviço da prosperidade humana em uma teia de vida florescente, reconhecendo tudo aquilo de que ela depende.
> - Respeitar a autonomia das comunidades, assegurando o seu engajamento e consentimento, sem perder de vista as desigualdades e diferenças que possa haver dentro delas.
> - Ser prudente na formulação de políticas, buscando minimizar o risco de danos — especialmente para os mais vulneráveis — em face da incerteza.
> - Trabalhar com humildade, dando transparência aos pressupostos e às limitações dos modelos utilizados e reconhecendo perspectivas e ferramentas econômicas alternativas.
>
> ▷

Cinco fatores que promovem o bem-estar,[21] **segundo estudo da New Economics Foundation:**

1) Estarmos conectados com pessoas ao redor.
2) Sermos ativos em nosso corpo.
3) Prestarmos atenção ao mundo.
4) Aprendermos novas habilidades.
5) Darmos aos outros.

Dez valores pessoais básicos, por Shalom Schwartz

Os valores das pessoas estão associados às suas atitudes, crenças, traços e normas.

Valores pessoais básicos da natureza humana são comuns a pessoas de mais de oitenta países, variando individualmente e de acordo com cada cultura de forma responsiva e fluida em eixos, segundo o professor emérito de Psicologia Social na Hebrew University of Jerusalem, Shalom Schwartz:[22]

- Abertura à mudança: auto-orientação, estimulação e hedonismo.
- Conservação: segurança; conformidade; tradição.
- Autoaprimoramento: realização; poder; hedonismo.
- Autotranscendência: benevolência; universalismo.

Fique ligado — Conversas complexas

Roteiro de autopercepção para utilizar em abertura de reuniões de planejamento, desenvolvimento de produtos, apresentação de projetos (...) com o objetivo de despertar a consciência do grupo.

O que é ser uma empresa bem-sucedida?

Para começar a conversa e estimular o debate:

- É vender mais?
- É ter a melhor imagem?
- É ter mais prêmios?
- É estar mais bem posicionada nos rankings?
- É produzir mais?
- É estar em mais cidades/estados/países?
- É ter ações na bolsa?
- É não ter dívidas?
- É fazer boas campanhas?
- É cobrir os preços da concorrência?
- É ter os melhores colaboradores?
- (...)

Para além de satisfazer os consumidores, quem é que está vendo, ouvindo, sentindo, captando, estudando, produzindo, endereçando e solucionando o que querem ou do que precisam os cidadãos, e as pessoas (com o sentido de seres humanos)?

Para começar a conversa e estimular o debate:

- Mais que a qualidade e o preço, qual a utilidade do que está sendo produzido e ofertado?
- Com base em que fatores e variáveis as decisões são tomadas?
- Quais os tipos de pesquisa que balizam essas decisões? Quem fornece as pesquisas? O que está sendo pesquisado? Quem faz as perguntas? Como essas informações estão sendo trabalhadas?
- Qual o impacto do que é produzido e ofertado na própria empresa, no mercado, na sociedade, na vida das pessoas, na natureza? E qual o impacto do que é descartado, rejeitos de produção, para a própria empresa, no mercado, na sociedade, na vida das pessoas, na natureza?

▷

> - Qual a abertura e a velocidade para implementar mudanças?
> - Quão preocupados e preparados estão seus fornecedores, distribuidores, representantes e parceiros para debater os impactos de cada etapa do processo de forma integrada, holística, sistêmica?
> (...)
>
> Quais teias que foram tecidas e estão estabelecidas com os mais variados públicos de relacionamento? Como podem ser desenhadas e classificadas? Em que impacta a sua movimentação/alteração?
>
> Para começar a conversa e estimular o debate, considerar:
> - Sócios
> - Investidores
> - Lideranças
> - Colaboradores
> - Parceiros
> - Clientes
> - Fornecedores
> - Distribuidores
> - Representantes
> - Formadores de opinião
> (...)

Será que a interdependência econômica pode tratar da saúde sistêmica das empresas?

6 Saúde sistêmica para lideranças e negócios

Sinopse: para os gestores que **têm a solução na palma da mão** e utilizam as mesmas fórmulas mágicas, os mesmos métodos milagrosos, os mesmos consultores renomados para resolver toda a sorte de desafios das empresas, comprovo que tudo depende. Depende do grau de complexidade, do contexto, do histórico, do ambiente, do momento, das pessoas envolvidas e de como essas pessoas tratam as demais no dia a dia de seus negócios.

Palavras-chave: Terapias Integrativas, Panaceia, Fórmulas Mágicas, Visão Corpo-Mente-Espírito, Holístico, Sistemas Médicos Complexos, Equilíbrio, Terapias Corporais, Terapias Corporativas

Devemos imaginar que somos engenheiros que constroem um grande edifício. Eles têm várias plantas e a sequência certa para que a construção ocorra sem erros. Caso haja falhas na construção da rede elétrica, por exemplo, toda a obra será interrompida, até que se repare os problemas na instalação da rede elétrica. Da mesma forma, sabemos que o cérebro processa, através de nossos órgãos de sentido, ao mesmo tempo: visão, olfato, audição, tato e paladar. Assim, diante de problemas, não podemos nos fixar em apenas uma área determinada e bloquear o resto.[1]

— Dr. Jou Eel Jias

Terapias integrativas na saúde: um paralelo com o mundo dos negócios

Muito se fala na saúde dos indivíduos, no estresse, em síndrome de Burnout...

Mas como está a saúde das empresas, das organizações, dos empreendimentos, das startups, dos negócios sociais, considerando que são feitos por pessoas?

A "saúde dos negócios" sempre esteve associada à "saúde financeira", um de seus aspectos, e não à "saúde como um sistema".

Afinal, como os mais variados modelos de negócios estão sobrevivendo em um cenário de tantas mudanças aceleradas (por conta da pandemia, pode-se dizer "como nunca se viu")?

Estão atuando de forma sistêmica ou tratando pontualmente seus problemas?

Quem e o que estão utilizando ou contratando para resolver situações complexas?

E para resolver os desafios das empresas de forma saudável, quais os tratamentos que estão sendo recomendados e aplicados?

Criou-se uma ilusão de que as mesmas fórmulas mágicas, os mesmos métodos milagrosos, os mesmos consultores renomados... resolvem toda a sorte de desafios das empresas — uma panaceia para todos os males.

Para quem chegou até aqui e já refletiu sobre:

- como tudo está ligado a tudo;
- as tramas da complexidade;
- as redes e os nós dos sistemas;
- os sistemas e as corresponsabilidades;
- a interdependência econômica;

e também, para quem abriu direto nessa página, como uma só solução serviria a todos os desafios?

> **Tudo está ligado a tudo** > A panaceia para todos os males
>
> **Panaceia** é uma planta imaginária ou mítica criada na Antiguidade e almejada pelos alquimistas por seus poderes curativos de todas as enfermidades: físicas, mentais e espirituais. Para os alquimistas, na Idade Média, tornou-se o Elixir da Longa Vida, a fórmula secreta (e inalcançável) para a eterna juventude, longevidade e a imortalidade. Tempos depois, atribui-se o nome de panaceia à *Solanum cernuum*, planta arbustiva da família das solanáceas nativa do Brasil cujo caule, com muitos pelos, parece com um braço-de-preguiça, nome popular pelo qual também é conhecida. Entre outros, tem efeitos sudoríferos, depurativos, hemostáticos e diuréticos, e é utilizada para tratar várias doenças: de pedra no rim e infecção urinária a problemas hepáticos, cardiológicos e doenças de pele, funcionando inclusive como calmante. Como todos os fitoterápicos, precisa ser utilizada de forma adequada para surtir efeito, assim como para evitar efeitos colaterais.
>
> Na mitologia, Panaceia é uma deusa que simboliza a cura universal graças a uma poção especial. É uma das filhas de Asclépio (deus da Medicina, filho de Apolo) e de Lampécia (filha de Hélio, o Sol). Tem como quatro irmãs Iaso (a curandeira), Hígia (a saúde), Aegle (o esplendor) e Aceso (a cicatrização), e dois irmãos médicos: Macáon e Podalírio.
>
> Essas menções mitológicas fazem parte do Juramento de Hipócrates[2], conhecido como o "pai da Medicina", nascido em meados de 460 a.C. na ilha de Cós, na Grécia, e autor dos Quatro Princípios Fundamentais: jamais prejudicar o enfermo; não buscar aquilo que não é possível oferecer ao paciente, os famosos milagres; lutar contra o que está provocando a enfermidade; e acreditar no poder de cura da Natureza. Apesar da datação antiga, os princípios bioéticos (Beneficência, Não Maleficência, Autonomia e Justiça) abordados por Hipócrates continuam atuais e pertinentes ao Código de Ética Médica, assim como o juramento, reconhecido por sua força simbólica, por exemplo, no site do Conselho Regional de Medicina de São Paulo (CREMESP) e em diversas formaturas de faculdade de Medicina:
>
>> *Eu juro, por Apolo médico, por Esculápio, Hígia e Panacea, e tomo por testemunhas todos os deuses e todas as deusas, cumprir, segundo meu poder e minha razão, a promessa que se segue: estimar, tanto quanto a meus pais, aquele que me ensinou esta arte; fazer vida comum e, se*
>
> ▷

▷

necessário for, com ele partilhar meus bens; ter seus filhos por meus próprios irmãos; ensinar-lhes esta arte, se eles tiverem necessidade de aprendê-la, sem remuneração e nem compromisso escrito; fazer participar dos preceitos, das lições e de todo o resto do ensino, meus filhos, os de meu mestre e os discípulos inscritos segundo os regulamentos da profissão, porém, só a estes. Aplicarei os regimes para o bem do doente segundo o meu poder e entendimento, nunca para causar dano ou mal a alguém. A ninguém darei por comprazer, nem remédio mortal nem um conselho que induza a perda. Do mesmo modo, não darei a nenhuma mulher uma substância abortiva. Conservarei imaculada minha vida e minha arte. Não praticarei a talha, mesmo sobre um calculoso confirmado; deixarei essa operação aos práticos que disso cuidam. Em toda casa, aí entrarei para o bem dos doentes, mantendo-me longe de todo o dano voluntário e de toda a sedução, sobretudo dos prazeres do amor, com as mulheres ou com os homens livres ou escravizados. Àquilo que no exercício ou fora do exercício da profissão e no convívio da sociedade eu tiver visto ou ouvido, que não seja preciso divulgar, eu conservarei inteiramente secreto. Se eu cumprir este juramento com fidelidade, que me seja dado gozar felizmente da vida e da minha profissão, honrado para sempre entre os homens; se eu dele me afastar ou infringir, o contrário aconteça.

— Juramento de Hipócrates

Fique ligado — Provocações mercadológicas

Mesmo a planta panaceia tem muitas aplicações, mas não resolve tudo.

A visão sistêmica permite perceber que, apesar de benefícios comprovados cientificamente, tudo depende. Depende do metabolismo da pessoa, depende do grau de complexidade da doença, depende do histórico, do ambiente, do momento...

- Existe, no mercado, alguma panaceia para todos os males? E na sua empresa, o que tem funcionado como panaceia?
- Quais as metodologias e ferramentas que você já utilizou para solucionar desafios de visão de negócios?
- O que você utiliza hoje serve exatamente para quê?
- Tem usado as mesmas fórmulas para resolver tudo?

▷

> **Reflexões**
> - Existe algo que se assemelhe ao Juramento de Hipócrates no mundo dos negócios?
> - Onde estão registrados os princípios bioéticos das empresas, considerando que impactam a vida de muitas pessoas? Missão, visão e valores — ah! e propósito — são suficientes para isso?
> - Seriam os Objetivos de Desenvolvimento Sustentável (ODS) uma tentativa de trazer uma direção mais holística e responsável?
> - Sua empresa se preocupa com isso?
> - Qual o "juramento" real feito com a sociedade?

Para a saúde das pessoas, existem tanto terapias milenares e multidisciplinares, como a Medicina Tradicional Chinesa (MTC) e a Ayurveda, como terapias contemporâneas, a exemplo da ThetaHealing® e do BodyTalk System®, que integram os princípios de técnicas tradicionais a estudos com alta tecnologia e capacidade de análise para melhorar o diagnóstico, mapear a evolução do tratamento e monitorar resultados.

Atualmente, a receptividade e o crescimento da aplicação de muitas destas terapias, inclusive compondo as ofertas de serviços nos sistemas públicos de saúde de muitos países, está na visão integrada "corpo-mente-espírito" que as terapias integrativas propõem. A utilização de elementos da natureza, como os cristais e as flores, assim como a valorização do contato humano pelo toque ou transmissão de energia estão cada vez mais em voga, compondo uma nova geração de soluções e de pacientes/clientes também.

As terapias de cura deixaram de ser domínio exclusivo de uma minoria. Enquanto 38% dos norte-americanos e pelo menos 25% dos ingleses recorreram a alguma forma de terapia complementar ou alternativa em 2015, essa cifra salta para 52% na Austrália, com 85% dos habitantes afirmando que buscaram ajuda de alguma forma na Medicina Complementar e Alternativa (MTA) durante a vida. Mais surpreendente é o fato de que, em levantamento recente, 85% dos estudantes de medicina, 76% dos médicos e 69% dos médicos staff se disseram favoráveis a uma expansão das terapias complementares como prática dos serviços de saúde pública. Essa atitude integrada em relação à cura beneficia as pessoas que procuram uma abordagem mais holística (pes-

soa como um todo) da saúde e as que querem evitar os efeitos colaterais da medicina alopática (a prática médica ocidental predominante que combate a doença com remédios e cirurgias) e dos tratamentos convencionais.

— Claire Gillman

Cada terapia é uma terapia, com as suas especificidades de aplicação e indicações, mas dependendo das necessidades e da situação de cada paciente, várias podem ser utilizadas em conjunto. Médicos ou terapeutas podem recomendar a melhor combinação.

Falando em médicos e terapeutas, que tal ouvir a opinião de dois reconhecidos médicos que atuam exatamente nesse segmento para saber o que pensam sobre o papel da medicina integrativa na vida das pessoas?

O papel da Medicina Integrativa na Saúde das Pessoas

Ponto de Vista | Na perspectiva dos médicos

Entrevista com Dr. Ricardo Ghelman[3]

Qual o valor das técnicas e terapias alternativas na saúde do indivíduo? E no equilíbrio geral da sociedade?

O termo terapias alternativas se refere a um conjunto de práticas que podem ser desde terapias com produtos naturais, como, por exemplo, o uso de plantas medicinais, até o uso de terapias que não envolvem nenhuma substância, mas atuam na saúde mental e corporal, modificando níveis de consciência, como a musicoterapia, meditação e yoga. E também envolve medicinas ancestrais e tradicionais que pertencem à tradição de países. De maneira geral, todo esse grupo de terapias tem sido chamado de Práticas Integrativas e Complementares em Saúde (PICS), pelo Ministério da Saúde, desde 2006, quando foi criada a Política Nacional de Práticas Integrativas e Complementares (PNPIC). Tem foco em olhar o indivíduo de forma multidimensional — olhando várias dimensões da saúde e ao mesmo tempo focado na promoção da saúde, ao invés de ser apenas um tratamento para doenças. Isso não significa que não possam ser aplicadas em patologias como câncer, diabetes, hipertensão, mas o foco não é esse, e sim centrar no paciente, visto de maneira multidimensional, seja na dimensão física, na sua vitalidade, na sua saúde emocional. Todas as medicinas tradicionais são vitalistas: concebem a ideia de que o ser humano tem vitalidade que pode ser estimulada e está na base do desenvolvimento de doenças muito antes de aparecerem lesões anatômicas. A importância para a saúde é a ampliação da visão sobre o que significa saúde e doença para nossa época moderna em que a medicina se focou muito mais nas doenças e no que se conhece ou na prática de prevenção e de promoção de saúde, sendo algo muito abstrato e frágil, com raríssimas exceções. Uma destas são as vacinas, específicas para doenças contagiosas. Para as maiores causas de morte hoje, doenças crônicas como cardiovasculares e câncer, o que a medicina convencional tem contribuído em termos de prevenção é muito pouco, comparado aos grandes benefícios nas intervenções após as doenças se estabelecerem.

Existe grande importância dessas práticas para a sociedade como um todo. No município de São Paulo, essa política nacional se institucionalizou, e a área mais forte para a introdução dessas práticas na vida do cotidiano são os parques, lugares abertos, sendo as práticas da medicina chinesa, especialmente Tai Chi e Lian Kun, e as que vêm da tradição europeia, especialmente as danças circulares. São atividades coletivas que valorizam o estilo de vida de resgate do contato com a natureza e com o corpo. É mais integrada do que simplesmente fazer atividade física — sem desmerecer as academias —, mas a conexão com sabedorias mais antigas em relação ao cuidado do corpo e da mente é algo que pode ter impacto grande para a sociedade. Frente à tendência de fazer tudo rápido, acelerado, em estado de estresse (estado de alerta permanente), a volta ao cuidado na relação corpo e mente tradicional pode ter impacto altamente interessante para a redução do estresse moderno e da hipertensão arterial.

Por que ainda existe preconceito na própria Medicina quando se fala nesse assunto?

A resistência ou a presença de preconceitos nessa área se deve basicamente à falta de informação da classe médica com relação ao que existe e à apresentação do que sejam essas medicinas/práticas/terapias, especialmente nas faculdades de Medicina. Se um médico se forma e não tem nada apresentado em sua formação, é como se ele considerasse que é algo que não tem evidência científica, não tem pesquisa, não tem ciência. Isso é uma impressão, porque quem define os currículos médicos não incorporou. Talvez, o único país que insistiu através de plebiscito que esse conhecimento fosse incorporado às faculdades de Medicina foi a Suíça, em 2013, quando fizeram a pergunta à população se deveria ser obrigatório. A OMS (Organização Mundial de Saúde) define essa área como MTCI (Medicinas Tradicionais Complementares e Integrativas), englobando também as medicinas tradicionais ancestrais indígenas, medicina tradicional chinesa e complementares como musicoterapia, plantas medicinais etc. O Centro Latino-Americano e do Caribe de Informação em Ciências da Saúde (BIREME), da Organização Panamericana de Saúde (OPAS/OMS), criou uma Biblioteca Virtual em Saúde dedicada as MTCI e um portal de informação e pesquisa nessa área que reúne mais de 1 milhão de publicações.[4]

A resistência vem mais da falta de informação do que de falta de publicações nessa área. Gostaria de enfatizar quatro áreas que têm muitas publicações: plantas medicinais (fitoterapia), medicina tradicional chinesa (que envolve a acupuntura, práticas corporais e auriculoterapia), meditação e yoga, com muitas publicações desconhecidas da classe médica, com ênfase nas áreas de saúde mental, dor e doenças crônicas como câncer e hipertensão arterial. Por isso, um grande segmento da classe médica considera que não funciona ou não tem comprovação científica. É falta de informação.

Como essas técnicas e terapias evoluíram ao longo da história?

Evoluíram de acordo com a sua natureza, que é distinta. Gosto de dividir esse universo em três categorias.

As medicinas antigas são chamadas Sistemas Médicos Complexos (ou Racionalidades Médicas) porque são sistemas que possuem suas próprias visões diagnósticas, suas compreensões do processo de adoecimento e terapêuticas, diferentes da medicina alopática, moderna, ocidental, convencional. Se olharmos a história da mais antiga delas, a ayurveda, que tem ao redor de 7 mil anos, tem toda uma sistematização de tipos constitucionais, e na Índia é muito bem organizada dentro do Ministério da Saúde. No Brasil, a prática da yoga e da meditação são frutos dessa medicina antiga. Já a Medicina Chinesa é um pouco mais jovem, tem 5 mil anos e está muito bem organizada em todo o sudeste asiático: na China, na Coreia, no Japão, com formatos um pouco variados de um país para o outro, mas a China, com certeza, é o país que a preserva bem; e a acupuntura está bem disseminada aqui no Brasil, trazendo o conceito dos meridianos ou canais de energia em interface com os órgãos e sistemas corporais. Depois pulamos para a homeopatia, que tem cerca de 200 anos, e para a medicina antroposófica, que tem cerca de 100 anos, ambas de origem alemã, possuem uma visão mais individualizada e ampliada dos pacientes e utilizam medicamentos dinamizados associados aos sintéticos alopáticos. A nossa medicina convencional, a biomedicina ou alopatia, embora seja a hegemônica, principal, tem cerca de 150 anos. A alopatia ou biomedicina que praticamos hoje tem suas raízes na anatomia patológica, na teoria celular que é de meados do século 19, e o uso de medicamentos na medicina moderna é de meados do século 20. O primeiro antibiótico, a penicilina, foi prescrito no começo dos anos 1940 (1943); temos muito pouco tempo de desenvolvimento dessa medicina moderna e com certeza com grandes avanços. A medicina que se pratica hoje nos hospitais e consultórios não é tradicional, é convencional e tem caraterísticas próprias. Se aprofundou no detalhamento molecular, genético, no estudo das doenças e se especializou em partes do corpo: nefrologia (cuida dos rins), cardiologia (coração), neurologia (sistema nervoso). Houve grande avanço, especialmente em doenças agudas bem representadas em terapias intensivas; já esse lado de cirurgias, emergências, teve um grande avanço, mas em compensação, existe uma simplificação na compreensão mais ampla do paciente com doenças crônicas, nossa medicina moderna se tornou superespecializada.

Uma outra categoria de práticas integrativas são os produtos naturais, que são milenares, como o uso de plantas medicinais pelo ser humano, desde a Antiguidade. Alguns nessa linha são mais modernos, como a terapia de florais, a ozonioterapia (O_3 para tratamento de feridas), a apiterapia (com própolis, mel). Depende de como denominamos produtos naturais.

O terceiro grupo são as práticas integrativas não medicamentosas: meditação mindfulness, yoga, musicoterapia, vários tipos de massagens, como quiropraxia, e em alguns países, alimentação vegana e vegetariana para tratar doenças ou dar um suporte especial.

Interessante, o caso da meditação, o mindfulness, que quer dizer atenção plena, surgiu de uma adaptação de uma tradição budista milenar de mais de 5 mil anos para um protocolo de 8 semanas desenvolvido por um médico, o Dr. Kabat Zinn, da Universidade de Massachusetts. Qual a meditação mais usada no mundo e mais recomendada pelos médicos? A mindfulness, que se expandiu de forma interessante. Tem muita pesquisa nessa área, ou seja, a origem vem da meditação milenar, que recentemente foi reorganizada e muito pesquisada.

Existem conceitos que estão confusos no imaginário coletivo e isso pode prejudicar o real entendimento das pessoas sobre o que é cada coisa. Na sua visão, como a Medicina define e diferencia os conceitos "integrativo" e "holístico"?

A distinção desses termos é muito importante.

O mais importante de distinguir é o integrativo do alternativo.

O significado, a rigor, de alternativo é o que alterna ao tratamento convencional: ou usa um ou outro (cirurgia, antibiótico ou uma abordagem complementar). É o "ou ou". Uma situação que pode ser complicada no momento de fazer escolhas terapêuticas.

Em função dessa dicotomia e falta de diálogo, a tendência mundial é caminhar para o complementar e integrativo. Nesse caso, você usa uma coisa e outra conjuntamente. Integrativo é a concomitância, o uso ao mesmo tempo. É o "e e". E isso é interessante para reduzir efeitos colaterais de tratamentos convencionais, como aumentar as chances de cura, de bem-estar, de saúde total.

Quanto ao termo holismo, é o contrário do reducionismo — proposta de tentar explicar um organismo como um todo através de suas partes menores. Como dentro de uma empresa, olhar só o RH (Recursos Humanos), só a estrutura física, só uma parte e a partir dessa parte explicar o todo. O reducionismo leva à hiperespecialização. O holismo vê o fenômeno e o processo como um todo (holos).

E como você define na saúde os conceitos "sistêmico" e "complexo"?

O termo sistêmico se refere à amplitude de visão de um fenômeno que pode ser social ou humano. Todo fenômeno é complexo: isso não é complicado, e sim significa que tem várias dimensões.

Podemos desenvolver uma visão de causa e efeito reducionista ou mais sistêmica, complexa, que relaciona partes do fenômeno que se está estudando como um todo, e não a parte isolada.

A visão sistêmica e complexa exige de todos uma mudança na forma de pensar e compreender as coisas, incluindo vários pontos de vista.

Um exemplo bom no cuidado em saúde de uma pessoa é a alimentação: a forma antiga dava valor à quantidade de queima de substância (calorias) para gerar energia para manter o peso, que não significa se alguém está bem ou malnutrido; representa a quantidade de energia no corpo, e não necessariamente a qualidade se revela no peso.

Na visão sistêmica, olham-se a qualidade e o detalhe da alimentação.

Um exemplo de uso inadvertido e enganado, a partir do conceito de calorias para a alimentação em vacas, ocorreu com uma dieta bem balanceada de aminoácidos, proteínas, gorduras e vitaminas à base de coelhos, que gerou degeneração no sistema nervoso (encefalopatia espongiforme aguda, quando o cérebro vira uma esponja, conhecido como doença da vaca louca), e mostrou que a alimentação carnívora era inadequada para herbívoros. Havia também um gene transmitido por essa alimentação para o sistema nervoso, um príon. A causa desse desastre foi uma visão não sistêmica, não holística, não complexa voltada à alimentação, que é um fenômeno complexo.

Complete a frase:

Tratamento que use terapias complementares é...

mais amplo do que se não usar. A palavra-chave é a ampliação do olhar e a cooperação, não uma substituição total.

No curto prazo...

o que muda é a redução do estresse, da ansiedade, a melhora do sono e a perda de peso.

No longo prazo...

maior saúde, maior longevidade. Pessoas longevas são elucidadas no estudo de Harvard: um dos fatores mais importantes para a saúde em longo prazo diz respeito às relações humanas, à saúde mental, à felici-

dade, muito mais que a outros fatores. Acredito que as práticas complementares colocam as pessoas de maneira mais proativa e menos passiva no cuidar da saúde. Todo paciente que é cuidado por um médico, terapeuta, profissional de saúde integrativo tem tendência a ser mais estimulado em sua alimentação, em sua atividade física, em seus recursos de autocontrole do estresse, e isso é importante para dar autonomia.

Qual a importância dessas técnicas e terapias na sua vida?

Para a minha vida, essa busca das terapias alternativas veio desde os meus 17 anos, quando entrei na faculdade de Medicina e percebi que o ensino direto da anatomia, bioquímica, fisiologia era limitado a uma visão. No primeiro ano, estudei a fisiologia da medicina chinesa, no segundo ano, homeopatia, e no terceiro ano, medicina antroposófica. Minha visão de mundo, de mim mesmo, de todos os pacientes ficou mais interessante. Se as pessoas me contam a sua idade, por exemplo, já posso compreender a partir de uma teoria de desenvolvimento da antroposofia com muito mais profundidade do que eu aprendi na faculdade de Medicina. Com certeza, isso leva a uma compreensão maior da vida em geral. Me percebo bem resiliente com esses recursos, medito, me alimento, tenho mais recursos práticos e teóricos para lidar com a vida e aprendi a não julgar os outros de forma precipitada.

Entrevista com o Dr. Min Ming[6]

Qual o valor das técnicas e terapias alternativas na saúde do indivíduo? E no equilíbrio geral da sociedade?

As técnicas e terapias alternativas buscam o equilíbrio no corpo e mente, gerando saúde do indivíduo.

Por que ainda existe preconceito na própria Medicina quando se fala nesse assunto?

Preconceito existe ou por falta de informação ou não abertura para novos conhecimentos, além de que o profissional aprendeu e acreditou ser a única verdade.

Como essas técnicas e terapias evoluíram ao longo da história?

Essas técnicas foram evoluindo ao longo de milhares de anos, principalmente as medicinas orientais, baseadas em observações.

Existem conceitos que estão confusos no imaginário coletivo, e isso pode prejudicar o real entendimento das pessoas sobre o que é cada coisa. Na sua visão, como a Medicina define e diferencia os conceitos abaixo?

- **Integrativas:** *pode significar interação de vários tipos de medicina para tratar o paciente, mas também pode significar que o paciente* *deve integrar no seu tratamento, fazendo sua parte e não passivamente esperar que o remédio resolva todos os seus problemas.*

- **Holísticas:** *é ver o paciente como um todo, não apenas uma parte dele.*
- **Sistêmicas:** *pode significar uma rede de interações que mantém o órgão funcionando.*
- **Complexas:** *complexa quando envolve mais de um sistema.*

Complete a frase: Um tratamento que use terapias complementares é...

No curto prazo, isso significa tratamento dos sintomas, das causas orgânicas.

E no longo prazo, a proposta é tratar as causas energéticas e funcionais.

Qual a importância dessas técnicas e terapias na sua vida?

Na minha vida, significa uma ampliação dos conhecimentos médicos, melhorando o tratamento aos pacientes. Também aplicar esses na própria vida. Viver em equilíbrio e harmonia.

Como você imagina que essas terapias possam ser levadas para o mundo corporativo?

No mundo corporativo, o entendimento dos desequilíbrios pode prevenir as doenças, que podem começar com desequilíbrio mental, corporal, além da dieta. Pode gerar melhor convívio e rendimento.

As perspectivas da saúde integrativa no mundo dos negócios

Quando se faz a transposição para o mundo dos negócios, como e quais são as terapias utilizadas hoje nas empresas? Será que as propostas são integrativas, holísticas, sistêmicas, estruturadas e integrais para se enxergar o todo entendendo as partes, assim como tudo isso se integra para dentro e para fora, de acordo com as especificidades do modelo de negócio e considerando o contexto? E será que essas terapias podem ser levadas para o mundo corporativo, na gestão de pessoas e de negócios? Como?

> *Essas terapias devem ser levadas para a gestão, para o mundo dos negócios, tanto no sentido de cuidar dos profissionais (diretoria, todas as escalas da empresa) de forma preventiva, quanto com o grupo mais do núcleo em que o aconselhamento biográfico é uma técnica da antroposofia, que permite um momento de ganho de autoconsciência que pode ser feito em grupo ou individualmente, e da mesma maneira como uma pessoa tem sua biografia e várias leituras, também a empresa tem a sua biografia; vale este olhar.*
>
> *Outra coisa é o controle do estresse, mas pessoas já chegam estressadas, com alto índice de burnout, alto índice de irritabilidade, e a meditação, assim como a yoga, tem papel importante. Sabendo que temos amplo leque de possibilidades de terapias, depende da demanda da empresa, do que se percebe como desequilíbrio. Com certeza, preventivamente, a inclusão dessas terapias teria efeito benéfico, como redução de absenteísmo, melhoria das relações humanas dentro da equipe... Fazer Tai Chi juntos, de forma colaborativa, pode ser perfeito para equipes competitivas.*
>
> — Dr. Ricardo Ghelman

> *O mundo corporativo pode ser comparado como o corpo humano. Para funcionar bem, precisa estar saudável. Todos os órgãos harmonizados entre si, gerando bom funcionamento do sistema. A mente comanda o corpo, então esta deve estar saudável como o corpo, manter o equilíbrio mente/corpo. Gerando, assim, harmonia, eficácia e bom rendimento. Levando, assim, práticas de meditação, atividades físicas como Tai Chi, yoga, orientação de dieta, filosofias.*
>
> — Dr. Min Ming

Utilizando como base o índice do livro *A Bíblia das Terapias Alternativas*, de Claire Gillman,[7] eis uma organização didática com mais de cinquenta terapias, muitas milenares, que servem para a saúde das pessoas e podem servir de reflexão e inspiração para se repensar a saúde das empresas também.

A listagem a seguir é um exercício com uma visão geral para um comparativo, de maneira breve, das diferentes histórias e técnicas utilizadas. Importante saber que, sobre cada terapia, existem verdadeiros tratados científicos que merecem ser pesquisados com profundidade pelos interessados, que também podem buscar as associações, organizações e instituições vigentes em cada país, com suas normatizações e protocolos para as práticas.

Fique ligado — Terapias integrativas corporativas

A proposta de leitura é fazer analogias breves entre terapias integrativas e soluções para o mundo dos negócios, e despertar questionamentos.

- Será que conhecemos todas as metodologias?
- De quando datam as ferramentas (*tool kits*) que estamos utilizando?
- O quão eficientes são? O quão testadas foram?
- Quais resultados trouxeram para a saúde integral e sistêmica não apenas dos negócios, mas da sociedade como um todo?
- Adianta ter saúde financeira de um negócio se a saúde das pessoas está comprometida?
- Será que, frente a tantas novidades, apenas as novas são consideradas?
- As boas práticas do passado, muitas simbólicas e de alto valor relacional, não poderiam ser integradas às novas práticas e tendências?
- Será que essas práticas estão organizadas, ordenadas, acessíveis para todos os empreendedores e negócios?
- A falta de visão holística no mercado não é um impeditivo para uma visão social estratégia mais complexa e com a percepção da causalidade?
- Se para curar o corpo, a mente e a alma existem tantas possibilidades altamente eficientes e passíveis de utilização de maneira integrada, a maioria com, no mínimo, um século de existência, quais as soluções eficientes que podem ser reintegradas às soluções de negócios, considerando uma visão holística?
- Será que o mercado considera apenas as soluções alopáticas, em vez de inúmeras técnicas que poderiam ser socialmente benéficas para a empresa, seus *stakeholders* e seu entorno?
- Quem são os terapeutas respeitados para cuidar das corporações de hoje?

Método recomendado: para cada terapia alternativa, integral ou holística listada, foram elaborados alguns questionamentos de forma instigadora, como um começo de conversa que pode gerar outras tantas perguntas. A recomendação é ler de forma reflexiva para tomada de consciência, pensando em seu modelo de negócios. As palavras "organização", "corporação", "empresa", "negócio" foram utilizadas de forma didática e podem representar um modelo de negócio com uma ou com milhares de pessoas.

Lembrete: Para melhorar a qualidade do olhar e da observação, nada como estruturar e analisar diversos pontos de vista.

TERAPIAS CLÁSSICAS

Acupuntura: técnica milenar; modalidade da Medicina Tradicional Chinesa, consiste em inserir agulhas em determinados pontos do corpo para fazer fluir a energia "chi" pelos meridianos do corpo; entre suas variações estão a acupressura, feita sem agulhas e com a ponta dos dedos, e a moxabustão, que utiliza erva moxa/artemísia acesa na ponta de um pequeno bastão para a termoterapia, que esquenta os pontos dos meridianos.

> Quais os "nós" da corporação? Onde a energia, os esforços, os recursos estão travando? Como desobstruir esses pontos?

Massoterapia: cerca de 5 mil anos de história; modalidades variadas de massagem, como a anatripsia, utilizada na Antiga Grécia, com a fricção dos membros para reduzir fadiga e lesões de práticas esportivas, e a massagem marma, da ayurveda, que atua nos 107 pontos vitais do corpo. Tem diversas manobras, como deslizamentos, amassamentos, fricção e percussão.

> Quais áreas ou pessoas precisam ser estimulados e massageados para melhorar a performance do negócio como um todo? E como fazer esse processo em tempo?

Aromaterapia: no mínimo 3 mil anos de história; promove bem-estar físico e psicológico utilizando aromas, fragrâncias extraídas de óleos aromáticos que podem ser inalados ou utilizados em massagens.

> Que soluções não estão "cheirando bem" e podem ser arejadas, purificadas, perfumadas, exalando novas perspectivas e oportunidades?

Homeopatia: criada em 1796 pelo médico alemão Samuel Hahnemann; utiliza extratos de plantas, minerais, sais e animais dissolvidos e diluídos em álcool ou água em remédios que imitam os sintomas da doença em potências menores, com os mesmos fundamentos da vacina ou da imunização.

> Quais as formas preventivas que estão sendo adotadas, todos os dias, de forma parcial e homeopática, para manter a saúde da corporação?

Osteopatia: criada em 1874, no Kansas, trata dores nas articulações e músculos com manipulação manual e não invasiva, sem medicamentos ou cirurgia; "osteo" vem do grego *osteon*, de ossos.

> Como está a coluna vertebral da corporação? Está íntegra, mantendo a sua força por dentro para além do que demonstra para fora?

Quiropraxia: prática secular em antigas civilizações, foi atualizada em 1895, em Iowa. Vem do grego *cheri*, mão, e *praktos*, feito; e atua com manipulação da coluna vertebral, entre outras partes do corpo, para aliviar a dor e ativar o sistema musculoesquelético.

Quem está manipulando os negócios? Qual o preparo dessas pessoas? Quais os efeitos disso em todos os públicos internos e externos com quem a empresa se relaciona?

Hipnoterapia: utilizada por diversas culturas há séculos na alteração do estado da consciência para tratar doenças; nos anos 1830, o médico escocês James Esdaile, pai da hipnoterapia moderna, percebeu seu potencial e virou referência na medicina.

Como a corporação está se recuperando dos momentos de intensa atividade? Há momentos de repouso, ou nunca dá para parar? Quais os efeitos disso?

Medicina herbal: forma mais antiga, popular e natural da medicina utilizando diferentes plantas, ervas e métodos de preparo. Em vários países, já existe regulamentação para derivados de ervas. Herborista é o nome do especialista que sabe a erva certa para cada necessidade.

Há plantas, flores, natureza em geral envolvendo o ambiente corporativo? De que tipo? Isso é percebido e valorizado? As pessoas se beneficiam?

Reiki: sistema criado pelo japonês Mikao Usui (1865–1926) e é um método de cura natural com a canalização da energia universal pelas mãos do terapeuta. Sua forma mais elevada é o Heiki-do, caminho universal da vida. Uma variante é o Seichem, que atua na aura e pode ter sido usado no Antigo Egito.

Qual a energia que circula na corporação? De onde vem? Quem está emanando? Que reação está causando?

Reflexologia: registrada em papiros de 2000 a.C., no Antigo Egito; retomada no Ocidente pelo Dr. William Fitzgerald (1872–1942) e propõe a cura pela pressão em pontos-reflexo de diversas regiões do corpo, como nos pés, mãos e orelhas. Apesar dos desenhos milenares, a fisioterapeuta Eunice Ingham (1889–1974) mapeou os pontos que se conhecem hoje.

Quais os pontos de pressão em uma corporação? Quem sabe onde estão? Quem sabe pressioná-los para ativá-los — ou desativá-los?

Ligue os pontos: O poder dos pontos reflexos

Pés & Reflexologia

Os pontos reflexos do corpo todo

Registrada em papiros de 2000 a.C., no Antigo Egito, a Reflexologia propõe a cura pela pressão em pontos reflexo de diversas regiões do corpo, nos pés, mãos e orelhas.

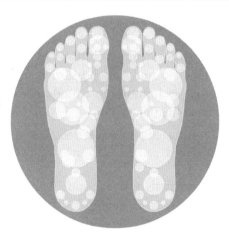

Quais os pontos de pressão da sua corporação? O que acontece se você apertar?

Terapia Nutricional: conduzida por nutricionistas, atua na qualidade do que circula no corpo conforme os alimentos que são ingeridos e que podem causar alergias, problemas digestivos, distúrbios hormonais e até depressão, ou que podem melhorar o equilíbrio do organismo.

Do que a corporação está se nutrindo? De onde vêm esses nutrientes, insumos ou recursos? Que efeito estão causando na estrutura, nos negócios e nas pessoas?

SISTEMAS DE CURA MULTIDISCIPLINARES

Ayurveda: sistema holístico praticado na Índia há mais de 5 mil anos, significa "ciência da vida" em sânscrito e atua nas forças vitais para manter a harmonia física, energética, mental e emocional pelo equilíbrio dos 107 pontos marma que governam o sistema muscular, esquelético e nervoso, atuando de forma individualizada.

Mais que se manter viva, como a corporação está considerando e valorizando suas relações com o mundo ao seu redor? É uma relação harmoniosa?

Medicina Tradicional Chinesa: sistema milenar chinês que considera o ser integral e utiliza fluxo da energia *chi* pelos meridianos ou canais de energia do corpo para o diagnóstico e o tratamento. Quem regula o estado de espírito e a saúde são as forças opostas Yin e Yang com base nos elementos fogo, água, terra, metal e madeira.

A organização está equilibrada em relação ao mercado? E em relação à sociedade? Como é feito esse balanço? Quem avalia e como é feita a avaliação? E os ajustes?

Naturopatia: estabelecida em 400 a.C. na Grécia, por Hipócrates, tem como princípio "o corpo pode curar a si mesmo se tiver condições de se autocorrigir". Inclui terapias integradas para harmonizar a conexão estrutural, bioquímica, emocional e mental do ser vivo.

Como são os processos de autoconhecimento? São análises externas ou internas? Com qual frequência são implementados esses processos?

Terapia da Polaridade: desenvolvida pelo Dr. Randolph Stone (1890–1981), a chamada "Anatomia Sem Fio do Homem" considera campos energéticos por onde flui a energia do corpo, com polos positivo e negativo que precisam ser equilibrados para manter a saúde.

Todas as áreas e pessoas estão integradas? Com base em quê? Quem estrutura, direciona e monitora esse processo na corporação?

TRABALHOS POSTURAIS/TRABALHO CORPORAL

Técnica de Alexander: estruturada em 1890 pelo ator australiano Frederick Matthias Alexander. Propõe a autocura pelo ajuste postural e pela respiração correta, e demonstra que o controle primário (cabeça/costas/pescoço) melhora o funcionamento do corpo todo.

Quem estabelece os padrões de direção que a empresa segue? Qual a baliza para o "correto" e o "torto"?

Feldenkrais®: desenvolvido por Moshe Feldenkrais (1904–1984), o método melhora a postura, a flexibilidade e a função motora, eliminando hábitos nocivos e favorecendo a reaprendizagem do cérebro pela consciência, pelo movimento e pela integração funcional.

Como são tratadas as zonas de conforto dentro da corporação? O que é feito para evitar a acomodação, que gera estagnação?

Dançaterapia: historicamente usada em rituais de preparação ou celebração, foi formalizada pela dançarina Marian Chace em meados de 1920, e em 1940 já era utilizada em hospitais. Considera que a observação atenta dos movimentos informa o estado emocional do paciente.

A corporação tem exercitado o seu jogo de cintura? Sabe dançar conforme a dança do mercado e está com a musculatura preparada para isso?

Rolfing: criada pela bioquímica norte-americana Dra. Ida Rolf em meados de 1920, a terapia preventiva propõe a "reintegração estrutural" e o restabelecimento do alinhamento do corpo para a vitalidade e o bem-estar. É uma massagem complexa que alonga e reenergiza.

As pessoas estão alinhadas com as premissas da corporação? Colaboradores, clientes, consumidores, investidores, fornecedores... O que pode ser feito para melhorar?

Terapia de Bowen: concebida pelo australiano Tom Bowen em meados de 1960, é um estilo de massoterapia que oferece movimentos suaves para que o corpo aceite e faça as mudanças necessárias para se equilibrar. Ajuda nas dores, alergias, problemas hormonais, entre outros.

Existe abertura para a mudança? Como a organização lida com os impactos do mercado e com as necessidades da sociedade? A forma é abrupta ou suave?

Terapia Craniossacral: gerada pelo médico osteopata norte-americano William Garners Sutherland em meados de 1910, utiliza toques suaves, porém profundos, para ajudar o corpo a entender do que precisa para se equilibrar, recuperar e curar de forma calma e energizada.

Quais os processos internos para a tomada de consciência sobre necessidades emergenciais na corporação?

Shiatsu: praticado há mais de 5 mil anos por sacerdotes taoístas nas montanhas da China, tem registros no livro *Princípios de Medicina Interna do Imperador Amarelo*, de 2 mil anos atrás. A técnica atual foi desenvolvida pelo japonês Tokujiro Namikoshi, que fundou sua clínica em 1925 e utiliza a acupressura (pressão com os dedos), ativando determinados pontos de energia *chi* pelos meridianos do corpo. Uma das variações é o Jin Shin Jyutsu.

Com base em quais pontos a organização busca seu equilíbrio? E como está se reequilibrando hoje frente aos desafios da sociedade e às necessidades das pessoas?

Qigong: (ch'i kung) sistema chinês de 5 mil anos que integra técnicas de respiração, movimentação e concentração realizadas de forma suave e intensa para estimular a circulação interna da energia vital e, assim, energizar e fortalecer o corpo, além de aquietar a mente.

O que a corporação aspira e inspira, e como está se encaminhando para isso? E no que ou em quem se inspira? E a quem serve de inspiração (ou não)?

Tai Chi Chuan: arte marcial originada na China que, seguindo os preceitos filosóficos do Taoísmo, atua como um sistema integral de saúde. Tem como princípios a calma, a agilidade, a respiração, a força interna e o espírito, pois busca a tranquilidade no movimento e proporciona corpo saudável e mente alerta. Tem diversos estilos ou escolas mundo afora.

Qual a postura da organização, para dentro e para fora? Como são as trocas de experiências? O processo é circular aberto ou quadrado fechado?

Massagem Chinesa Tuiná: originalmente chamada *an mo*, foi criada na Dinastia Ming (1368–1644) e há anos faz parte do sistema público de saúde na China. Atua no desbloqueio do *chi* restabelecendo o equilíbrio Yin e Yang com movimentos relaxantes e poderosos.

Como a corporação está se movimentando no mercado? O quanto movimenta a economia? O quando mobiliza a sociedade e melhora a vida das pessoas?

TÉCNICAS DE RESPIRAÇÃO

Respiração de Renascimento: forma de psicoterapia pela respiração consciente que ganhou visibilidade a partir de 1960. Valoriza a nutrição e purificação das células com a energia ou força vital conhecida em diversas culturas há séculos: em sânscrito é o *prana*; nas tradições chinesas, *Chi* (qi); para os maori, é o *mana*; para os gregos, *pneuma*.

Qual a força vital da organização? De onde essa força vem? Como essa força inspira toda a estrutura? Essa força é percebida pelos colaboradores? E pelo mercado?

Respiração Transformacional®: existe há mais de trinta anos, está em mais de vinte países e foi desenvolvida pela Dra. Judith Kravitz. Integra acupressura com respiração ininterrupta e é uma forma de meditação ativa, expandindo a respiração, dispersando as tensões físicas e estimulando a espiritualidade.

O que a organização faz para permitir ativar a circulação de sua força vital? Quais os canais utilizados para essa circulação? Quem cuida disso?

Buteyko: técnica desenvolvida por Dr. Konstantin Buteyko na década de 1950, modifica padrões de respiração para melhorar a oxigenação e o metabolismo do corpo, especialmente para pessoas com problemas respiratórios ou alérgicos, reduzindo a dependência de remédios.

Como a organização recicla e oxigena cada uma de suas células de trabalho? Esse processo é feito isoladamente ou considera a interdependência de todas as áreas?

Respiração Holotrópica®: criada nos anos 1970, na Califórnia, pelo psiquiatra Stanislav Grof e sua esposa. Propõe acesso a estados alterados da consciência com respiração rápida e profunda, sem a necessidade de drogas. Vem do grego *holos* (todo) e *tropico* (movimento em direção a algo). Ao final das sessões, há desenho de mandalas retratando as experiências.

A organização respira sozinha ou depende de terceiros para funcionar? Quem são esses terceiros e quais os níveis de dependência?

Respiração Holográfica: técnica respiratória curativa criada por Martin Jones. Mantendo os lábios unidos e língua no céu da boca, a proposta é inspirar com a mandíbula aberta e expirar fechando a mandíbula, acalmando a mente e fazendo a energia fluir pelo corpo.

Como a energia vital flui para fora da organização? É um fluxo produtivo, ou a energia está escapando, se esvaindo?

CURA POR MEIO DOS SENTIDOS

Arteterapia: terapia que ganhou força a partir de 1940, começou com estudos de Sigmund Freud e Carl Jung sobre a força com que imagens atuam no subconsciente dos pacientes. Propõe a cura pela expressão das emoções, que refletem a saúde física e mental. A instituição que legitima e coordena essa prática é a BAAT (Associação Britânica de Arteterapia).

Quais as imagens que representam hoje a corporação? Como foram escolhidas? Que mensagem estão passando?

Cromoterapia: terapia que utiliza o espectro de cores, reconhecido pela mente inconsciente, como efeito psicológico, energético e vibracional, atuando nas ondas cerebrais, nos hormônios e no campo vibracional dos pacientes. Segura para todos os públicos, até bebês. O equilíbrio da energia emanada pelas sete cores dos chacras é um exemplo: vermelho (raiz), laranja (sacro), amarelo (plexo solar), verde (coração), azul (garganta), índigo (terceiro olho) e violeta (coroa).

Quais as cores que representam a organização em sua logomarca e materiais de comunicação? Qual a simbologia disso e por quem foi criada? As pessoas valorizam?

Iridologia: estudo diagnóstico preventivo do mapa reflexo da íris, verdadeira impressão digital das pessoas. Mapeia áreas que correspondem às partes do corpo, assim como a reflexologia, e indica predisposições genéticas de saúde, perfil fisiológico e comportamental.

Como a organização fundamenta a sua visão do mundo? Quais as métricas, as balizas, as pesquisas, os pensadores, as referências? Todo o mundo tem a mesma visão?

Método Bates: sistema de exercícios para os olhos estruturados a partir de estudos do Dr. W. H. Bates (1860–1931) para fortalecer a musculatura e ajustar o foco, reduzindo a necessidade do uso de lentes corretivas.

> A organização calibra seus pontos de vista? Como? Qual a periodicidade? Quem ajuda? Existe miopia, hipermetropia, astigmatismo, catarata, presbiopia no foco do negócio?

Terapia do Som: terapia milenar que utiliza as frequências sonoras com finalidades fisiológicas, neurológicas e psicológicas para a melhora do bem-estar e da saúde física e mental, equilibrando emoções, reduzindo o estresse, prevenindo doenças e trazendo harmonia. Culturas de todo o mundo historicamente utilizam sons da natureza, de instrumentos e mesmo mantras para desenvolver a espiritualidade, como os 24 tons pineais.

> Existe algum som associado à organização? Como foi criado? Onde é divulgado? Que mensagem isso passa para todos os públicos de relacionamento?

Hidroterapia: tratamento que utiliza exercícios e massagens na água, em diferentes densidades, composições minerais, temperaturas ou pressões, para estimular a circulação sanguínea, aliviar dores, reduzir as tensões e gerar harmonia. Fotografias de cristais de água feitas pelo terapeuta japonês Dr. Masaru Emoto sugerem que vibrações positivas ou negativas modificam a forma do gelo.

> Que vibrações a organização tem emanado em seus produtos e serviços? E em seus eventos e campanhas? Como isso é mensurado? Que efeito isso tem causado?

Fototerapia: terapia que usa comprimentos de ondas de luz ultravioleta A (UVA) ou B (UVB) para tratar doenças de pele em adultos ou crianças. Também é eficiente no tratamento de transtorno afetivo sazonal (TAS) e de icterícia em bebês recém-nascidos.

> Quem traz luz aos negócios durante as tomadas de decisão? É um processo aberto ou fechado? A organização tem iluminado outras empresas, instituições, pessoas? Como?

Essenciais Florais: terapia de cura desenvolvida pelo Dr. Edward Bach em 1936 que utiliza a energia de determinadas flores, ou melhor, as vibrações das essências florais, na reprogramação vibracional das células em busca de harmonia física, mental e espiritual.

> Qual a essência do modelo de negócio? Isso está apenas impresso em manuais, paredes e materiais promocionais, ou evanesce de forma verdadeira em todas as relações de troca?

Musicoterapia: terapia que utiliza as qualidades emotivas da música, com os mais variados instrumentos musicais e sonoridades, para auxiliar o terapeuta a identificar quais as sensações e percepções dos pacientes, criando um ambiente de proximidade e confiança.

Qual o ritmo que a organização imprime em seus negócios e parcerias? Como isso soa ou ecoa para os colaboradores e para o mercado?

Magnetoterapia/terapia do Campo Eletromagnético: terapia milenar que utiliza campos magnéticos para estimular a circulação sanguínea e o fluxo do oxigênio no corpo, aliviando dores por lesão ou artrites e melhorando dores de cabeça, estresse e insônia.

Qual o poder de atração que a organização exerce junto a novos talentos, investidores, parceiros, fornecedores, colaboradores? Como isso é mensurado?

Terapia Auricular: terapia praticada há séculos pelos chineses e que se assemelha à reflexologia, porém estimulando pontos específicos na orelha com massagem manual, esferas de acupressura afixadas com fita adesiva ou agulhas de acupuntura.

A organização está ouvindo seus colaboradores, clientes, fornecedores, investidores...? Como esse "som" do mercado tem sido decifrado, valorizado e utilizado?

CURA ENERGÉTICA OU VIBRACIONAL

Cinesiologia: técnica criada nos anos 1960 pelo Dr. George Goodheart que utiliza pontos de massagem nos músculos do corpo para equilibrar a energia (física, química, emocional...) que estiver descalibrada. Adequada em casos de medos, traumas e insegurança.

Como está a energia ou o clima da corporação? Existem pesquisas sobre isso? O que poderia ser feito para melhorar?

Reiki Angélico: terapia espiritual que valoriza o divino que habita em cada pessoa valorizando a imagem sagrada do cubo de Metatron (figura geométrica composta por treze círculos conectados), propondo um sistema de cura com base em antigas sabedorias.

Quais as energias que movimentam os negócios? São apenas as mesmas energias de sempre, ou há espaço para a troca, o intercâmbio?

Medicina Energética: sistema de cura que avalia as energias eletromagnéticas sutis do corpo para atuar nos pontos de atenção diagnosticados e restabelece a saúde de todo o sistema em um fluxo benéfico de chacras, meridianos, circuitos radianos, glândulas...

Alguém tem uma visão holística de toda a organização? Quem? O que faz com essas informações?

Saúde sistêmica para lideranças e negócios

Ligue os pontos: Energias e vibrações

Campos Eletromagnéticos da Medicina Energética

A perspectiva dos campos vibracionais

As energias eletromagnéticas sutis do corpo podem ativar fluxos benéficos de chacras, meridianos, circuitos radianos, glândulas...

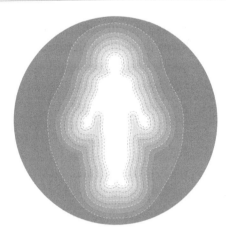

Qual energia vibra em você e como essa energia se irradia para os seus negócios?

BodyTalk System®: sistema de medicina mente-corpo que trata as pessoas como um todo, atuando não apenas nos sintomas, mas também nas causas, inclusive considerando aspectos psicológicos. Combina diversas técnicas alternativas, incluindo física e matemática.

O que a organização tem falado sobre ela mesma na imprensa, em eventos, nas reuniões? Isso condiz com a realidade?

Radiestesia: técnica que utiliza varinhas "mágicas" de rabdomante, pêndulos, cristais ou pedras preciosas para localizar, da mesma forma que se procura água, mudanças no fluxo magnético do corpo ou do ambiente onde a pessoa está. Ultrapassa os "sentidos normais".

Como a organização localiza, diagnostica e trata seus desequilíbrios e desafios? Quais as metodologias e ferramentas utilizadas?

Zimbaté: arte de cura antiga, significa "o caminho para a verdade" e foi reintroduzida por Carolyn Snyder. É uma corrente do Reiki e atua no desenvolvimento pessoal e na evolução espiritual por calibrar as vibrações de energia.

Como a organização se autoconhece e mapeia as suas verdades? Há preocupação com a transparência? Que medidas são tomadas para isso?

Empoderamento Divino: forma de autocura para os dias de hoje, utiliza o sistema de *download de apps* para as pessoas canalizarem e invocarem as energias de que precisam. Tem comunidade online com website e vídeos explicativos.

Como a organização se atualiza? Qual a frequência? Isso é para todos, ou apenas para as lideranças?

Metratronic Healing®: sistema de cura energética que utiliza toques físicos (as sintonizações) e fluxos de energia (transmissões) em forma de ondas que restauram e reequilibram as pessoas, dissolvendo velhas crenças e lembranças dolorosas do passado.

Como a organização lida com o passado? O quanto o passado interfere no hoje? Pensando em fórmulas, são utilizadas as velhas soluções, ou há espaço para o novo?

Toque Quântico: técnica de cura que utiliza a energia vital do *chi* ou do prana. Com toques leves em áreas específicas do corpo, ativa o sistema corporal utilizando a inteligência biológica para acionar a inteligência espiritual e trazer paz, bem-estar e alívio da dor.

Quais medidas práticas a organização utiliza para melhorar as relações no dia a dia? Existem programações, reuniões e iniciativas sobre isso?

Tratamento dos Chakras: técnica com mais de 5 mil anos, centra-se em estudos sobre os chacras descritos nos *Upanishads*, as escrituras sagradas hindus. Com meditação, respiração e mentalização, entre outras atividades, é possível regular o fluxo e a frequência da rotação desses vórtices de energia, trazendo consciência e bem-estar corporal, mental, etéreo e astral.

A organização se preocupa com o bem-estar de todos com quem se relaciona? Quem são esses públicos e o que é feito de forma concreta?

A Jornada: terapia corpo-mente criada por Brandon Bays, atua no desbloqueio das emoções reprimidas, que liberam substâncias químicas no corpo e podem gerar inúmeras doenças físicas e psicológicas. Valoriza o autoconhecimento para a autocura.

Como a organização trata os conflitos internos? Existe alguma ferramenta ou área para mediar as discussões de relacionamento (famosas DRs)? Quais?

TethaHealing®: terapia criada em 1995 por Vianna Stibal, utiliza a meditação, a oração e a mentalização para induzir ondas cerebrais theta capazes de criar conexão com níveis elevados de amor e energia para a clareza, amor máximo e sabedoria.

A organização promove atos de generosidade e gentileza, para dentro e para fora? Quais? É apenas o "protocolo da sustentabilidade", ou são ações autênticas?

TERAPIAS DE PROGRESSÃO E REGRESSÃO

Terapia de Regressão a Vidas Passadas: técnica de desenvolvimento pessoal e cura que integra hipnose, meditação e visualizações com a mediação de um terapeuta para acionar o inconsciente, localizar memórias e dores reprimidas e promover mudanças na vida.

Qual a abertura da organização para efetivar mudanças? Como os colaboradores participam desse processo?

Terapia de Integração da Realidade Passada: terapia criada por Ingebord Bosh, ajuda na libertação de pensamentos, sentimentos e comportamentos destrutivos e defensivos que causam sofrimento, distorcem a realidade e geram dor e doenças.

Como é o processo de autoavaliação e autocrítica da organização? Quais as balizas para avaliar o que é bom ou não para o negócio?

Progressão para a Vida Futura: técnica criada pelo Bruce Goldberg, estimula estados de relaxamento profundo que permitem ver seu futuro projetado de acordo com o seu momento de vida e a forma de levá-la, favorecendo reflexões e mudanças sobre escolhas e ações.

Quais as métricas de planejamento e projeção de crescimento que a organização utiliza? Com que frequência e por quais motivos os planos são revisados?

Terapia dos Registros Akáshicos: técnica meditativa que possibilita entrar em sintonia com o inconsciente coletivo (computador universal) para inspirar, potencializar e transformar a vida com mais propósito, sucesso e realização. *Akasha* vem do sânscrito e significa céu, espaço, *éter*, força vital, toda a experiência da humanidade desde o início dos tempos.

A organização aprende com o acervo de experiências de outras empresas e instituições do mercado ou atua de forma mais fechada? Por quais motivos?

TÉCNICAS MENTAIS E PSICOLÓGICAS

Sofrologia: terapia holística criada pelo neuropsiquiatra Alfonso Caycedo em 1960, na Espanha, e que propõe o equilíbrio com exercícios que promovem um corpo relaxado e uma mente aberta moderados pela voz do terapeuta. É a ciência da consciência em harmonia.

Existem vozes/lideranças que todos respeitam na corporação? Quem são? O quanto isso gera de mobilização e transformação?

Meditação: terapia que promove a contemplação profunda para atingir níveis diferentes de consciência e gerar estados de tranquilidade, paz e harmonia, que geram equilíbrio e uma percepção mais clara da realidade. Há várias modalidades e técnicas, como a transcendental, a tibetana, a zen e a vipassana, cada qual com seus mantras, visualizações e posturas próprios.

A organização reflete sobre suas conquistas e desafios? Quando? Como? Onde? Existem mediadores específicos para esse processo?

Mindfulness: conhecida como meditação da atenção plena, existe a 2500 anos, segundo registros budistas, e está fazendo sucesso atualmente. O princípio é estar atento à realidade, e não aos pensamentos e problemas que distraem a mente e geram tensão, ansiedade e doenças que prejudicam a concentração, a produtividade e a alegria de viver.

Quais as iniciativas que a organização promove para estimular o foco e a concentração de seus colaboradores? E o que tem feito para chamar a atenção do mercado?

Psicoterapia: terapia verbal inspirada por Sigmund Freud durante a qual os pacientes falam sobre sensações e situações incômodas e são auxiliados a encontrar forças internas para solucionar os desafios relatados. Na variação psicodinâmica, originada na psicanálise, é analisada a relação terapeuta-paciente mediante transferência de sentimentos.

A organização disponibiliza ferramentas, espaços e momentos para os colaboradores extravasarem suas sensações e sentimentos? Onde? Como? Para quem?

Gestalt-terapia: técnica de autoconsciência criada pelo psicoterapeuta alemão Fritz Perks inspirada no conceito de Gestalt, o "todo organizado". Foca no aqui e agora para analisar a expressão de sentimentos de acordo com suas ideias, comportamento e linguagem corporal.

Existem reuniões ou encontros específicos na organização para apresentar uma visão de todo aos colaboradores, ou cada um atua isoladamente em suas áreas?

Programação Neurolinguística: terapia criada na década de 1970 que mapeia os efeitos do que as pessoas pensam, falam e como agem em suas próprias vidas, possibilitando a conscientização e a promoção de mudanças na forma de acreditar, avaliar, valorizar e performar.

Quais os mapas mentais da organização? Como foram estruturados? Como essas informações chegam aos colaboradores e ao mercado?

Técnicas de Libertação Emocional: técnica energética integrada desenvolvida por Gary Graig na década de 1990 que usa a imposição de mãos para desfazer bloqueios de energia e emitir vibrações que ajudam a libertar fobias, traumas e dores para a saúde e o bem-estar.

A organização se preocupa com a saúde e o equilíbrio de seus colaboradores? E se preocupa com a saúde de suas relações com a sociedade? E com a natureza?

Técnica de Percussão por Desenho: técnica de psicologia energética desenvolvida em 2009 que integra desenhos de problemas e sentimentos no papel e batidas leves (dedilhados) em pontos específicos do corpo para liberar tensões e distúrbios e resolver problemas.

A organização registra seus desafios e suas conquistas? De que forma? Como utiliza essas experiências para a aprendizagem?

Matriz Reimprinting: técnica de cura pela mentalização e verbalização de problemas para interagir com lembranças congeladas durante a vida chamadas de ECHOS, Hologramas de Consciência Energética, reatualizando de forma positiva eventos de estresse, dor ou trauma.

O quão consciente a organização está das necessidades de seus colaboradores? E o quanto está próxima das necessidades da sociedade?

Terapia Focada na Compaixão: abordagem integrada e multimodal criada por Paul Gilbert fundamentada em neurociência, terapias cognitivas comportamentais e práticas budistas tradicionais em busca da compaixão, benevolência e simpatia a si mesmo e aos outros.

O que a organização tem feito, de forma autêntica, em busca do chamado "mundo melhor"? Quais as melhores práticas internas? E externas?

Terapia "F*d*-se": terapia ou estilo de vida fundada por John C. Parkin e que promove a libertação das tensões e sobrecargas em retiros com exercícios, leituras, discussões, refeições, respirações e rituais divertidos e descontraídos para trazer as pessoas "de volta à realidade".

Como a organização lida com a concorrência? E com a concorrência desleal? E com a falta de ética? Em tempo, a organização é ética?

Terapia Cognitivo-Comportamental: sistema de autotratamento desenvolvido por Aaron Back nos anos 1960 propondo o controle do fluxo de pensamentos negativos automáticos sobre si mesmo, o mundo e o futuro, desmentindo-os e substituindo-os.

Como a organização lida com as críticas, reclamações, atendimento ao consumidor, ouvidoria, opinião pública? O que faz com as informações que coleta?

Ordenamento Cósmico: técnica que utiliza a lei da atração, na qual atos de bondade e generosidade são sempre recompensados, oferecendo planos de ação para trabalhar em sintonia com o universo na conquista de suas metas com abundância, motivação e direção.

A organização acredita que bons negócios geram bons negócios no mercado de hoje? Quais os impeditivos? E quais as alavancas de desenvolvimento saudável?

Cura do Campo Quântico: técnica de visualização criada pelo Dr. David Hamilton que propõe a autocura pela intervenção no campo quântico de cada dor ou tensão, modificando as ondas de energia doentes em saudáveis e transformando o processo perceptivo das pessoas.

A organização se reconhece como uma geradora de boas energias para seus colaboradores e para o mercado? Quais os motivos?

Terapia Biodinâmica: fundada por Greta Boyesen, integra técnicas milenares a inovações da medicina e utiliza massagem para liberar o acúmulo de emoções que afetam os músculos do intestino, o chamado "complexo motor migrante". Ao libertar as emoções, são produzidos sons semelhantes ao do processo de digestão, chamados de psicoperistalse.

A organização se recicla e se reorganiza, desapegando das velhas fórmulas e construindo novos horizontes? Como?

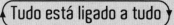

Tudo está ligado a tudo Quais os formatos adotados pela saúde pública no Brasil?

As terapias que já são adotadas na realidade da política de saúde integrativa no Brasil[8]:

Sistemas de Medicina Integrativa:

Desde 2006: Medicina Tradicional Chinesa, Homeopatia, Medicina Antroposófica

Desde 2017: Ayurveda, Naturopatia

Produtos Naturais:

Desde 2006: Fitoterapia, Terapia Termal

Desde 2018: Apiterapia, Aromaterapia, Ozonioterapia, Terapia dos Florais de Bach, Geoterapia

Terapias não farmacológicas:

Desde 2017: Meditação, Reiki, Musicoterapia, Arteterapia, Dançaterapia, Quiropraxia, Reflexologia, Shantala, Terapia Integrativa Comunitária

Desde 2018: Hipnoterapia, Constelação Familiar, Bioenergética, Cromoterapia

Fique ligado — Equilibrando a saúde

No campo pessoal:

Para equilibrar a sua saúde, você se utiliza de técnicas e tratamentos alternativos?

( ) Resposta sim:

Quais técnicas e tratamentos? Para qual situação? Por que essa escolha? Com que profissionais você contou? Quais os resultados obtidos? Repetiria a experiência?

( ) Resposta não:

Por quê? Conhece alguém que utiliza? Tem curiosidade de experimentar?

No campo profissional:

Para equilibrar a saúde dos seus negócios, você ou a sua empresa se utilizam de técnicas e ferramentas alternativas?

( ) Resposta sim:

Quais técnicas e ferramentas? Para qual situação? Por que essa escolha? Com que profissionais você contou? Quais os resultados obtidos? Repetiria a experiência?

( ) Resposta não:

Por quê? Conhece alguém que utiliza? Tem curiosidade de experimentar?

Sintomas e Tratamentos

No campo pessoal:

Quando você sente alguma dor ou desequilíbrio no seu corpo, mente ou alma, como resolve a situação?

Indique a área do seu corpo e escreva abaixo que tipo de solução você utiliza.

No campo profissional:

Quando a sua empresa sente alguma fraqueza ou desequilíbrio em alguma área interna ou relacional, como resolvem a situação?

Indique a área da sua empresa e escreva abaixo que tipo de solução é utilizada.

> *O enorme interesse que vem se manifestando recentemente pelos tratamentos alternativos — para não mencionar disciplinas como a psiconeuroimunologia — tem deixado bem claro que os estados internos da pessoa (suas emoções, atitudes psicológicas, fantasias e intenções) exercem um papel crucial tanto na causa quanto na cura até mesmo de doenças físicas.*
>
> — Ken Wilber[9]

Seria a saúde sistêmica um desejo utópico no mundo dos negócios?

Modelos utópicos e a inteligência coletiva:
a visão sistêmica ideal

Sinopse: para os gestores que **prometem um mundo melhor**, que "sairemos melhores dessa", que "as pessoas serão melhores quando isso tudo passar", alerto sobre o risco desse jogo que promete uma entrega impossível, inatingível e inimaginável vendendo felicidade e abundância no futuro, em vez de entregar o bem-estar no presente com o uso transversal e sinérgico do conhecimento.

Palavras-chave: Mundo Ideal, Inteligência Coletiva, Modelos Utópicos, Ideologia, Pensamento Multidimensional, Teoria da Abundância, Futuro Melhor, Certezas Absolutas, Desigualdade

Na sociedade perfeita — seja o que isso for — não haveria o que mudar. Qualquer mudança concebível só poderia ser para uma situação pior que a existente ou igual a ela. Nada garantiria que os indivíduos fossem plenamente felizes ou que sempre alcançassem seus objetivos. A diferença é que eles encontrariam condições tão boas quanto possível para perseguir seus projetos de vida e jamais poderia culpar "o sistema" por suas frustrações e fracassos. Quantas racionalizações não cairiam por terra! A ideia da perfeição é obviamente ficção humana.[1]

— Eduardo Gianetti

Entre o sistêmico e o utópico

O pensamento sistêmico pode gerar a equivocada percepção de se ter um modelo ideal, integrado e integrativo, que considera e integra tudo e tem uma visão privilegiada e estratégica do todo e da parte *versus* qualquer outra modelagem não tão eficiente, bem ordenada, funcional e produtiva, seja por apenas ser reducionista (só considerar as partes isoladamente), seja por ser apenas holista (só considerar o todo, sem entender as partes de forma integrada).

Mais que ser o ideal e o perfeito, a modelagem sistêmica apenas é o que é, pois todas as coisas, pessoas e situações fazem parte de estruturas de sistemas dentro de sistemas, dos átomos e neurônios às galáxias e aos sonhos. Porém, esse modelo ideal está em mundos sonhados e imaginados, satisfazendo o desejo de "lugar perfeito" e de "destino ideal", onde sempre habitaram as vontades das pessoas em todos os tempos, servindo de espelho para a sociedade que almejavam, com as referências ao passado e às projeções de futuro de cada época.

Isso faz parte da pré-história religiosa, dos mitos de criação da vida, das eras de ouro/douradas, dos Eldorados, das Cidades Ideias, dos mitos do Paraíso. Ilhas paradisíacas, reinos perdidos, Jardim do Éden, Campos Elíseos, entre tantos imaginários de "harmonia com a natureza, população não onerosa, consumo equilibrado com produção, tecnologia para o bem de todos, pessoas convivendo felizes".

Em diversas civilizações ao longo da história, existem registros desses espaços.

Têm geografia arquitetonicamente estruturada para melhorar a segurança, a proteção, os fluxos e a circulação de pessoas e produtos. Concentram saberes ancestrais e conhecimentos contemporâneos para desenvolver tecnologias e soluções destinadas ao bem comum. Disponibilizam espaços privilegiados e mentores qualificados para o desenvolvimento físico, mental e espiritual de seus habitantes. Reúnem os melhores profissionais das mais diversas áreas, que atuam na satisfação dos desejos de todos como um coletivo pensando na prosperidade da civilização, lidando de forma sustentável com o recorrente desafio da administração dos recursos finitos para evitar a escassez e a insuficiência.

A consciência da teia da vida, que interfere na saúde de tudo e de todos, e da interdependência econômica desse grande ecossistema de corresponsabilidades, complexo de se mapear e impossível de se controlar, estimula a idealização dessas cidades mentalmente projetadas que servem de "narrativa confortante" para as tensões e desafios da sociedade[2] desde sempre, especialmente quando se considera a impotência de se controlar os fenômenos da natureza e os humores da humanidade.

> *Uma sociedade secreta de astrônomos, de biólogos, de engenheiros, de metafísicos, de poetas, de químicos, de moralistas, de pintores, de geômetras, sob a direção de um obscuro homem de gênio.*[3]
>
> — Jorge Luis Borges

Lendas imaginativas de viajantes, projeções criativas de escritores ou retiros acolhedores de pensadores, esses locais projetam e arquitetam geografias e sistemas socioeconômicos e culturais idealizados para acolher suas ansiedades reais.

Não por acaso, mais que a geografia desses espaços, há uma idealização relacionada ao comportamento das pessoas que os habitam: civilizações ou populações com determinadas habilidades e posturas, como justiça, bondade, felicidade, parcimônia, equilíbrio, harmonia, comunidade, solidariedade, gentileza, generosidade e uso da inteligência coletiva para um mundo melhorado.

Inteligência coletiva: o melhor dos mundos

> *Propor a utopia da **inteligência coletiva** é retornar ao mito do progresso do avanço para um futuro sempre melhor? Não, pois a ideia do progresso linear supõe um controle total de seu ambiente pelo coletivo e constitui sobretudo a hipótese da permanência e da uniformidade dos critérios de escolha. Na verdade, a noção de uma progressão contínua e monótona é apenas uma variante ligeiramente aperfeiçoada da moral do bem. **Ao coordenar suas inteligências e imaginações, os membros dos coletivos inteligentes provocam a abundância dos melhores, inventam um melhor sempre novo e em toda parte variado.** O melhor desloca-se continuamente não só porque as situações objetivas evoluem, mas porque o conhecimento das situações afina-se ou confunde-se (o que constitui, ipso facto, uma mudança de situação), porque os critérios de escolha mudam em função das transformações do ambiente e da evolução dos projetos. Cada nova escolha é feita em um caminho original e imprevisível de aprendizado coletivo e de invenção de si.*
>
> — Pierre Lévy

Construir ideários de estruturas perfeitas que tenham consciência da interdependência de todas as dimensões da atuação humana — o melhor dos mundos? — pode ser considerado um desejo recorrente das mais diversas culturas nas mais distintas épocas. Uns chamam de sonho, outros, de extravagância da civilização, mas o desejo de igualdade, equidade, diversidade, inclusão, justiça social e respeito ao próximo e ao ambiente é uma projeção imaginativa de uma sociedade mais ordenada com melhores soluções para problemas sociais e políticos idealizando estratégias que ultrapassam o chamado "normal" e imaginando como tudo pode ser aprimorado em um contexto que sempre pode ser melhorado. É o "mundo melhor", que se situa entre o possível e o impossível.

Para esse desenho, impera de forma plena a inteligência coletiva, na qual se depositam as expectativas e as esperanças de uma sociedade mais integrada, que sabe fazer um bom uso de todo o acervo de conhecimentos adquiridos pela humanidade, com o objetivo de gerar soluções mais inteligentes que gerem prosperidade para todos: o sistema de todos os sistemas do pensamento.

Nesse sistema, tudo o que é impossível, possível, factivo, feito, inimaginável, imaginável e imaginado interage de forma recíproca e transversal nas espirais dinâmicas da existência e da imaginação, com suas movimentações infinitas e interpenetrações capilarizadas em um grande e incessante circuito que pode e deve ser utilizado para a prosperidade de todos.

Em vez de adiar a felicidade e o bem-estar como construções do impossível, do inatingível e do inimaginável, a inteligência coletiva propõe viver cada momento com as liberdades individuais ampliadas e implementadas coletivamente pelo uso transversal e sinérgico do conhecimento, em permanente adaptação a caminho da abundância.

Inclusive teorias contemporâneas, como a proposta por Peter Diamantis e Steven Kotler no livro *Abundância: o futuro é melhor do que você imagina*, apresentam perspectivas "possíveis" de como o progresso nas áreas de inteligência artificial, robótica, computação infinita, redes de banda larga, manufatura digital, nanomateriais, biologia sintética, entre outras tecnologias de crescimento exponencial, pode permitir ganhos futuros para as próximas duas décadas, se comparados aos dos últimos dois séculos. Em contraposição à escassez, na Teoria da Abundância serão supridas as necessidades de todos nas categorias "água, alimento, energia, saúde, educação, liberdade", graças às inovações mirabolantes e aos empreendedores ousados.

De um jeito ou de outro, são projeções para um futuro, mesmo que seja para "as próximas horas", "para um futuro próximo".

Quem é que já não ouviu, nos tempos da pandemia da COVID-19, citações de "melhoramento social" projetadas para o futuro, quando tudo passar?

Economistas, médicos, jornalistas, empresários, sociólogos, psicólogos, educadores, políticos, influenciadores sociais... estão proferindo em textos, entrevistas, palestras, lives e aulas, frases como:

- "Sairemos melhores dessa."
- "As pessoas vão melhorar quando isso tudo passar."
- "O futuro será bem melhor."
- "Depois disso, as empresas serão melhores."
- "Precisamos disso para nos aprimorarmos como humanidade."

Na obra *Utopia*, de Thomas More (1516), alguns dos conceitos são semelhantes a alguns preceitos em voga hoje, demonstrando o permanente **paradoxo das utopias**.

De um lado:

- querer equilibrar as discórdias privilegiando o coletivo;
- o senso de coletividade em um mundo incerto;
- a valorização da harmonia familiar e identidade étnica, nacional ou religiosa;
- o amor, respeito e cultivo do indivíduo.

De outro:

- as ideologias de igualitarismo extremo;
- as expectativas criadas pelo liberalismo: visão utópica da opulência universal; divisão do trabalho e crescimento do comércio;
- a permanente "possibilidade de algo melhor";

- o recorrente "domínio de poucos": plutocracia (ricos)/aristocracia (poucos);
- apesar do desenvolvimento, existe a pureza da forma original;
- a questão da satisfação dos desejos lidando com a administração dos recursos: escassez inevitável e insuficiência dos recursos.

Com a economia não é diferente.

A visão de que é um sistema independente, autocontrolado e autossuficiente é uma ilusão, especialmente com tantas "novas economias" e suas "projeções ideais" sendo lançadas como panaceias a cada dia, como se fosse possível ter uma única forma vigente imperando sobre todas as possíveis relações de troca. Trata-se de um jogo sistêmico. Mas quais são as regras deste jogo?

Mais que respostas, perguntas.

Quais são as atuais utopias da sociedade perante a economia?

- De onde surgiu o modelo vigente e qual o seu principal argumento de eficiência frente a outros modelos já testados pela humanidade? Em que medida o que se vive é resultado do modelo econômico adotado ou da intervenção das pessoas nesse mesmo modelo?
- Existe algum "modelo ideal" que resolva os problemas e desequilíbrios identificados atualmente? Caso sim, qual? Caso não, o que mais se aproxima "da perfeição"?
- De que forma a expectativa de "modelo ideal" impacta a geração de expectativas provocadas pela especulação financeira?
- Enxergar as variantes econômicas com outras lentes modificaria os processos de intervenção, desenvolvimento e controle do sistema?
- Lidar com a economia de forma multidimensional e interconectada pode se caracterizar como uma utopia?
- A valorização da responsabilidade social corporativa, da solidariedade e da generosidade, entre outros valores humanitários, inclusive com a criação de fundos de investimento para negócios de impacto social, pode ser considerada uma tendência artificial (modismo) ou uma questão de sobrevivência natural (necessidade)?

Quais as distopias sobre a construção de novos sistemas econômicos?

- Existe uma fala recorrente de criar um "novo sistema" ou mesmo de construir soluções "fora do sistema". Considerando que sistemas são abstrações resultantes da projeção humana sobre estruturas de ordenação e controle, adianta estruturar um "outro sistema" ativado, operacionalizado e implementado pelas mesmas pessoas e pelos mesmos métodos?

- As dicotomias cartesianas entre valores monetários ou humanitários, escassez ou abundância, riqueza ou pobreza, representam uma polaridade intrínseca ao modelo econômico vigente? Mudar a forma de ver a economia, entendendo que se trata de um projeto multidimensional, não muda todas essas classificações antagônicas?

- A fala de "sistema econômico" não é limitante por se considerar autocentrada? Não deveríamos considerar sistemas, em que um está integrado ao outro, e, talvez, estruturar ou mesmo enxergar uma versão tridimensional das trocas na sociedade e na economia?

- Considerar as pessoas também como cidadãs, e não apenas como consumidoras, mudaria alguma coisa?

Convidei o professor Ladislau Dowbor para trazer luz a essas inúmeras inquietações.

Ponto de Vista | A propósito de uma nova economia

Ladislau Dowbor[4]

A visão de que a "ciência econômica" é uma ciência que estuda "leis", que regem os mecanismos da economia, é enganadora. Tratam-se de regras do jogo que a sociedade adota ou rejeita, ou vai adequando à medida que o mundo se transforma. Nesse sentido, trata-se apenas de mais uma dimensão das ciências sociais. Nenhuma lei econômica justifica que, na Finlândia, os professores tenham salários no mesmo nível que engenheiros ou advogados, e que, no Brasil, sejam mal pagos, logo, é uma questão de relações de poder e de regras do jogo que a sociedade pode adotar, rejeitar e transformar. Tratam-se de opções políticas, assim, justificar a desigualdade, por exemplo, ou as fortunas de intermediários financeiros, como sendo resultado de inevitáveis leis econômicas, constitui uma fraude científica. O New Deal, de Roosevelt, o Welfare-State, do pós-guerra, constituíram pactos que a sociedade adotou, tratando-se de escolhas da sociedade. Podemos perfeitamente democratizar a sociedade em termos econômicos.

As opções econômicas constituem opções normativas e envolvem decisões éticas. Amartya Sen, no seu livro A ideia de Justiça, deixa claro que, a partir do momento que as construções econômicas são construções da sociedade, elas devem obedecer a regras morais. Morrem de fome no mundo, a cada ano, cerca de 3 milhões de crianças de menos de 5 anos de idade. E 820 milhões de pessoas passam fome, num planeta que produz mais de 1,5 quilo de alimento por pessoa e por dia. Cerca de 4 bilhões de pessoas estão reduzidas a um nível de fragilidade econômica que as impede de ter uma vida digna e participar de um convívio social adequado. Falar em "leis econômicas" que justificariam a barbárie não se segura. Milton Friedman diz que as corporações não precisam ter ética, e que *greed is good* (a ganância é boa) apenas justifica a lei do mais forte, a lei da selva e a fragilização da própria economia.

As regras do jogo e os pactos sociais devem ser estabelecidos no sentido de se assegurar uma sociedade economicamente viável, socialmente justa e ambientalmente sustentável, o chamado *triple bottom-line*, que define os rumos. Detalhado em diversas épocas como Nosso Futuro Comum, Metas do Milênio ou Objetivos do Desenvolvimento Sustentável (Agenda 2030), esse triplo objetivo econômico, social e ambiental constitui a base sobre a qual devem ser desenhadas as regras do jogo que nos viabilizem como humanidade e planeta. Preconizar a liberdade é essencial, mas liberdade sem ética, com atores sociais muito desiguais, leva-nos às tragédias que hoje constatamos. A ausência ou fragilidade das regras gera o caos.

Os objetivos econômicos, sociais e ambientais não podem ser dissociados dos mecanismos de gestão. A própria democracia política não funciona se não houver uma razoável democracia econômica. Hoje, as corporações se apropriaram dos mecanismos de concorrência, dos processos políticos, e criaram, inclusive, sistemas jurídicos paralelos. A comunicação social e o tão vital acesso à informação são hoje controlados por corporações de formação de opinião pública. O poder corporativo, hoje dominando não só o espaço econômico, como o espaço político, o judiciário, os meios de comunicação, bem como o acesso à manipulação individualizada de pessoas por meio de algoritmos, transformou o processo decisório da sociedade. Uma sociedade que funcione precisa resgatar o equilíbrio entre o Estado, as empresas e a sociedade civil, tripé básico da gestão, tão importante quanto o tripé de objetivos. As privatizações, que consistem na apropriação privada de bens públicos, apenas aprofundam o desequilíbrio. O poder descontrolado de interesses corporativos desarticula o sistema. A busca de maximização individual de vantagens, numa sociedade desigual, leva à barbárie.

As absurdas simplificações das teorias econômicas herdadas, baseadas num personagem fictício que buscaria racionalmente a maximização de vantagens individuais, divorciaram a economia dos objetivos de melhoria do bem-estar da sociedade. O vale-tudo, baseado na liberdade de qualquer pessoa, grupo ou corporação que se apropriam do que possam conseguir, conquanto estejam dentro da lei, deforma os valores básicos do convívio social, ao transformar a capacidade de arrancar mais riqueza em critério social de sucesso. O sistema de valores que reconhecia quem contribui para a sociedade — pensem num Louis Pasteur ou nos simples trabalhadores produtivos — passou a glorificar quem dela consegue extrair um pedaço maior. A inteligência social deu lugar à esperteza individual ou corporativa. A economia precisa voltar a olhar o ser humano como realmente é, com o seu potencial de imensas contribuições, dotado de capacidades éticas e também passível de se tornar um agente de desgraças. A economia precisa voltar a ser organizada em função do ser humano realmente existente. De certa forma, precisa se humanizar e resgatar a proporcionalidade entre o que os agentes econômicos contribuem para a sociedade e o que dela extraem.

Um princípio ético básico é que todos devem ter acesso ao necessário. O PIB mundial de 2022 está em US$90 trilhões, para uma população de cerca de 8 bilhões de pessoas, o que significa que produzimos, como ordem de grandeza, R$20 mil de bens e serviços por mês e por família de quatro pessoas. O que produzimos no mundo permite assegurar, com uma moderada redução da desigualdade, vida digna e confortável para todos. O equivalente para o Brasil, com um PIB de R$8,7 trilhões e uma população de 214 milhões, seria de R$13 mil. Nosso desafio não é produzir mais, mas distribuir de maneira equilibrada. Não é um problema econômico, é um problema de organização social e política, de regras do jogo. Na essência, é um problema de poder. Geramos um círculo vicioso destrutivo em que as grandes fortunas adquirem o poder de legalizar procedimentos que geram mais capacidade de concentrar fortunas. A legalidade passa a ser divorciada da legitimidade. A economia se torna sistemicamente disfuncional.

A lógica básica do sistema capitalista se deslocou em profundidade. O empresário tradicional, corretamente denunciado por Marx por explorar os trabalhadores, pelo menos produzia bens e serviços úteis para a sociedade, gerava empregos e pagava impostos. O sistema financeiro fomentava a dinâmica ao canalizar as poupanças para financiar o consumo das famílias e os investimentos produtivos. Os impostos gerados permitiam financiar o funcionamento do Estado e, em particular, das infraestruturas, que melhoram a produtividade das empresas, e as políticas sociais, que asseguravam, com o Estado de bem-estar, o acesso aos bens de consumo coletivo como saúde, educação, segurança e semelhantes. O sistema, na sua fase de economia de bem-estar, apesar das tensões, funcionava.

Com a financeirização, as políticas de moeda e crédito se transformaram em mecanismos de apropriação do excedente produzido pela sociedade. O dinheiro impresso pelos governos representa menos de 10% da liquidez em circulação, é hoje essencialmente emitido por bancos sob forma de sinais magnéticos. A apropriação corporativa das políticas de moeda e crédito e a facilidade de manejo da moeda imaterial aumentaram de forma exponencial a apropriação do excedente por meio do endividamento das famílias, das empresas e dos Estados. O rentismo dos grupos financeiros se tornou um poderoso mecanismo de apropriação do produto social por agentes improdutivos.

Por sua vez, a separação entre quem administra a empresa e os acionistas que são proprietários — detentores de ações e de diversos tipos de papéis que trocam diariamente de dono, segundo as flutuações dos mercados — colocou no centro do processo decisório empresarial o objetivo de maximizar o rendimento dos acionistas, deixando para segundo plano os interesses ambientais, sociais e, inclusive, da expansão da própria empresa. Maximizar o rendimento das ações em geral significa também aumentar a remuneração e os bônus dos próprios administradores. O lucro produtivo passa a ser substituído pelo rentismo financeiro.

O impressionante travamento econômico planetário numa época de expansão muito acelerada de tecnologias, que melhoram a produtividade, resulta dessa apropriação do excedente por agentes econômicos não produtivos, tanto pelos mecanismos do endividamento como pelos dividendos pagos aos acionistas. É o que tem sido qualificado de processo de financeirização, que gera, por sua vez, o capitalismo extrativo (extractive capitalism). Ao se referir à dominação do sistema financeiro sobre os processos produtivos, os americanos comentam que hoje "o rabo abana o cachorro". O neoliberalismo constitui, nas palavras de Joseph Stiglitz, um rotundo fracasso.

Os caminhos são conhecidos, bastando olhar as experiências e os potenciais das novas tecnologias que funcionaram. Ao orientar os recursos para a base da sociedade, dinamiza-se o consumo das famílias, o que estimula as atividades empresariais, que trabalham no Brasil com capacidade ociosa de 30%, justamente por falta de demanda e por juros excessivos. O aumento do consumo das famílias gera receita para o Estado (40%, por imposto sobre o consumo), e a dinamização das atividades empresariais também (impostos sobre os processos produtivos), resultando em *superavit*. As receitas mais elevadas do Estado permitem financiar as políticas sociais (educação, saúde, segurança etc.) essenciais para o bem-estar das famílias e das infraestruturas, que melhoram as atividades das empresas. Nesse ciclo virtuoso, as contas fecham.

Não há nada de utópico aqui em termos de teoria econômica, e o sistema funciona em numerosos países, com sistema tão diferentes, como Canadá, China, Coreia do Sul ou Vietnã. A economia que funciona é a que organiza os seus recursos financeiros, tecnológicos, administrativos e, em particular, a sua mão de obra em função do bem-estar da sociedade. A ilusão do neoliberalismo, do Estado mínimo, da privatização, do *deficit* público e do merecimento dos rentistas financeiros é apenas isso: uma ilusão. Ou melhor, uma farsa.

A farsa da empresa perfeita

Falando em farsa, por que não incluir nessa lista muitas empresas que desenham seus propósitos, missões, visões e valores para um mundo ideal e maravilhoso, enquanto colocam em prática exatamente o oposto em suas relações com os mais diversos públicos?

Rankings de melhor isso e melhor aquilo, de mais ética, sustentável, melhor reputação, melhor lugar para se trabalhar, sem contar os *dream teams*, que fazem tudo acontecer em tempo e a contento, os "líderes sobre-humanos" nascidos para entender melhor os desejos de todos (consumidores, colaboradores, fornecedores, investidores...), os "escritórios lúdicos", que parecem parques de diversão para as pessoas se divertirem enquanto "dão o melhor de si", as "campanhas fabulosas", que mostram a estética do sempre feliz e engraçado, e mais: as "negociações faraônicas", em que tudo funciona e se resolve facilmente e de forma colaborativa. Será?

Muitas empresas projetam imagens de "visão do todo e consciência da interdependência" em suas campanhas, aparições na imprensa e em eventos usando o "marketing 360" (o que "dá conta de ver o todo" apesar de muitas vezes ser um "combinadinho" de padrões gráficos e textos coerentes entre si). Mostram, por fragmentos de informações e de imagens, que estão preocupadas com toda a cadeia produtiva, com todos os públicos envolvidos, com todas as dimensões que são estratégicas para "um mundo melhor". E criam ilusões sistêmicas utópicas com base em justificativas e prestação de contas de seus bastidores para reforço de imagem e criação de uma percepção no mercado:

- Reforçam a origem de seus insumos e matérias-primas, qualificando os processos de **compra** (protegem a natureza, aplicam o *fair trade*, valorizam pequenos produtores...).
- Detalham o sistema de **produção**, valorizando processos e equipamentos (utilizam tecnologia para evitar desperdícios, economizam energia, tratam os resíduos...).
- Explicitam suas operações **logísticas**, divulgando as estratégias de distribuição (neutralizam carbono, reduzem cubagem, cuidam dos motoristas...).

- Comunicam suas políticas de **contratação** de equipes, mostrando a transparência (publicando campanhas nas redes sociais e em anúncios, conquistando e expondo selos e certificações de locais-referência para se trabalhar...)
- Abrem seus **resultados**, reforçando a questão da transparência (têm conselhos internos de ética, aplicam regras de *compliance*, são auditadas por consultorias renomadas...), entre tantas outras possibilidades e, assim, estruturam uma imagem de que tudo parece estar integrado, bem resolvido, sistemicamente impecável.

Quem vê pensa! E quem pensa sabe que, sem contextos, sem visão integral e atuação sistêmica e sem considerar a complexidade de todas as coisas, isso não é bem assim.

Ao invés de uma utopia, cria-se uma distopia.

Fique ligado — Blá-blá-blá corporativo

Quais empresas você conhece que divulgam suas histórias como sendo:
- bem resolvidas nas suas relações com stakeholders;
- sustentáveis nas relações de produção;
- ecologicamente corretas nas relações com o ambiente;
- socialmente respeitosas e inclusivas nas relações com colaboradores;
- responsáveis e conscientes nas relações com o mundo;
- éticas e bem reputadas nas relações de negócios;

Em suma, entre tantos outros atributos, positivas, perfeitas e impecáveis nas relações comunicacionais e mercadológicas?

Será que essas empresas realmente são assim ou apenas se apresentam assim?

Como fazer para chegar a um consenso mais preciso entre:
- o que a empresa diz que é;
- o que o mercado considera que a empresa é;
- o que a opinião pública percebe que é?

> **Tudo está ligado a tudo** ▶ Sobre utopias e distopias

*O que é demasiadamente bom para ser verdade é utópico;
o que é demasiadamente mau é distópico.*
— John Stuart Mill

- **Utopia** vem do grego ou (nenhum) e topos (lugar): não lugar; não está em nenhum lugar.

  Utopia significa etimologicamente não lugar — embora alguns prefiram entender o U inicial como um eu grego e, portanto, leiam como bom ou ótimo lugar, outros ainda consideravam que, ao cunhar o neologismo, Thomas More (em seu Libellus vere aureus, nec minus salutares quam festivus de optimo rei publicae statu, deque insula Utopia, de 1516, onde descreve um estado ideal) queria justamente jogar com essa ambiguidade, dado que toma como modelo positivo um país inexistente.

  De fato, outras sociedades ideais já haviam sido preconizadas — por Platão, por exemplo, em A República e As Leis —, mas é com More que surge a descrição deste não lugar: da ilha, de suas cidades e edifícios.

  E outros lugares utópicos serão descritos, por exemplo em A Cidade do Sol, de Tommaso de Campanella (1602), ou em Nova Atlântida, de Francis Bacon (1627).

  A literatura política, assim como aquela que chamaremos de ficção científica, é pródiga em descrições de civilizações ideais, e poderíamos citar História dos Impérios do Sol e da Lua, de Cyrano de Bergerac (1649, 1662), a República de Oceana, de James Harrington (1656), História dos Sevarambes, de Varaisse (1675), A terra austral conhecida, de Foigny (1676), A República dos Filósofos ou A História dos Ajaoiani, de Fontenelle (1768), A descoberta austral feita por um homem voador, de Restif de la Bretonne (1781), a sociedade calma e racional dos houyhnhnms, em As Viagens de Gulliver, de Jonathan Swift (1726), as obras de Henri de Saint-Simon e Charles Fourier que, em oposição à sociedade capitalista da época propunham um socialismo utópico (...), Viagem a Icária, de Étienne Cabet (1840), Erewhon, de Samuel Butler (1872) cujo nome é um anagrama de Nowhere (lugar nenhum), e News From Nowhere, de William Morris (1891).

  ▷

> *(...) Nem sempre é tão atraente viver nas sociedades preconizadas pelas utopias, pois algumas parecem ditaduras que impõem a felicidade ao preço da liberdade de seus cidadãos.*[5]
>
> — Umberto Eco

- **Distopia** vem do grego *dis* (separação, negação) e topos (lugar): é uma distorção ou inversão dos valores utópicos como algo negativo, que surge quando reconhecemos algo de sombrio e pessimista nas situações cotidianas da realidade:

> *Mas a utopia assumiu algumas vezes a forma de distopia, que cria sociedades negativas como acontecia em Mundus Alter, de Hall (1607), e no século passado, em 1894, de George Orwell, R.U.R., de Karel Capek, Admirável Mundo Novo, de Aldous Huxley, A Sétima Vítima, de Robert Sheckley, Farenheight 451, de Ray Bradbury, O Caçador de Androides, de Philip K. Dick (que deu origem ao filme Blade Runner, de Ridley Scott, nem mais famoso), sem falar em outros filmes célebres, como Metropolis, de Fritz Lang, ou O Planeta dos Macacos, de Franklin Schaffner.*[6]
>
> — Umberto Eco

Um exemplo de distopia contemporânea é a série *Black Mirror*, que mostra o lado negro das telas tecnológicas que nos espelham, espionam, perseguem, julgam e controlam como um espelho escuro.

Mais recentemente, o pensador da "modernidade líquida" Zygmunt Bauman cunhou o conceito de **retrotopia**,[7] contrapondo a busca incessante de um mundo melhor no futuro com uma recuperação nostálgica de ideias do passado.

Esse conceito está alicerçado na confiança do passado mitificado e garantido ("foi melhor e era melhor assim") *versus* a desconfiança da esperança vazia sem garantias ("quem me garante que será melhor?").

Desafio para você: o que esperar de melhorias na desigualdade social, no desemprego, na fome, na precariedade da saúde e na educação?

Modelos utópicos e a inteligência coletiva: a visão sistêmica ideal 199

Ligue os pontos: Construções utópicas e simbólicas

Portal para perspectivas mágicas

O Arqueômetro

O Instrumento do saber universal patenteado por Alexandre Saint-Yves d'Alveydre (1842-1909), é a chave mágica para todas as religiões e ciências do passado, e um bom modelo de simbologia para a visão sistêmica do presente e do futuro.

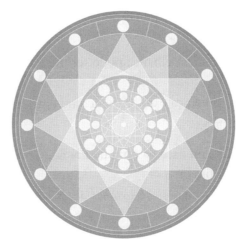

Como construir e dimensionar um portal todo interconectado para as suas perspectivas mágicas?

A cidade integrada, planejada e utópica

Palmanova

A cidade ideal e lendária, geométrica e conceitualmente poderosa, retratada na obra de Umberto Eco (*Histórias das Terras e Lugares Lendários*, 2013), é uma boa inspiração para repensar as formas de viver e colaborar.

Se a cidade fosse sua, como você organizaria os diferentes públicos que conviverão?

City tour pelas utopias

Para você estabelecer um comparativo, especialmente com o mundo corporativo, vale conhecer algumas das mais famosas construções imaginárias da história. Estas referências foram selecionadas, entre outras, da obra Dicionário de Lugares Imaginários, de Alberto Manguel e Giani Guadalupi, que lista, em forma de guia de viagem, centenas de localidades utópicas registradas na literatura universal.

Lembre-se: qualquer semelhança pode ser mera coincidência.

— Alusões à fartura, à bonança e ao prazer, como em:

- ATLÂNTIDA[8]

    (descritivo com base na obra de Platão, *Crítias*, século 4 a.C., entre outras obras.)

    Vasto continente que submergiu nas águas do Atlântico por volta do ano 9560 a.C.
    (...) Sua tecnologia é altamente avançada. Os cientistas atlantes descobriram meios químicos de produzir vinho, café, chá e farinha com as mesmas características das substâncias naturais. Conseguiram também preservar sua história e suas tradições projetando imagens mentais numa tela, que podem ser vistas como um filme.

- COCAIGNE[9]

    (descritivo com base na obra de James Branch Cabell, *Jurgen. A comedy of Justice*, Nova York, 1919)

    Ilha situada adiante de Sargyll, reino de Anaitis, conhecida também como Dama do Lago, suposta filha do sol e parente da lua. Há somente uma lei neste reino insular: "Faze o que parece bom para ti". Nada muda jamais em Cocaigne e a vida é um fluxo incessante de prazeres curiosos. Não há arrependimento. As árvores estão sempre florescendo e os pássaros cantam um coro perpétuo. Diz a lenda que o tempo adormeceu na ilha na hora mais agradável do dia e na estação mais prazerosa do ano (...).

- COCANHA[10]

    (descritivo com base na obra anônima *Le Dit de Cocagne*, século 13.)

    País de localização desconhecida famoso por sua comida requintada, que não é cozida, mas cresce como flores. Doces e chocolates nascem na borda das florestas, pombos assados voam pelo ar, vinho perfumado jorra de fontes e bolinhos chovem no céu. (...) Os habitantes gozam de uma espécie de imortalidade porque desconhecem a guerra e, além disso, quando atingem a idade de 50 anos, voltam aos 10 anos de idade. Servem-nos numa tropa de silfos, gnomos e ninfas aquáticas.

— Reflexões sobre o valor da vida e o sentido das atitudes, como:

- DIGITÓPOLIS[11]

  (descritivo com base na obra de Norton Juster, *The phantom tollbooth*, Londres, 1962.)

  Pequena cidade governada pelo Matemágico, no norte do reino da Sabedoria. O principal recurso do país é a produção de números, extraídos de minas e depois polidos e exportados para o resto do mundo. Os números quebrados acidentalmente são usados como frações. As minas também produzem uma grande quantidade de pedras preciosas, mas elas não têm valor em Digitópolis. É famosa a escada que dizem levar à terra do infinito, onde são conservados o maior e o menor, o mais longo e o mais curto, o mais e o menos de tudo. Infinito é um lugar pobre, pois seus habitantes não conseguem juntar as pontas da receita e da despesa.
  Há várias maneiras de visitar: apagar tudo e começar de novo, tomar a menor distância entre dois pontos, traçar uma linha entre eles e caminhar por ela ou multiplicar-se para estar em vários lugares ao mesmo tempo.

- ELDORADO[12]

  (descritivo com base na obra de Paul Alpérine, *L'Ile des Vierges Rouges*, Paris, 1936; entre outras obras desde 1595.)

  Reino situado em algum lugar entre o Amazonas e o Peru. Apesar de todas as suas riquezas, os habitantes do reino não são cobiçosos e consideram seu tesouro supérfluo. O ouro, usado apenas para embelezar palácios e templos, é considerado inferior à comida e à bebida.
  A religião de El Dorado concentra-se no culto ao Criador do Universo, a quem agradecem toda a sua bondade. Aos Seus Olhos, o rei e seu povo são iguais, pois a morte é a mesma para todos.

- MUNDO VERDADEIRO[13]

  (descritivo com base na obra de Pierre Carlet de Chamblain de Marivaux, *Voyage au Monde Vrai*, em *Le cabinet du philosophe*, Paris, 1734.)

  País de localização desconhecida, onde nada pode ser dito ou feito que não seja verdade. Ao chegar, o visitante descobre que cada uma de suas ações deve corresponder a um código rigoroso de cortesia e boas maneiras e que

> *toda promessa deve, mais cedo ou mais tarde, ser cumprida. Se ele se permite jogar um simples pedaço de papel nas ruas impecáveis do Mundo Verdadeiro, verá que o papelzinho volta imediatamente para o seu bolso, o que é desagradável e desestimula os habitantes a ter cães. Cada golpe se volta contra quem o desferiu e cada insulto é sentido como um golpe por quem o profere. Os visitantes podem continuar com suas ocupações cotidianas, mas logo elas se tornarão insuportavelmente manchadas pela hipocrisia social, sentimentos inconfessáveis e outras formas de embuste.*
>
> *As amizades, associações, parcerias e casamentos não sobrevivem por muito tempo no Mundo Verdadeiro e poucos viajantes conseguem voltar e vestir a pele do papel que representavam.*

— Descrições fantásticas de sistemas que continuam sendo modelos sociais e econômicos e que, somadas, poderiam compor o desejado "mundo melhor", como:

- TERRA LIVRE[14]

    (descritivo com base na obra de Dr. Theodor Hertzka, *Freiland*, Leipzig, 1890.)

    Grande país da África oriental que se estende do Quênia e da cadeia do Kilimanjaro para oeste até as fronteiras das colônias europeias no centro e o oeste da África. É um Estado Independente e tem suas origens em uma colônia estabelecida pela Sociedade Livre Internacional, fundada na Europa no final do século XIX com o objetivo de criar uma nação baseada na liberdade perfeita e na justiça econômica, uma sociedade que garantira o direito sem restrições de cada indivíduo controlar suas próprias ações e que asseguraria para o trabalhador o gozo pleno e irrestrito dos frutos de seu trabalho.

    A prosperidade de Terra Livre baseia-se inteiramente em sua filosofia econômica. Os meios de produção são de propriedade coletiva e seu uso depende exclusivamente da capacidade e indústria de cada cidadão. O único objetivo da economia é a satisfação das necessidades reais, o que significa que não há produção excedente e nenhuma competição destrutiva por mercados. A produção cresce necessariamente com o aumento do consumo e todo o sistema testemunha a solidariedade dos interesses econômicos da sociedade como um todo.

    A vida em Terra Livre é extremamente confortável; todas as casas são artificialmente refrescadas e levemente ozonizadas. Toda a limpeza doméstica é feita por máquinas. Alimentos e serviços são oferecidos por associações comunitárias, liberando assim o indivíduo de uma ampla gama de tarefas e obrigações domésticas. As artes florescem, graças a um sistema nacional de bibliotecas que funcionam também como cafés e locais de encontro geral. A venda de livros e revistas é espantosamente alta, fazendo do país um dos poucos lugares em que o artista criativo tem a sobrevivência garantida. As doenças foram reduzidas consideravelmente e o atendimento médico é feito por médicos especializados, empregados pelo Estado. Não é um comunista; ao contrário, dedica-se ao individualismo, no verdadeiro sentido da palavra. Não se impõe a igualdade absoluta ao povo e o comunalismo assegura o florescimento dos talentos e interesses individuais, em vez da característica niveladora das sociedades comunistas.

- ## COOPERATIVA[15]

    (descritivo com base na obra de Bradford Peck, *The World, a department store: A story of live under the cooperative system*, Londres, 1900.)

    Cidade no Maine, Estados Unidos, fundada pela Associação Cooperativa da América, organização criada em 1901 com o objetivo declarado de fazer do século a era cristã em que seria finalmente possível fazer "Tua vontade assim na Terra como no Céu". Foi fundada por um empresário. Sua primeira compra foi uma casa de fazenda, convertida em um restaurante com instalações sociais e artísticas para seus membros. Os planos da Cidade Cooperativa foram publicados na revista O Mundo, uma loja de departamentos, que descreveu como um sistema cooperativo poderia transformar os males da sociedade industrial do século XIX e transformar a vida cotidiana em um céu na terra.

    A vida baseia-se no uso de cupons-cheques que substituem o dinheiro. Os depósitos são feitos na conta do membro conforme a avaliação da contribuição para a associação, representando assim sua vida e seu trabalho. Esses cupons são usados em todos os tipos de transações, acabando com os empréstimos, as especulações e a bolsa de valores. Dessa forma, muita gente ficou livre para fazer um trabalho mais produtivo. Cada ser humano é considerado um investimento e contas no valor de 120 dólares são abertas pela Associação para todas as crianças nascidas na cidade. A quantidade depositada a cada ano aumenta à medida que a criança cresce e créditos extras são concedidos por méritos escolares. Nenhum membro tem menos de 1.500 dólares por ano. A quantia não retirada não rende juros.

    O sistema cooperativo aboliu o desemprego. De acordo com o princípio de que "ninguém come se não trabalhar", a única forma de caridade conhecida é a criação de emprego.

    A cidade e a associação são governadas por um Conselho Executivo e seus vários departamentos. As pessoas não passam a vida no mesmo emprego, mas mudam de ocupação com frequência a fim de testar e desenvolver suas capacidades. Não há intermediários. (...) Não há mais excedente ou produção desnecessária.

    (...)

    A educação e a saúde estão sob o controle geral do departamento de educação. As drogarias e os remédios patenteados desapareceram. Todos os cidadãos passam por exames médicos periódicos e recebem tratamento adequado. Em caso de nervosismo, ganham férias. A saúde é constantemente supervisionada na escola, que estimula os exercícios físicos e o esporte. Estimula-se a competição para promover a excelência.

- UTOPIA[16]

(descritivo com base na obra de Sir Thomas More, *Utopia*, Londres, 1515.)

Ilha situada a pouco menos de 25 quilômetros da costa americana, originalmente ligada ao continente por um istmo e conhecida pelo nome de Sansculottia. O nome atual vem de Utopos, um de seus primeiros governantes, cuja primeira medida ao assumir o país foi abrir um canal no istmo, transformando Utopia em uma ilha.

Consta que a cidade foi projetada pelo próprio Utopos. As casas são alugadas por sorteio e redistribuídas a cada 10 anos. Os cidadãos sentem muito orgulho de seus jardins, onde plantam frutas e videiras, além de flores. São todos jardineiros eméritos, em parte porque simplesmente gostam de jardinagem, em parte porque participam de competições de melhor jardim da rua.

No campo encontram-se, a intervalos regulares, casas que proporcionam tudo o que é necessário para cultivar a terra. Todos os anos, 20 camponeses são substituídos por 20 citadinos, que são treinados pelos que ficaram.

Além da agricultura, todos os utopianos aprendem desde cedo uma ocupação especial: tecelagem, fiação, alvenaria, ferraria ou carpintaria. (...) O trabalho é a base da sociedade utópica: homens e mulheres trabalham e, numa cidade média, menos de 500 pessoas estão isentas do trabalho por razões especiais. Tendo em vista a potência da força de trabalho e a concentração em atividades úteis, não surpreende que Utopia seja tão próspera. A produção também é cuidadosamente planejada. As necessidades de alimentos, por exemplo, são calculadas com precisão pelas autoridades locais, embora cada um costume produzir mais que o necessário para poder ajudar os vizinhos. Graças à eficiência da economia, foi possível reduzir a jornada de trabalho para seis horas, sem que ocorresse escassez de bens e serviços essenciais.

É uma república em que não há propriedade privada e todos assumem seriamente a sua responsabilidade perante a comunidade. Ninguém é rico, mas não há pobreza e ninguém corre o risco de ficar sem alguma coisa essencial. A abolição da propriedade privada e do dinheiro acabou com a paixão por posses e ganância, o que levou ao desaparecimento de todos os crimes e abusos ligados ao desejo de enriquecer e ser superior.

É uma das poucas nações do mundo a não ver nada de glorioso na guerra e considerá-la uma atividade mais apropriada para animais do que para seres humanos.

Um dos princípios mais antigos da constituição utópica é a tolerância religiosa e várias crenças coexistem em paz. Algumas pessoas adoram a Lua, o Sol e outros corpos celestes, enquanto outras consideram algum grande homem do passado seu deus supremo.

A maioria da população concorda que existe um único poder divino que está além da compreensão humana, difuso pelo universo, não como uma substância física, mas como uma força ativa.

> *O dever de cada ser humano é tornar sua passagem pela vida tão confortável e feliz quanto possível e ajudar os outros a fazer o mesmo. Os prazeres reais tanto mentais quanto físicos, são altamente valorizados. Entre os prazeres mentais está a satisfação de compreender algo ou contemplar a verdade. Os prazeres físicos são subdivididos em suas categorias: os que dão ao corpo todo uma sensação consciente de satisfação, como a descarga de algum excesso ou liberação de tensão, e os que agem de maneira misteriosa sobre os sentidos, do modo como uma música monopoliza os interesses dos sentidos sem uma verdadeira necessidade orgânica. Esses prazerem dependem de boa saúde, que é ativamente estimulada em Utopia.*
> *A sociedade utópica é altamente desenvolvida e sofisticada. Mediante o uso habilidoso da ciência, uma ilha naturalmente árida foi transformada numa terra rica e fértil. As ciências naturais, a precisão do tempo e a astronomia são muito desenvolvidas.*
> *O povo é hospitaleiro e acolhe de braços abertos os poucos viajantes que chegam às suas praias.*

— Experimentos reais e atuais de cidades-comunidades sem dinheiro (ou utopias incertas, ou ecoexperimentações criativas, como querem alguns), como:

- AUROVILLE
  > *Próximo a Pondicherry no sul da índia está Auroville, uma cidade experimental dedicada aos ensinamentos do filósofo místico Sri Aurobindo. Com 20 km2, foi fundada em 1968 pela colaboradora espiritual de Aurobindo, Mirra Alfassa. Também conhecido como "The Mother" (a mãe), ela viu Auroville como um local "onde homens de todos os países se sentiriam em casa".[16]*

Esta matéria de 2017 para o jornal *El País* refere-se a Auroville como "a cidade onde se vive sem dinheiro" e como um "utópico assentamento na Índia" que "é hoje para muitos um perfeito experimento de convivência e, para outros, um lugar inseguro transformado em parque temático de turistas". O descritivo não perde em nada para muitos dicionários de lugares utópicos e de obras de ficção.

> *Uma sociedade sem polícia, na qual não se usa dinheiro, não existem as religiões e cada um contribui com sua habilidade para a comunidade. Estes eram os pilares sobre os quais em 1968 se instalou na costa de Tamil Nadu (Índia) um grupo de pessoas dispostas a levar adiante sua própria utopia, uma cidade experimental. Eram pessoas livres, cujas vidas seriam regidas por doces virtudes: igualdade, generosidade, receptividade, perseverança, humildade,*

sinceridade, gratidão, elevação, coragem, bondade, paz e progresso. Ela foi chamada de Auroville e está a ponto de completar 50 anos, em fevereiro do próximo ano, ainda longe de alcançar o ideal com o qual nasceu.

O objetivo inicial era construir uma cidade para 50.000 pessoas, embora atualmente seus moradores sejam 6.000, de 36 nacionalidades diferentes, a metade deles indianos. Somente 2.700 têm direito a voto. Os habitantes afirmam que o lugar conseguiu ser autossuficiente graças ao turismo, à exportação de alimentos e produtos artesanais, bem como à adoção de seus projetos de música e arquitetura no exterior.

A isso se deve acrescentar uma extensa lista de apoios internacionais ao longo de sua história, entre os quais a Comissão Europeia e o Governo de Navarra, a UNESCO e o Governo indiano, que lhes proporciona subvenção anual, segundo documentos mostrados pelos membros da comunidade.

Auroville foi fundada como uma meca do modo de vida alternativo. Nas escolas se ensina o que o aluno quiser aprender na semana, tudo o que se consome é orgânico, não se vende álcool, conta com uma das maiores cozinhas com energia solar do mundo, tudo é gratuito (desde a lavanderia e creche até os cursos de filosofia e massagens)... As decisões são tomadas de modo consensual por meio de três órgãos de participação da comunidade.

A cidade não tem ruas asfaltadas e a arquitetura se organiza em torno de um grande templo central destinado à meditação (Matrimandir). Entre os moradores há um certo ar de culto aos fundadores, Sri Aurobindo e Mirra Alfassa. Referem-se a ela como "a mãe" e em todas as casas há fotografias e livros escritos por ambos.

Todos os anos são aceitas 120 pessoas, incluindo membros da casta dos dalits, condenados desde o nascimento a viver repudiados pela sociedade. Quando os habitantes morrem, são levados a um velório chamado "Farewell" (despedida), onde o cadáver fica em uma urna de vidro até que comece a se decompor. Só então a alma está preparada para ir embora, dizem.

A liberdade que os caracteriza e da qual se vangloriam é precisamente a fonte de seus problemas. Por não ter querido todos esses anos delimitar concretamente as fronteiras, dezenas de restaurantes, centros de ioga e outros negócios fazem uso do nome Auroville para enganar os turistas. Seus habitantes estão tentando resolver esse assunto por via judicial.

Fique ligado — Certezas absolutas

Aplicando o pensamento multidimensional, fica mais visual a percepção das "armadilhas conceituais", às quais as pessoas se prendem quando julgam ou avaliam uma empresa, um líder, uma organização social, uma startup, entre tantas outras modelagens de sistemas que interferem na economia.

Em grande parte das situações, é mais fácil analisar por um único ponto de vista — o nosso — e, a partir daí, tecer toda uma teia de estruturas que confirmam o que queremos que seja, o nosso modelo ideal para a percepção que queremos ter de determinada situação.

Mas, quando se adquire a consciência de que não é bem assim, pois não é tão simples, fica mais evidente o uso do mecanismo do mundo ideal.

Antes de conjecturar e formatar as certezas absolutas desse mundo e antes de emitir uma opinião e gerar uma recomendação sobre o que seria ideal para alguém ou para algum modelo de negócio — isso vale para todos, na sociedade e no mercado, mas principalmente para quem é líder, consultor, mentor, inspirador, professor... —, pergunte-se:

A sua opinião e/ou recomendação considera o que é ideal e o que é melhor:

- para quem? (De onde parte o "ponto de vista"?);
- com qual base comparativa? (O que é hoje e como será no modelo ideal/ melhor?);
- em que contexto? (Qual a situação de sociedade e de mundo atual?);
- com quais fundamentos? (Quais valores e princípios respeitados?);
- para quais objetivos? (Qual a projeção a curto, médio e longo prazo?);
- considerando quais recursos? (Qual previsão de tempo, energia, articulações, dinheiro?);
- a que preço? (Qual a previsão de recursos, energia, talento, articulações, dinheiro?);
- em que tempo? (Qual a velocidade ou a pressa para a viabilização?);
- com quais expectativas e perspectivas? (Quais as projeções almejadas?) ;
- para quais intenções? (Que interesses estão em jogo?);
- beneficiando a quem? (Quais os públicos envolvidos e afetados?);
- prevendo que tipos de desdobramentos? (Qual o alcance e a cobertura?)

▷

> - considerando quais impactos e transformações? (Que mudança em escala acontecerá?);
> - contando com mensuração e avaliação? (Quais os indicadores que comprovem a "melhora"?);
> entre tantos outros questionamentos plausíveis que trazem a proporção da fragilidade que se estrutura em uma tomada de decisão unidimensional.
>
> Definitivamente, não é um processo fácil e rápido de se fazer, mas certamente ajuda a mudar a forma de pensamento de quem vende e de quem compra verdades absolutas, em sua maioria visões particulares ou achismos de como as coisas poderiam ser sem considerar que as coisas não existem isoladamente ou na mente de uma só pessoa: são processos integrados, interligados e interdependentes, multidimensionais.
>
> Assim, as trocas no mundo dos negócios podem levar em consideração o sentido e significado do que se está fazendo como parte de um todo mais complexo, de uma grande rede de interdependências. E os projetos podem ser implementados estabelecendo-se conexões com as melhores parcerias e estratégias sem negligenciar nada, sabendo-se que as relações estabelecidas poderão ser mais consistentes, coerentes e plenas de presença, autenticidade e consciência, o que transforma completamente a gestão dos resultados.

Uma questão de olhar

Para além das múltiplas dimensões "para fora", que interferem na percepção do que se considera "ideal", há ainda as múltiplas dimensões "para dentro", de acordo com o sistema de crenças e valores de cada um; de acordo com pontos de vista e com formas de "olhar".

Em um constante estranhamento, o olhar procura e escava as frestas e brechas das situações; o olhar pensa. E se o olhar pensa, o observador participa da observação, ampliando o espectro do observado tanto para fora (as situações olhadas) como para dentro (as situações imaginadas), de acordo com seus poderes e suas intenções:

- concordando;
- questionando;
- desconsiderando;

- acrescentando;
- inventando;
- recriando;
- e revendo algumas das tantas interações comunicacionais em um panorama de símbolos de múltiplos sentidos onde indivíduos são, na verdade, multivíduos (indivíduos com múltiplas dimensões internas e múltiplas percepções) que trocam e consomem experiências, decodificações, imagens e imaginações em uma velocidade cada vez mais potencializada e randômica.

O logro das aparências, a magia das perspectivas, a opacidade das sombras, os enigmas das falhas, enfim, as vacilações das significações, ou as resistências que encontra a articulação plena da sua totalidade.

— Sérgio Cardoso

Articulando sobre as narrativas do imaginário, o escritor francês Júlio Verne, em sua obra *Paris no Século XX* (1863), estrutura em seus textos o papel do observador **visionário**, que observa no presente o **futuro**, antevendo os fluxos com metáforas sinestésicas e invenções até então inimagináveis. Para o poeta e crítico francês Charles Baudelaire, autor do poema "Sonho Parisiense" (1860), na clássica obra *Flores do Mal*, o observador é **alegórico** e retrata o **presente** do cotidiano moderno com o lirismo e o estranhamento de um conciliador entre o campo e a cidade, o antes e o hoje, diante de uma história arruinada de um mundo em decadência. Em seu discurso, exalta a efemeridade do novo, que gera um processo de eterno retorno refletindo incessantemente imagens que são mercadorias.

Desta fantástica paisagem, que ninguém viu jamais um dia, esta manhã ainda a imagem, vaga e longínqua, me extasia [...]. Havia seixos nunca olhados e vagas mágicas; havia grandes espelhos deslumbrados pelo que ali se refletia!

— Charles Baudelaire

Para o ensaísta e crítico literário alemão W. Benjamin, em *Paris, Capital do Século XIX* (1935), o observador é o *flâneur*, o ocioso burguês que paira por entre as *noveautés* e *specialités* do mercado e busca asilo na multidão, "ora paisagem, ora ninho acolhedor". É também um colecionador de imagens e transfigurador de coisas, para as quais atribui valor afetivo, guardadas cuidadosamente no *interieur* de seu lar, espaço de refúgio de ilusões e de saudosismo do passado em uma realidade que cultua o espaço mercantilizado e despersonalizado das construções e dos homens privados — ilusão superficial ou fantasmagoria onírica.

A preocupação com o *interieur*, assim como a questão do *flâneur*, também estão na obra *O Homem da Multidão*, escrita em 1850 pelo escritor norte-americano Edgar Allan Poe. De forma muito autêntica, ele localiza o seu observador como um investigador inserido na sensação imediata de quem vive na multidão citadina, entre milhares de pessoas desconhecidas e entre os novos signos e informações deste grande fenômeno urbano em permanente construção — a cidade. Seu "homem na multidão" é coprodutor das narrativas do real, na medida em que também faz parte dessa massa, dessa **teia cultural**, que ressignifica os espaços públicos e privados, os povos e suas cidades, as comunidades e suas múltiplas histórias e articulações sociais. Essa inspiração se percebe tanto na obra de Baudelaire como na de Benjamin na abordagem melancólica e alegórica da solidão do anonimato em um panorama fluido sem as antigas pertenças religiosas, políticas e sociais, que cedem espaço para formas contemporâneas de viver em um novo contexto, com novas interferências.

> *De início, minha observação assumiu um aspecto abstrato e generalizante. Olhava os transeuntes em massa e os encarava sob o aspecto de suas relações gregárias. Logo, no entanto, desci aos pormenores e comecei a observar, com minucioso interesse, as inúmeras variedades de figura, traje, ar, porte, semblante e expressão fisionômica. Enquanto eu tentava, durante o breve minuto em que durou esse primeiro exame, analisar o significado que ele sugeria, nasceram, de modo confuso e paradoxal, no meu espírito, as ideias de vasto poder mental, de cautela, de indigência, de avareza, de frieza, de malícia, de ardor sanguinário, de triunfo, de jovialidade, de excessivo terror, de intenso e supremo desespero. Senti-me singularmente exaltado, surpreso, fascinado. "Que extraordinária história", disse a mim mesmo, "não estará escrita naquele peito"!*
>
> — Edgar Allan Poe

O entendimento das diferentes abordagens que o observador pode ter do real, conforme os exemplos citados, é fundamental para a análise contemporânea das práticas de consumo que se estabelecem nas inúmeras relações de troca do mundo dos negócios. Afinal, trata-se de um grande jogo onde todos são observadores e observados, expondo seus próprios sinais e identificando os dos demais, em um processo incessante de mapeamento, identificação, construção e manutenção de redes relacionais que se sobrepõem e interagem entre si e com todo o resto do mundo.

Fique ligado — A empresa ideal

- Como você idealiza a empresa na qual gostaria de trabalhar, liderar, empreender?
- Se essa empresa fosse uma cidade, que tipo de cidade seria?

> **Seria a educação para a consciência social o mais utópico de todos os empreendimentos?**

Educação, consciência e saberes

Sinopse: para os gestores que **fazem de conta** que não estão vendo (entre outros motivos, por interesse, por segurança, por comodidade), para os que veem e não fazem nada (considerando inúmeras outras possibilidades, por desinteresse, por medo, por falta de ética) ou para os que simplesmente não conseguem ver (por exemplo, por falta de preparo, por não ter a visão do todo, por estar alheio), recomendo valores e princípios que podem ser apreendidos para quem estiver aberto a aprender.

Palavras-chave: Conhecimento, Hiperconectividade, Leveza, Rapidez, Multiplicidade, Consistência, Exatidão, Visibilidade, Educação, Ilusão, Condição Humana, Identidade

Hoje concorrem todos contra todos, um contra o outro, até mesmo no interior de uma empresa. Essa concorrência absoluta aumenta tremendamente a produtividade, mas acaba destruindo a solidariedade e o senso cívico.[1]

— Byung-Chul Han

O eterno mundo novo que não é novo

Vivemos em uma sociedade que promove a novidade permanente e que vende essa novidade o tempo todo. Tem mais valor o que é mais novo: novo mundo, novo poder,[2] novos objetivos coletivos, novas formas de fazer negócios, novos modelos de criar, consumir, compartilhar, fundar, produzir, engajar... Novas redes de construção de relacionamentos mais velozes, virtuais, poderosas e descentralizadas, instáveis e imprevisíveis.

Novas formas de medir a reputação:

- Responsabilidade social (apoio a causas, responsabilidade socioambiental, senso de responsabilidade comunitária e cidadania).
- Visão e liderança (observando as oportunidades de mercado, a excelência em liderança, visão clara para o futuro).
- Performance financeira (investimentos de baixo risco, perspectivas de crescimento, lucratividade e lucro social; competitividade diferencial).
- Produtos e serviços (alta qualidade, inovação, novas valorações para o dinheiro, vanguarda).
- Apelo emocional (admiração e respeito, confiança, respeito ao ser humano).
- Ambiente de trabalho (condições justas de trabalho, remuneração adequada, melhores empresas para se trabalhar, bons empregados...).

Novas estruturas de negócios sustentáveis e autossustentáveis para o mercado e para a sociedade, pensando não apenas em ser "a melhor do mundo", mas considerando a possibilidade de se tornar "a melhor para o mundo", com novos modelos em constante aprimoramento de:

- Empresas sociais, cidadãs, Bcorps.
- Negócios sociais, inclusivos, com impacto social.
- Negociações de comércio justo/*fair trade*, microfinanças, moedas sociais.
- Capitalismo de valor compartilhado, criativo, natural, consciente.

- Filantropia corporativa, cultura de doação.[3]
- Investimentos sociais, ESG.
- Lideranças conscientes, transformadoras, humanas.
- Economia solidária, das trocas, *grass roots*, *gift circles*.

Existe até a nova valorização do conhecimento tradicional, associado à identidade de uma comunidade e cujo reconhecimento é de suma importância na preservação de tradições e sabedorias milenares associadas à saúde, segurança alimentar, cultura, religião, identidade, meio ambiente, comércio e desenvolvimento.

Aos poucos, estamos passando da formalização para a informalidade, da representatividade pública para a governança em rede, da competição para a colaboração, da autoridade para a auto-organização, da confidencialidade para a transparência radical, da especialização para a cultura *maker*, da exclusividade para o compartilhamento, das afiliações excludentes de longo prazo às participações interativas de curto prazo.

Fala-se em convergência tecnológica, em hiperconectividade e em tantos novos conceitos, mas existem alguns saberes clássicos que são essenciais para quem quer tratar do "novo nosso de cada dia" de forma mais sistêmica; não são conceitos novos, mas que talvez sejam novos para o mundo dos negócios e da gestão.

Com vocês, um repertório de reflexões sobre as *Seis Propostas para o Próximo Milênio*, de Ítalo Calvino, e os *Sete Saberes para a Educação do Futuro*, de Edgar Morin.

Seis propostas para o próximo milênio e para o mundo dos negócios

Ao contrário, respondo, quem somos nós, quem é cada um de nós senão uma combinatória de experiências, de leituras, de informações? Cada vida é uma enciclopédia, uma biblioteca, um inventário de objetos, uma amostragem de estilos, onde tudo pode ser continuamente remexido e reordenado de todas as maneiras possíveis.

— Ítalo Calvino

O escritor Ítalo Calvino estruturou as suas *Seis Propostas para o Próximo Milênio* para um ciclo de seis conferências[4] na Universidade de Harvard, em Cambridge, Massachussets.

Seu foco foram valores literários que mereciam ser preservados no curso do próximo milênio, mas a força das palavras que representam cada uma das propostas é potente e ultrapassa as fronteiras da literatura para propor uma reflexão leve, veloz, exata, visível, múltipla e consistente sobre as relações sistêmicas que se estabelecem no mundo dos negócios e de que forma podem se tornar mais integradas, produtivas e sustentáveis.

1) Leveza

A leveza para mim está associada à precisão e à determinação, nunca ao que é vago e aleatório.

Todos os sistemas funcionam a partir de seus componentes mínimos, minúsculos, móveis e leves. São invisíveis, mas não podemos desconsiderá-los, pois, entidades sutilíssimas que são, dissolvem tudo em infinitas possibilidades, previsíveis e imprevisíveis: átomos, *bits*, *bytes*... e todos os circuitos de informações que nos rodeiam.

Fique ligado — O peso da leveza

Pensando em ampliar um modelo de negócio, prevendo cada vez mais integração em todos os elos que compõem esse sistema, as informações devem circular leves, ágeis e fluidas, porém com densidade para não perder a sua essência.

Aqui, duas reflexões:

- Não adianta gerar conteúdos pesados que depois não consigam circular de forma ramificada por toda a rede.
- Também não adianta criar algo leve e fluido, que circulará por toda a rede ramificada, mas não levará nenhuma informação relevante.

Recomendações:

- Dosar bem o tipo de informação que deve seguir para cada *target* da cadeia de gerenciamento: adequação é aproximação.
- Multiplicar conteúdo claro, objetivo e adequado em cada etapa da comunicação: maiores as chances de absorção.
- Valorizar os feedbacks de cada elo da cadeia: boas oportunidades de entender melhor os seus sistemas de comunicação.

2) Rapidez

(...) uma sucessão que não implica uma consequencialidade ou uma hierarquia, mas uma rede dentro da qual se podem traçar múltiplos percursos e extrair conclusões multíplices e ramificadas.

É sabido que a velocidade mental não pode ser medida, e que pensar rápido não necessariamente significa chegar a uma conclusão ponderada.

Qual o ritmo que rege os negócios, sabendo que nesse mundo não se perde tempo, pois tempo é dinheiro e dinheiro não tem hora? Qual o sentido de produzir mais e mais, cada vez mais rápido e em escalas exponenciais?

Fique ligado — A profundidade da rapidez

Pensando em soluções de trabalho cada vez mais velozes com novos sistemas, aplicativos, indicadores... lançados a cada dia, qual a solução adequada para o seu negócio crescer no ritmo adequado, considerando todo o circuito — ou jornada, como preferem alguns —, da pré-produção ao pós-consumo?

Atenção: a rapidez de raciocínio da liderança não necessariamente acompanha a rapidez de adesão de suas equipes, seus clientes, seus investidores. Encontrar o ritmo de crescimento é um desafio e tanto.

Recomendações:
- Aderir rápido não significa aderir de acordo com as necessidades do seu negócio: atenção aos modismos das novas tecnologias.
- Antes de sair correndo, é preciso saber para onde é que se está indo: objetivos são norteadores.
- Resultados rápidos podem ser superficiais: qual a profundidade e os impactos de cada tomada de decisão?

3) Exatidão

Há demasiados fios intrincando-se em meu discurso,
Qual deles devo puxar para ter em mãos a conclusão?

Saber o que se quer torna tudo mais eficiente e prático.

Mas é muito difícil ter a precisão, a exatidão para essa certeza, em modelos de gestão que, por essência, partem da diversidade de mentes, de frentes, de atuações. Quanto mais possibilidades, mais complexo fica, pois o infinito é um conceito que corrompe e altera todos os demais.

> *Percebi claramente que minha busca da exatidão se bifurcava em duas direções. De um lado, a redução dos acontecimentos contingentes a esquemas abstratos que permitissem o cálculo e a demonstração de teoremas; de outro, o esforço das palavras para dar conta, com maior precisão possível, do aspecto sensível das coisas.*

Fique ligado — A imprecisão da exatidão

Pensando em eficácia e sustentabilidade, os negócios não se mantêm se não houver afinamento entre os interlocutores, para que todos estejam sintonizados e focados nos mesmos processos e para os mesmos objetivos. Sem esse valioso insumo, pode haver prejuízo na qualidade e na produtividade de qualquer produto ou serviço.

Alerta: considerar sempre o movimento e a mutabilidade de todas as coisas, o tempo todo.

Recomendações:
- Quem não sabe o que procura não percebe quando encontra, pense nisso em toda a sua cadeia produtiva.
- Integrar todos os elos da cadeia significa também integrar finanças com RH (Recursos Humanos) com treinamento com a alta gestão junto à inovação, e assim por diante.
- Estabeleça metas exatas: é mais fácil aferir os resultados depois.

4) Visibilidade

Repertório do potencial, do hipotético, de tudo quanto não é, não foi e talvez não seja, mas que poderia ter sido.

As opiniões são múltiplas, mas a visão — a depender do ponto de vista — pode ser única.

Ver a mesma coisa é compreender os mesmos objetivos, o que só é possível com um repertório comum de significantes, para os quais os significados têm as mesmas funções. Como saber se têm o mesmo sentido para *suppliers*, chão de fábrica, logística, distribuidores, revendedores, consumidores?

> **Fique ligado** — Os pontos de vista da visibilidade
>
> Pensando em tornar visível o que é essencial em um negócio — seus valores, propósitos, dádivas, crenças, rituais, entre tantos outros ativos diferenciais —, é primordial mapear cada um dos públicos e definir um roteiro de comunicação para minimizar a dispersão e os desentendimentos. Todo cuidado é pouco: o custo para corrigir uma mensagem mal comunicada pode colocar um empreendimento em risco.
>
> Recomendações:
> - Ensaio sobre a cegueira: abra os olhos para cada elo da cadeia, são todos consumidores e multiplicadores da marca também.
> - Atenção ao "marketing de soluço": ações pontuais e descontinuadas podem servir para confundir e desmotivar.
> - "Branding de parede" serve para o *board* da matriz ver: é preciso fazê-lo circular por toda a extensão das relações que a empresa estabelece.

5) Multiplicidade

Em torno de cada imagem, escondem-se outras, forma-se um campo de analogias, simetrias e contraposições.

Analogias — pertinentes — da literatura.

Carlo Emilio Gadda reflete que "cada objeto mínimo é visto como o **centro de uma rede de relações** (...) multiplicando os detalhes a ponto de suas descrições e divagações se tornarem infinitas". Para Proust, "a rede que concatena todas as coisas é feita de pontos espaço-temporais ocupados sucessivamente por todos os seres, o que comporta uma multiplicação infinita das dimensões do espaço e de tempo". Jorge Luis Borges fala em uma "rede crescente e vertiginosa de tempos divergentes, convergentes, paralelos".

> **Fique ligado** — A unidade da multiplicidade
>
> Pensando em sincronicidade e complexidade na rede de conexões entre fatos, pessoas e coisas do mundo dos negócios, como falar a mesma língua e se fazer entendido nos mais diversos canais que se relacionam com os mais diferentes públicos também?
> Quem disse que multimídia é multiconsistência?
>
> Recomendações:
> - Estar em várias plataformas não significa multiplicar a essência corporativa adequadamente e se fazer entendido por todos. Comunicação não significa necessariamente compreensão.
> - Antes de multiplicar, reflita se há ganho nessa operação, fortalecendo o posicionamento do negócio como um todo. Qual o custo? E qual o benefício?
> - Tudo junto é diferente de tudo ao mesmo tempo agora.

6) Consistência

Quem somos nós, quem é cada um de nós senão uma combinatória de experiências, de informações, de leituras, de imaginações? Cada vida é uma enciclopédia, uma biblioteca, um inventário de objetos, uma amostragem de estilos em que tudo pode ser continuamente remexido e reordenado de todas as maneiras possíveis.

Tudo está ligado a tudo. Cada detalhe infinitamente mínimo está conectado ao todo e pode influenciá-lo de maneira construtiva ou destrutiva, modificando "a ordem" e a "forma" planejada. Como lidar com isso no dia a dia de trabalho? Existem profissionais capacitados para essa gestão de pequenos detalhes? Quais são as áreas mais estratégicas para isso? Falar é fácil e bonito, e na hora de fazer? Quem consegue? Como consegue? A que preço?

> *Vivemos sob uma chuva ininterrupta de imagens; os média todo-poderosos não fazem outra coisa senão transformar o mundo em imagens, multiplicando-o numa fantasmagoria de jogos de espelhos (...).*
> **Mas talvez a inconsistência não esteja somente na linguagem e nas imagens: está no próprio mundo. O vírus ataca a vida das pessoas e a História das nações torna todas as histórias uniformes, fortuitas, confusas, sem princípio nem fim.**

> **Fique ligado** — A essência da consistência
>
> Pensando em integração e integridade, o que une e fortalece um negócio é ter visão integrada e consistente de todo o sistema, considerando cada um de seus elos e todos os que dele partilham, direta e indiretamente. Para isso, vale a analogia do diamante que, em suas faces cuidadosamente lapidadas, reflete e refrata seu interior e seu exterior, expondo a sua essência e se deixando espelhar pelo ambiente que o cerca também; para além disso, está o olhar de cada um que o observa e admira, com seus pontos de vista, conclusões e ações.
>
> Ninguém disse que é fácil, talvez seja a mais complexa de todas as habilidades.
>
> Recomendações:
> - Ser consistente é realizar o que se planeja, é fazer, e não apenas verbalizar — muitos se confundem aqui: acham que por estar falado e escrito, já está realizado.
> - O sucesso do negócio só existe em conjunto, um elo só não fecha a conta e não se sustenta.
> - O posicionamento se estrutura em cada uma das camadas e dimensões da comunicação integrada: pequenas partes que, integradas, formam uma grande trama complexa.

Os Sete Saberes Necessários à Educação do Futuro nas empresas

Não existe gestão sistêmica sem considerar processos de "educação sistêmica".

Que conhecimento nós perdemos na informação e que sabedoria perdemos no conhecimento? Edgar Morin estruturou o que chama de "Sete Saberes Necessários à Educação do Futuro", demonstrando questões essenciais para o desenvolvimento não só para as escolas, mas para a sociedade e para a cultura. Em uma iniciativa promovida pela UNESCO, em 1999, foi convidado a sistematizar reflexões para se repensar a educação religando a cultura científica e a cultura das humanidades, rompendo a oposição entre cultura e natureza. O foco dessa obra é a educação, mas se entendermos o mercado de trabalho, o campo de atuação das empresas e a economia como um todo, como uma escola em permanente aprendizagem, em busca de sistemas mais sustentáveis e respeitosos para com as pessoas e a natureza, os tópicos se encaixam com perfeição.

Guiadas pelos Sete Saberes de Morin, eis questões estratégicas para aprofundar seu repertório sobre a complexidade e a visão integral, buscando se reinventar no mundo dos negócios.

Erro e ilusão, conhecimento, condição humana, identidade terrena, incerteza, compreensão e ética em uma abordagem questionadora para você rever os seus conceitos.

1) O erro, a ilusão e as cegueiras do conhecimento

O princípio de redução leva naturalmente a restringir o complexo ao simples. Assim, aplica às complexidades vivas e humanas a lógica mecânica e determinista da máquina artificial. Pode também cegar e conduzir a excluir tudo aquilo que não seja quantificável e mensurável, eliminando o elemento humano do humano: paixões, emoções, dores e alegrias. Da mesma maneira, quando se obedece estritamente ao postulado determinista, o princípio de redução oculta o imprevisto, o novo e a invenção.

Será que as empresas estão apenas multiplicando conhecimentos prontos "de mercado", ou estão realmente preparando suas equipes para gerarem conhecimentos próprios, integrados, que façam sentido com seus contextos de negócios e que gerem resultados mais estratégicos e sustentáveis?

Estão sendo considerados prioritariamente fatores que podem ser relevantes de acordo com cada contexto? Por exemplo:

- as características individuais e as habilidades da sua equipe;
- as tecnologias e o ferramental disponíveis internamente;
- o repertório de conhecimento acumulado da empresa;
- as possibilidades de atuação em rede integrando parceiros;
- os recursos financeiros destinados a valorizar o conhecimento como um ativo;

ou estão sendo criadas expectativas de uma equipe ideal, utilizando um repertório de conhecimento inacessível (de fontes externas ou mesmo internas), considerando macro-objetivos genéricos de mercado, sem valorizar as redes de negócios já construídas e sem disponibilizar recursos para valorizar e aprimorar esses ativos?

> **Fique ligado** — Erros e ilusões
>
> Muitos erros e ilusões na gestão de conhecimentos e transformação desses aprendizados em verdadeiros ativos e talvez futuros legados para a empresa são causados por desconhecimento da liderança, que gera um efeito "pedrinha na lagoa" para toda a equipe.
>
> Há o cenário em que o gestor vê e faz alguma coisa. Mas há várias situações em que:
>
> a) o gestor não consegue ver (por exemplo, por falta de preparo, por não ter a visão do todo, por estar alheio);
> b) faz de conta que não está vendo (entre outros motivos, por interesse, por segurança, por comodidade);
> c) vê e não faz nada (considerando inúmeras outras possibilidades, por desinteresse, por medo, por falta de ética).
>
> O que pode ser feito para melhorar essa situação?
>
> O que você pode fazer, como líder, como colaborador, como parceiro para melhorar uma situação como essa?

2) O conhecimento pertinente e seus princípios

Morin aborda o conceito de processos invisíveis que não estão evidentes, pois historicamente sempre foram tratados de forma departamentalizada e especializada, ignorando aspectos como a intercomunicação e a relação com o todo (sistemicidade), que valorizam a percepção do essencial.

Aproveitando suas reflexões sobre a educação e transferindo-as para o âmbito das relações de mercado, estes quatro aspectos do conhecimento processado por uma empresa merecem ser observados e conjugados, pois estão diretamente conectados com os conceitos de responsabilidade e solidariedade (de cada um para consigo, para com seus pares e para com o todo):

- O contexto: saber as informações ou ter os dados isoladamente é uma coisa; conhecer o vínculo que as une, situando-as e trazendo uma direção, um sentido, é outra. Para ser funcional, para ser eficiente, é fundamental localizar-se a partir de um contexto.
- O global: valorizar as inter-relações de cada parte proposta pelo contexto, organizando-as e recompondo-as, é ter a visão do todo, que é diferente das qualidades das partes analisadas separadamente. Não adianta tomar uma decisão considerando partes isoladas

de um problema. Compor e recompor o todo abarca o contexto e considera as especificidades das partes.

- O multidimensional: considerar as múltiplas dimensões de cada inter-relação propõe, por exemplo, relações econômicas, históricas, ecológicas, sociológicas, biológicas, religiosas, psicológicas, políticas, etc., reconhecendo também suas múltiplas interferências no contexto e na visão global.

- O complexo: ter a consciência de que as situações e as circunstâncias estão "tecidas juntas", são altamente interdependentes as partes, as partes entre si e o todo. Os fios estão entrelaçados de forma inseparável, inclusive, em todas as suas dimensões, visíveis ou não. Traduzindo: quer se tenha a percepção da complexidade ou não, ela naturalmente existirá.

Fique ligado — Desafios do global, do local e do glocal

Como as empresas lidam com esses desafios nos âmbitos global e local?

O quanto a empresa é consciente do aspecto "glocal" e o que isso realmente significa nas suas estratégias? Pesquisando o posicionamento de diversas empresas (vale usar os buscadores da web para fazer este exercício), falar sobre atuação é trivial — todo mundo "atua" aqui e acolá —, mas o que isso significa exatamente?

- O que é atuar localmente? É apenas ter a sua sede no local (marcação e território), ou é ter a consciência de atuar efetivamente, de se inter-relacionar, de permear e se deixar permear, de interagir e transformar?
- O que é atuar globalmente? É apenas ter a sua sede em vários lugares do planeta (demonstração de poderio), ou é ter a maturidade e considerar a dimensão dessa atuação — ou melhor, as dimensões sociais, culturais, financeiras, educacionais, econômicas, mercadológicas... dessa participação?
- O que está sendo feito para considerar o contexto no mapeamento de cenários? Com base em que tipo de dados?
- E como a empresa mapeia, ordena e mensura o impacto de suas decisões nas mais diversas dimensões?
- As tomadas de decisões, em sua maioria, partem do fragmentado que desconsidera o todo, do todo que desconsidera o fragmento ou conseguem se harmonizar?
- O que está sendo feito para contextualizar as situações?

3) Condição humana: como ensinar?

O homem da racionalidade é também o da afetividade, do mito e do delírio (demens). O homem do trabalho é também o homem do jogo (ludens). O homem empírico é também o homem imaginário (imaginarius). O homem da economia é também o do consumismo (consumans). O homem prosaico é também o da poesia, isto é, do fervor, da participação, do amor, do êxtase.

E quanto à nossa condição humana situada neste mundo?

Olhando para fora, existe um cosmos, um planeta, uma natureza e uma humanidade que não se conhece por completo, assim como não tem completo domínio do seu entorno. Olhando para dentro, cada um de nós é um cosmos (ou vários!) com características completamente distintas, biológicas e culturais, com órbitas ainda não mapeadas de afetos, desejos, sabedoria e loucura, além de bipolarizações — ou melhor, multipolarizações racionais e irracionais, estáveis e instáveis, alegres e tristes. E para quem parou nos elogiosos tributos ao *Homo sapiens*, ao *Homo faber*, ao *Homo economicus* e ao *Homo prosaicus*, exemplos da eficiência solicitada nos *curricula* para seleção de emprego, vale completar que as pessoas não são só isso. Há vários tipos de inteligência, e muito pouco disso é mapeado.

> **Fique ligado** — Recursos inteligentes
>
> Pensando na gestão de recursos humanos, muitas empresas apresentam fórmulas, algumas lastreadas por rankings de "melhores empresas", para convocar, entrevistar, incluir, treinar, mobilizar, avaliar, premiar... Isso é um fato ou uma estratégia comercial de *employer branding*, aquela comunicação que se faz para encantar os colaboradores?
>
> - Na sua visão, como as empresas lidam com as pessoas?
> - Existem ferramentas para mapear essas múltiplas inteligências? Quais são e o quão difundidas estão? Qual a qualidade dessas ferramentas considerando seus resultados? Servem para agrupar isolando ou para identificar integrando? São utilizadas como uma única solução ou fazem parte de um conjunto de múltiplos pontos de vista para compor uma visão mais ampla e estruturada?

> - O que realmente é valorizado hoje? Quais os valores ou as inteligências que estão "em alta"?
> - Como são estruturados os programas de treinamento? Que impacto um programa desses tem não só na performance de trabalho, mas na performance de vida dessas pessoas?
> - As empresas estão preocupadas em desenvolver as capacidades humanas ou desenvolver seus negócios?
> - Existe alguma empresa que reconhecidamente se preocupe com as pessoas, com a sua formação e com as suas diferenças? Quais?
> - Quais os limites da inclusão? E qual o escopo da diversidade? São apenas as diferenças de gênero, idade, estado civil, raça, saúde e cultura, ou existem práticas para inclusão das diferentes inteligências também?
> - Quando as empresas fazem análises preditivas e usam as chamadas ferramentas de *"people analytics"* de seus colaboradores para testes de personalidade e perfil comportamental, será que isso funciona? Ou melhor, é isso que resolve?

4) Identidade terrena: é possível ensinar?

Todos os seres humanos, confrontados, de agora em diante, com os mesmos problemas de vida e de morte, partilham de um destino comum.

Não vivemos em um sistema global centralizado, organizado e previsível, mas sim em uma estrutura em permanente movimento, mutante e imprevisível, em que todas as pessoas (e toda a natureza) são interligadas e intersolidárias: tudo está conectado a tudo. Mas será que as pessoas estão cientes disso? Será que sabem da existência da simbiosofia, a sabedoria de viver junto com você mesmo e com o mundo? A compreensão do outro requer a consciência da complexidade humana.

Enquanto o sedutor fluxo das incessantes novidades (produtos, serviços, informações, apps...) invade a realidade e nos transporta para mundos paralelos virtuais, a consciência da presença neste momento, neste tempo-espaço, muitas vezes se dispersa, se esvai.

Por isso, antes de falar de negócios, de processos, de resultados, de metas e de performance, qual o sentido de estar aqui, neste planeta? E como adquirir a consciência desse sentido? E quais são as dimensões possíveis que essa consciência pode ter?

Existe um propósito nisso tudo, ou o propósito é apenas comprar, vender, usar, trocar, economizar, gastar, sobreviver?

A verdade é que não existe uma disciplina, uma matéria, uma "cadeira" para esse tipo de conhecimento nas escolas, nas universidades, nas empresas. A escola da vida ensina alguns, outros aprendem por *feeling*, enquanto há quem nem tenha a ciência do que isso significa. E, se é complicado perceber que existe uma dimensão, imagine entender a intersecção e a sobreposição de dimensões como a biológica, a fisiológica, a antropológica, a teológica, a mitológica, a sociológica, a filosófica, a filológica, a psicológica, a pedagógica, a ecológica, a cívica, a econômica, a mercadológica, a tecnológica, a ontológica, a teleológica, a etimológica, a antológica, a escatológica, a analógica, a tecnológica, a lógica, a ilógica... entre tantas outras que estão aí, quer você queira, quer não.

Para um indivíduo, esse processo já é desafiador de se compreender. Imagine para uma empresa, para uma rede de empresas e todos os seus *stakeholders*, com sua interdependência mútua.

> ▶ Tudo está ligado a tudo ▶ Testes e tipos de Inteligência ◀
>
> Um dos primeiros registros de teste de inteligência foi criado em 1904, pelo psicólogo Alfred Binet e pelo médico Théodore Simon, ambos franceses, para medir a idade mental. Depois vieram estudos de Stern para medir a idade mental e cronológica. E então, estudos de Lewis Terman surgiram para mensurar o QI, Quociente Intelectual (idade mental dividida por idade cronológica X 100).
>
> Charles Spearman (1955) propôs a Teoria Bifatorial, com um fator geral, ou fator G, comum e transversal a todas as tarefas, e um fator S, específico para determinadas atividades.
>
> Cattel e Horn[5] propõem que seres humanos têm a inteligência fluida (novos aprendizados) e a cristalizada (aprendizados já existentes).
>
> ▷

Na década de 1980, surge a Teoria das Inteligências Múltiplas, estruturada pelo psicólogo norte-americano Howard Gardner, uma sofisticação de estudos feitos pelo psicólogo norte-americano Thurstone (1887-1955), considerando as inteligências:

- lógico-matemática (cálculo, análise, raciocínio indutivo e dedutivo);
- linguística-verbal (domínio das palavras e dos idiomas);
- musical (habilidade de compor e identificar padrões musicais, cantar, tocar);
- visual-espacial (capacidade de perceber e compreender projeções e abstrações mentais de imagens);
- corporal-sinestésica (qualidade de controle e coordenação do corpo e de seus movimentos);
- intrapessoal (autoconhecimento e autocontrole, introspecção);
- interpessoal (empatia e facilidade de compreender expectativas e intenções dos outros, interagindo);
- naturalista (sensibilidade para com questões e padrões da natureza, estabelecendo conexões).

Ninguém é uma inteligência só, e todos podem ter uma combinação distinta de várias dessas, o que torna a gestão um processo ainda mais complexo.

Daniel Goleman trouxe o conceito de Inteligência Emocional como uma forma de reconhecer não apenas os próprios sentimentos, mas também os sentimentos das outras pessoas, considerando as habilidades inter-relacionais, a capacidade de autorregulação e também a automotivação.

Consideram-se ainda as inteligências "mais contemporâneas", conectadas à era digital e altamente relevantes na realidade corporativa de home office, como:

- colaborativa (para ações conjuntas, compreende a interação, a cooperação e a coordenação);
- criativa (flexibilidade mental para gerar algo novo, para a originalidade);
- existencial (poder de transcendência e espiritualidade, de introspecção e sensibilidade intuitiva para questões mais abstratas da humanidade).

> Existem vários testes psicológicos[6] e de inteligência aplicados por empresas para conhecer melhor seus colaboradores. Por exemplo, o IFP (Inventário Fatorial de Personalidade), AC (Atenção Concentrada), Teste Psicológico Palográfico (teste de personalidade), Quati (Questionário de Avaliação Tipológica), BFM3 (Teste de Raciocínio Lógico), BFM4 (Atenção Concentrada), G36 (Teste não Verbal de Inteligência), G38 (Teste não Verbal de Inteligência), R1 (Teste não Verbal de Inteligência), ADT (Inventário de Administração de Tempo), Escala Beck (ansiedade e depressão), ISSL (Inventário de Sintomas de Estresse para adultos de Lipp), PMK (personalidade e pressão); Teste de Zulliger (personalidade, afetividade e relacionamento), Teste de Wartegg (investigação da personalidade por meio de desenhos), Teste Comportamental DISC (dominância, influência, conformidade e estabilidade) e VIA (ciência da psicologia positiva).

5) Incertezas: tem que enfrentar

Uma coisa é certa: a incerteza.

Nas palavras de Eurípedes, "o esperado não se cumpre e ao inesperado um deus abre o caminho". Quem diria que a humanidade — com tantos avanços de ciência e tecnologia, com inteligência artificial e a poderosa internet das coisas, com plataformas preditivas altamente sofisticadas, com planos de implementar leis gerais de proteção de dados contra a invasão de privacidade digital, com planos de povoar Marte, com um arsenal de armas nucleares e químicas meticulosamente destrutivas — sucumbiria a um vírus como o COVID-19, que não fala, não ouve, não vê, não foi treinado em nenhum exército de elite, não dialoga com nenhuma ideologia política ou religiosa e tampouco faz parte de alguma facção radical, não pensa e muito menos tem consciência de seus atos, mas que teve (e continuará tendo, nessa pandemia e em suas próximas mutações) a capacidade de interferir na vida de cada um, em todos os cantos do planeta, mudando protocolos, hábitos, crenças, modos de socialidade, formas de fazer negócios, valores.

Quem poderia prever? Temos a ilusão de controle, de estabilidade, de planejamento em curto, médio e longo prazo. Temos a segurança que o progresso, a programação e a análise de dados propõem. Temos a precisão da pontualidade e da instantaneidade que a mídia oferece. Temos *gadgets* que nos passam a sensação de presença ubíqua, de que se está ao mesmo tempo em todos os lugares em que tudo se resolve com conectividade e com os poderes da ciência, como a neurociência, nanociência, teleciência...

Estudar padrões pode ajudar? Talvez. A cada cem anos, analisando historicamente, uma forma de epidemia assolou o planeta. Poderia ser um sinal? Mas será que as pessoas estão abertas a ver e entender sinais em uma era em que tudo se especula, nada tem credibilidade, tudo pode ser *fake news*, tudo pode ser manipulação de imagem? E como lidar com isso pensando em incertezas integradas em redes multidimensionais?

Existiu uma certa sensação de ordem, de conquista, de evolução, mas o fato é que as coisas estão sempre fora da ordem, ordem que, em seu sentido pleno e holístico, nunca existiu e nem existirá. São conceitos não consensuais de formas de enxergar as coisas, pois o que para alguns está certo, para outros está incorreto. Afinal, qual seria a balança ética integralmente calibrada para ponderar e julgar as situações? **Certo mesmo é o fato de que tudo está interligado: cada iniciativa, mesmo a mais insignificante, impacta em um sistema de sequências e consequências.** Quer você queira, quer não, esse processo desencadeia conflitos e confrontos entre a ordem e a desordem, o certo e o incerto, entre o possível e o impossível, o viável e o inviável. E é assim — "por acaso", "por intuição", "como um *insight*" para aqueles que estiverem atentos — que as oportunidades aparecem, questionamentos são feitos, decisões são estruturadas, atitudes são tomadas e transformações podem acontecer. Por necessidade, por desespero, por interesse, por utilidade... ou até por senso de sobrevivência da espécie, por solidariedade comum. E tudo, tudo tem seu risco.

> **Fique ligado** — Gestão de certeza, gestão de riscos
>
> Considerar a existência inevitável das incertezas e dos riscos não pode ser um impeditivo para os empreendimentos acontecerem, os investimentos serem feitos e os negócios serem implementados, oferecendo soluções, produtos e serviços que movimentem a economia e criem novos motivos de integração e relacionamento entre as pessoas.
>
> Mas como as coisas "dão certo" nesse ambiente incerto?
>
> - O que é "dar certo"? É vender mais, alcançar as metas de acordo com a capacidade de produção? É ultrapassar as expectativas? O que se considera para uma avaliação positiva de metas comerciais, de vendas, de negócios?

▷

> - As projeções são sempre feitas com base em resultados passados. É possível mudar essa perspectiva pensando em desenhar um novo futuro?
> - Quem faz as projeções para as empresas? Pessoas de dentro da empresa, pessoas e/ou empresas terceirizadas? Qual a visão dessas pessoas e empresas?
> - E o planejamento? Como é feito? Quem faz? Quais as bases?
> - Quais são as pesquisas que as empresas usam como fonte para a tomada de decisão, reconhecidas por todos? Quem as legitima? Essas várias abarcam quais dimensões na captura e análise de dados (sociais, econômicas, culturais...)?
> - Como as empresas, atualmente, se preparam para as incertezas? Quais as principais metodologias e ferramentas utilizadas?
> - Quais são as ferramentas/plataformas mais utilizadas para controle de processos, equipes, clientes, negócios? Esse controle é efetivo?
> - As soluções de inteligência artificial preditivas realmente funcionam? Quais os limites da tecnologia?
> - E a intuição humana, conta pontos no processo decisivo?
> - E a gestão de riscos? Como as empresas podem minimizar riscos? Isso é possível?

6) Compreensão: é viável ensinar?

Uma coisa é comunicar, outra coisa é se fazer compreendido.

Desenvolvemos ferramentas, plataformas, apps... para melhorar a comunicação, mas a incompreensão vem se desenvolvendo na mesma proporção. Você pode explicar em detalhes, preparar um manual com tudo passo a passo ou criar um didático tutorial em vídeo quadro a quadro. Uma coisa é o detalhamento objetivo inteligível, outra é o entendimento intersubjetivo, que pressupõe, mais que um "tradutor de dados" por parte do destinatário da mensagem, abertura em forma de empatia, identificação e projeção.

E então vale considerar alguns fatos:

- As pessoas têm estruturas mentais distintas, além da diversidade de suas histórias, memórias, sentimentos e interações com o ambiente, entre outros fatores que podem modificar totalmente o contexto e a compreensão de uma mensagem.

- Não há como evitar o ruído (ou o desentendimento) na comunicação, considerando que o outro entende o que quiser, e não o que você quer que ele entenda.
- É importante considerar os múltiplos significados de cada palavra (polissemia), que podem dizer tudo e não dizer nada, e, além disso, são "camaleônicas", ou seja, podem mudar de sentido de acordo com a posição em que estão em uma frase, com a entonação que for dada, com a pessoa que a proferir etc.
- Cada cultura, cada sistema de crenças, cada geração, em cada época e em cada local cria códigos de valorização própria para cada palavra, ato, gesto, rito, hábito, ritual... multiplicando as camadas do sentido e os possíveis entendimentos/desentendimentos; a compreensões/incompreensões.
- As notícias falsas (*fake news*) circulam em alta velocidade nas infovias digitais, e ainda não há sistemas de alerta para dizer o que é certo ou errado (se é que em algum momento isso aconteceu, considerando as mentiras, as superstições, as fofocas, a ignorância...).

Dito isso, percebem a complexidade de tudo? Podemos desenhar diversos diagramas de interconectividade e interdependência de tudo e de todos, mas considerar que cada indivíduo que se relaciona com as próprias ideias é uma estrutura altamente complexa já é um salto para uma gestão mais holística, sistêmica e global no mundo dos negócios.

Fique ligado — A complexidade do respeito mútuo

Falar é fácil, mas realizar é um tanto mais desafiador.

As empresas adotaram novos jargões em suas métricas de missão, visão e valores, incluindo propósito, impacto positivo, transformação comunitária, lucro social, solidariedade, generosidade, inclusão, diversidade... Mas será que o sentido disso tudo está sendo compreendido de forma ecumênica e mútua?

Para quem achava que só fazer uma campanha publicitária bem produzida com celebridades da moda e uma ação de relações públicas e institucionais na imprensa já bastava para passar a mensagem e fazer as pessoas entenderem

▷

> o posicionamento de uma empresa e suas marcas de produtos e serviços ou mesmo de um líder, é melhor revisitar os conceitos pensando o seguinte:
>
> - Em quem as pessoas confiam hoje? Com base em quê?
> - O que faz uma empresa ser respeitada?
> - E o que é respeitar no mundo dos negócios? É levar em consideração ou é comprar dessa empresa?
> - Que tipo de pesquisa mede o que as pessoas estão percebendo sobre as coisas?
> - Como implementar um sistema de respeito mútuo para os diferentes sistemas de compreensão junto aos diversos públicos, se já é complicado se fazer entendido em diferentes idiomas em um site corporativo?
> - Quais os limites de tolerância nas empresas? São apenas para as regras de comportamento ético para com os colaboradores e consumidores, ou são conceitos que abarcam a tolerância com um âmbito mais amplo, como o ambiente, as comunidades de entorno, o mercado como um todo, o impacto em longo prazo...

7) Ética: desafio para o gênero humano

As interações entre as pessoas produzem a sociedade, que retroage sobre as pessoas.

Há todo um sistema mútuo de reunião, apoio e nutrição efetivado nessas trocas, que compõe uma ética do ser humano, uma "antropoética", e que traz dentre seus fundamentos:

- a consciência individual e a individualidade;
- o respeito à diferença e à identidade, inclusive de si próprio;
- a humanização da humanidade;
- a ética da solidariedade e da compreensão;
- a consciência e a cidadania no planeta.

Isso significa que, por mais que o egoísmo e o egocentrismo promovidos pela mídia estejam presentes, é preciso se conscientizar da integração inevitável entre todos os indivíduos, ou seja, os que vivem em abundância e os que sobrevivem em escassez, os intelectualmente ativos e os totalmente desconectados, os atuantes e os estagnados. Para além de uma conexão biológica de pertencimento (todos são humanos), é essencial ter a noção da conexão comunitária, solidária, humanitária, que todos deveriam ter.

> *Todo desenvolvimento verdadeiramente humano deve compreender o desenvolvimento conjunto das autonomias individuais, das participações comunitárias e da consciência de pertencer à espécie humana.*

Fique ligado — A humanização da humanidade

O assunto é sério — talvez o mais sério de todos, pois nele se encerra o destino da humanidade —, porém, no mundo corporativo tem sido, em grande parte, abordado de forma superficial.

- Por que discutir a humanização da humanidade, por exemplo, se o importante é ser objetivo e ir direto ao ponto, ou melhor, aos resultados?
- Em meio a um posicionamento "do bem", o importante é realmente cuidar da humanidade ou fechar o mês no positivo?
- Como o mercado reage a posturas de algumas das empresas que só estão preocupadas em faturar mais e para quem cada pessoa tanto faz?
- Como ter esse olhar de crescimento e desenvolvimento pensando no potencial das equipes internas, dos parceiros, terceiros, colaboradores, distribuidores, vendedores, investidores...?

Como incluir, integrar, conscientizar, mobilizar e mudar de forma consciente, observando o todo, considerando a integração e as especificidades de cada um?

Lançado mais um desafio da gestão sistêmica nesse mundo complexo.

Em vez de um caminho, muitos caminhos

Há inúmeros formatos de sistemas, mas de todos, o mais complexo é o nosso cérebro, abarcador das estruturas que formatam o pensamento humano, dotado das habilidades de compreender o mundo, estruturar lógicas que fundamentem essa compreensão, estabelecer relações para dar sentido a essas lógicas e valorizar esses sentidos transpondo-os em conhecimento.

Nesse processo, o cérebro tem potencial para identificar o quão interligados estão os mais distintos valores: o valor monetário (respeitando padrões internacionais financeiros como retorno de investimento, margens operacionais e líquidas), o valor social (valores e princípios que regem o campo social, considerando cooperação, solidariedade, compromisso com a diversidade, inclusão social, geração compartilhada de riquezas e preservação ambiental) e mais o valor cultural, o valor afetivo, o valor espiritual, o valor moral, o valor inestimável... considerando sistemas de crenças por indivíduo, cultura, país, empresa, entre outros.

E o cérebro também tem a capacidade de transformar informações que tiverem algum valor em conhecimento. Por sua vez, o conhecimento tem a habilidade de se metamorfosear em inúmeras funções, a depender de quem dele souber fazer o mais pertinente e oportuno uso. Trata-se de um sistema interdependente: tudo está conectado a tudo em redes visíveis e invisíveis, perceptíveis e imperceptíveis.

A palavra conhecimento vem do grego *co* (em conjunto) e *gnose* (razão, entendimento), uma prática cooperada que nos permite estabelecer conexões e relações, além de estar intimamente conectada com o compartilhamento.

Na agenda do Fórum Econômico de Davos 2015, já foi alertado que "Nosso futuro será compartilhado: o aumento da população e em um planeta com recursos finitos, não há alternativas". Mas como podemos organizar o conhecimento para que se transforme em um processo de autoaprendizagem, assim como os sistemas complexos inteligentes e a perspectiva da inteligência coletiva? E quando falar sobre a importância disso com as pessoas? No mercado de trabalho? Na mídia? Na internet? Em casa, com os familiares?

Na escola? Na faculdade?

O sistema de ensino atual dá conta de versar sobre isso? Ou está preocupado em comercializar módulos de áreas do saber isoladas, que alimentam um modelo que departamentaliza áreas do conhecimento para comercializar novos módulos de tais áreas do saber, que gerarão profissionais capacitados a atuar em departamentos e que, por sua vez, capacitarão os novatos a exercer a sua mesma função?

Hoje, falar de educação escolar e universitária pode remeter a modelos ultrapassados de compartilhamento de conteúdo e percepção dos sistemas e contextos, por mais que se promovam as versões digitais, com videoaulas e ferramentas tecnológicas para deixar tudo mais interativo e "melhorar a experiência do usuário". Muitas construções ainda são centralizadas em um modelo em que o detentor da informação e o aprendiz exercitam o autoritarismo do saber, reforçado pelos materiais didáticos que contêm a "informação certa" para que uma multidão de crianças e jovens coloquem

( ) falso ou ( ) verdadeiro

em uma prova de teste ou priorizem fatores que influenciaram determinada situação

de ( ) 1 a ( ) 5.

Que futuro estamos formando hoje? E para atuar em quê?

A divisão das profissões, das disciplinas, das salas de aula está mais para o modelo reducionista cartesiano do que para a visão integrativa e multidimensional sistêmica.

Por isso, para completar essa jornada, selecionei alguns modelos atuais que estão sendo implementados e que você pode acessar para conhecer e testar.

Não são utopias e nem distopias, são soluções mais bem integradas aos endereçamentos de consciência social e de habilidades para prosperar nesse contexto de *institucional voids*, como se fala na linguagem do empreendedorismo, ou vazios institucionais que careçam de soluções sistêmicas para a prosperidade de uma população, uma cultura ou uma região.

A comparação é por conta de vocês, mas fica o recado para modelos educacionais mais convencionais que ainda não se reinventaram para que considerem essas perspectivas em seus processos de autoconhecimento e regeneração.

> **Tudo está ligado a tudo** ▸ Ubiquidades, ecoversidades e kebradas

Ubiquidade é a capacidade ou a propriedade de estar, ao mesmo tempo, em todos os lugares; é a onipresença. Divindades são ubíquas, assim como muitos consideram a ciência da informação e os sistemas de tecnologia (Tecnologia da Informação, Internet das Coisas, Inteligência Artificial).

E uma universidade ubíqua?

Ubiquity University[7]
Universidade global projetada para impacto social que propõe um novo tipo de educação para um novo tipo de mundo com o objetivo fundamental de desenvolver as experiências de aprendizagem de que os jovens precisam para prosperar em um mundo de crescente complexidade e conectividade, e em rápida mudança.

Foi fundada em 1996, pelo educador e escritor Dr. Matthew Fox, como uma escola de graduação sem fins lucrativos licenciada pelo California Bureau of Private and Postsecondary Education (BPPE). Em 2005, o nome da escola mudou para Universidade da Sabedoria e, em 2012, se transformou em uma plataforma de tecnologia com fins lucrativos, abrindo caminho para a expansão global e para novas formas de aprendizagem pioneiras da universidade. A Wisdom University foi adquirida em 2013 e agora é a Wisdom School of Graduate Studies da Ubiquity University, e ainda oferece mestrado e doutorado. Em 2015, foi credenciada pelo Serviço de Credenciamento para Faculdades e Universidades Internacionais (ASIC) do Reino Unido. Hoje, atende alunos de todo o mundo como uma instituição global.

Como posicionamento, considera que a história atingiu um momento crítico e que as pessoas em todos os lugares precisam ser alimentadas com novas mentalidades, habilidades e ferramentas para trabalharem juntas de forma a resolver os desafios globais. Assim, aborda temas como sustentabilidade e regeneração, psicologia transpessoal integral, estudos de sabedoria e competências socioemocionais, preparando os estudantes na expansão de seu alcance e impacto, ganhando a vida e também fazendo a diferença em um mundo cocriado que funcione para todos.

▷

▷

É um provedor global de experiências de aprendizagem online, combinadas ou presenciais, projetadas para preparar as pessoas com diplomas e cursos independentes e flexibilidade para planejar a jornada educacional com a orientação do corpo docente. Tudo é holístico e integral, especialmente a visão de empreendedorismo.

Sua proposta educacional: *"Queremos que você descubra sua paixão, desbloqueie seu potencial e crie mudanças positivas. Isso significa ativar sua cabeça na busca do conhecimento, seu coração no desenvolvimento do autodomínio e suas mãos para causar um impacto no mundo real. Mais profundamente do que Platão, rastreamos nossa linhagem de volta às escolas de mistério da antiguidade e ainda mais longe das tradições xamânicas dos povos indígenas e da espiritualidade da Grande Mãe. É com esse espírito que abraçamos todas as tradições, Oriente e Ocidente, Norte e Sul, antigas e modernas, e tudo dentro do contexto de um universo vivo e pulsante no qual toda a vida tem seu lugar natural e sagrado."*

Como principais ativos:

- UbiVerse: um centro para comunidades globais de ativistas, alunos e profissionais se reunirem e afetarem mudanças positivas. Um lugar para se conectar, aprender e ampliar seu impacto.
- Ubipass: um "passaporte de competências" registrando as habilidades dos estudantes (no trabalho, na vida e no estudo formal) vinculadas a estruturas de competência para "reconhecimento global, emprego significativo e colaboração eficaz".
- Ubiskills: oportunidades de aprendizagem da Ubiquity University e de outros provedores de aprendizagem.

Colocando em prática a filosofia integral e os valores da ubiquidade: *"Acreditamos que mais diversidade gera mais criatividade. Desafiamo-nos a nós próprios e às nossas equipas a trabalhar em colaboração, fomentando a criatividade, respeitando as diferenças, fomentando o debate e procurando informar o nosso diálogo com um compromisso de colaboração criativa no espírito da paixão, da ética e da lógica. Acreditamos no discurso e na ação éticos. Procuramos influenciar uns aos outros para alcançar novos patamares profissionais como indivíduos e equipes, bem como influenciar positivamente o mundo por meio de nossos produ-*

▷

▷

tos educacionais e princípios filosóficos. Nós nos esforçamos para fazer o que pregamos e manter os mais altos padrões éticos com todos em todos os lugares.

Procuramos expressar beleza em nossos produtos e comunicações. Nós nos esforçamos para criar uma marca dedicada a promover a beleza no mundo. Valorizamos e procuramos expressar a beleza e a harmonia artística em todos os aspectos de nossa empresa. Procuramos atingir e expressar a excelência em tudo o que fazemos e tomar decisões informadas por dados e alicerçadas em nosso compromisso com a comunicação e ação ética. Acreditamos em uma cultura de promoção de forças individuais. Honramos as diferentes dimensões que cada um de nós traz para o nosso trabalho e procuramos usar nossos talentos de liderança para fazer avançar nossa missão, tanto interna quanto externamente. Assumimos a responsabilidade por nossas atitudes e ações. Nós nos esforçamos para abraçar a nós mesmos, nossa empresa e nossa comunidade global a partir de uma posição de unidade, compaixão e amor."

Outro modelo interessante de visão integral na educação são as Ecoversidades, reunidas. O nome já diz tudo: eco-versidade, em vez de uni-versidade.

Ecoversities Alliance[8]
Comunidade de aprendizagem translocal em forma de plataforma semiestruturada com mais de cem espaços de aprendizagem transformadores em mais de quarenta países ao redor do mundo que se encontram e trabalham juntos desde 2015 por meio de encontros internacionais e regionais, intercâmbios de aprendizagem, campanhas, workshops, jornadas de aprendizagem, festivais de filmes e publicações.

A missão é ajudar alunos e comunidades em todo o mundo a recuperar seus próprios processos de desaprendizagem, cocriação de conhecimento e construção de comunidade. A forma é inspirando, nutrindo, conectando e dando visibilidade a diversas iniciativas de ecoversidades em todo o mundo, construindo solidariedades, investigações coletivas, diálogo intercultural e novas experiências no ensino superior. Como destaque, cultivar uma ecologia de conhecimentos, pedagogias radicais e recursos comuns de aprendizagem para expandir a consciência humana e a regeneração cultural e ecológica.

Como proposta: "Honramos e acolhemos seu compromisso, seus diversos sonhos, seus dons, suas lutas e seus experimentos. Convida-

▷

▷
mos você a fazer parte de uma comunidade crescente de praticantes da aprendizagem de todo o mundo, comprometidos em repensar o ensino superior para cultivar o florescimento humano e ecológico em resposta aos desafios críticos de nossos tempos. A Aliança de Ecoversidades busca transformar os sistemas e mentalidades econômicos, políticos e sociais insustentáveis e injustos que dominam o planeta. Queremos fazer isso transformando ativamente as maneiras como aprendemos, reformulando as ferramentas que usamos para dar sentido ao mundo e reavaliando cuidadosamente as maneiras como criamos e compartilhamos conhecimento. Procuramos nutrir e compartilhar modelos de aprendizagem transformadores que envolvem a cabeça, o coração, as mãos e o lar."

Dentre as atividades:
- Encontros internacionais: são eventos de uma semana, ocorrendo a cada doze e dezoito meses em um continente diferente, organizados como uma não conferência ou encontro emergente. Assim, processos soltos que oferecem tempo para compartilhar e cocriar com sessões auto-organizadas em espaços abertos, permitindo aprender com diferentes abordagens e tradições de facilitação, para aprofundar visões pessoais e honrar o conhecimento que vem de compartilhar o espaço;
- Encontros regionais: são encontros de vários dias entre os parceiros da ecoversidade de uma região geográfica ou cultural específica para fortalecer as relações entre os membros, comunidades, contextos e movimentos dentro dessas regiões, permitindo aprender uns com os outros, bem como planejar e implementar ações locais em comum.

Os integrantes, além de fazerem parte ativamente da rede, respondendo prontamente a e-mails, promovendo-a, participando das decisões e iniciativas coletivas, contribuem com duas horas por mês de serviço voluntário para a Aliança Ecoversities, para ajudar a manter seus aspectos operacionais.

Como benefícios, ter um grupo de colegas de todo o mundo que compartilham caminhos semelhantes aos seus, empenhados em repensar o ensino superior e as formas como as pessoas aprendem e se relacionam. Há também fundos coletivos disponíveis para apoiar projetos, como publicações e filmes, novos experimentos inovadores, residências e emergências. Não há taxa de associação, o tra-

▷

balho coletivo ocorre por esforços voluntários dos membros e vale a Economia das Dádivas[9] (*Gift Economy*), experimentando e construindo uma economia alternativa das trocas que valorize o tempo e a energia de cada pessoa e se baseie nos princípios do cuidado mútuo, solidariedade, generosidade, confiança e compartilhamento aberto.

Destaque para as publicações abertas e acessíveis[10] de livros, panfletos, podcasts e vídeos para aprofundar a reflexão sobre reimaginar a educação, a produção e circulação do conhecimento, as pedagogias descolonizadas, a luta pelo aprendizado e a necessidade de ampliar o espectro de epistemologias e incluir diferentes ecologias. Dentre os temas, ativismo, economia, cidadania, educação e produção de conhecimento.

Como postura educacional:

- Integrar universidades holísticas, vilas tradicionais e ecovilas, cafés, espaços de trabalho compartilhado, prisões, favelas urbanas, fazendas, barbearias, "debaixo da ponte", entre outros.
- Explorar novas pedagogias que aprofundam nossas noções de *self* e expandem a consciência humana.
- Valorizar o poder do informal e incentivar os membros a se auto-organizarem para colaborar em projetos, publicações e intercâmbios de aprendizagem juntos.
- Fortalecer e aprofundar o aprendizado e a reflexão com movimentos sociais, comunidades locais e ecossistemas naturais.
- Explorar áreas de aprendizagem como vida sustentável, empreendedorismo social, espiritualidade, regeneração cultural, restauração de ecossistemas, artes, ação política direta, entre outros.
- Respeitar a autonomia do aluno, em conexão com seus contextos e comunidades locais.
- Desafiar a violência e a injustiça.
- Descolonizar o conhecimento e nutrir a sabedoria.

Para mostrar que as coisas estão mudando e que as redes e os sistemas estão aprendendo com suas próprias necessidades e se reconstruindo, vale conhecer também a Universidade do Subterrâneo ou do Porão, do underground.

University of the Underground[11]

Foi fundada em fevereiro de 2017 como uma instituição de caridade. É uma universidade gratuita, pluralista e transnacional sediada no porão de casas noturnas de Amsterdã e Londres, trabalhando ativamente na integração entre instituições de caridade e vida noturna. Como instituição de caridade, a proposta é reunir gerações para democratizar o acesso às instituições públicas e desencadear mudanças e reflexões críticas com práticas criativas e experienciais. Com um foco explícito em teoria política e filosofia, experiências, música, práticas teatrais, cinema, ações sociais e sonho social, seu objetivo é fornecer ferramentas para que tanto o público quanto os estudantes participem ativamente na revelação de estruturas de poder nas instituições. Para isso, apoia pesquisas não convencionais, contraculturas e práticas que apreendem e desafiam a formulação da cultura, a manufatura e as mercadorias do conhecimento. Acredita que é essencial repensar a educação além das fronteiras nacionais, mas também construir uma federação de escolas cooperativas globalmente para apoiar o desenvolvimento, a identificação e o empoderamento de contraculturas nas instituições.

Como resultado, começou a executar programas educacionais nos EUA, a partir do verão de 2019, em colaboração com o Hannah Arendt Center of Bard College e as Nações Unidas, mas também no Cairo e online em Tbilisi, na Geórgia.

Recentemente, lançou a High School of the Underground para jovens de 12 a 18 anos, com programas após as aulas administradas por um dos recém-graduados e ex-aluno, Alexander Cromer. A instituição de caridade University of the Underground apoia estudantes de todo o mundo, concedendo bolsas de estudo enquanto co-organiza um programa de mestrado, o Masters Design of Experiences, com um parceiro acadêmico credenciado, bem como a realização de eventos públicos, programas de rádio e workshops.

Para concluir, quem disse que não existem mestres nas "Kebradas"?

Esse modelo subverte os formatos clássicos e convencionais e demonstra que todos os espaços são de aprendizagem, desde que estejam abertos para compartilhar os seus conhecimentos. Nas palavras de Manish Jain, inspirador do projeto, "existe muita criatividade, talento e senso de colaboração entre as comunidades das favelas. Mas a sociedade despreza essas formas de conhecimento. Precisamos mudar o nosso olhar".

UniDiversidade das Kebradas[12]

É uma iniciativa de universidade livre que oferece a oportunidade para trocas de experiências e aprendizados práticos entre comunidades a partir de projetos reais que resolvem questões e dilemas sociais e ambientais do planeta. Propõe o aprendizado mútuo e intergeracional e honra o conhecimento que existe nas comunidades, favelas e outros locais de resistência. É uma quebra de distâncias, de preconceitos e de antigos paradigmas.

O Projeto UniDiversidade das Kebradas surgiu a partir de indagações que colocam em questão o papel desempenhado pela educação moderna: as universidades tradicionais atendem aos desafios ecológicos e sociais colocados para a sociedade? E se os jovens pudessem desenhar suas próprias jornadas de aprendizagem a partir de experiências práticas sobre temas que fazem parte da vida real e com pessoas apaixonadas pelo que fazem? E se a arte, a dança, a cozinha e a música fizessem parte dessa jornada como instrumentos de expressão e escuta? O projeto nasceu depois da jornada Reimaginado a Educação, com o indiano Manish Jain, e do encontro com mestres da periferia, como Hermes de Sousa, Claudio Miranda, Eda Luiz, Tina Gonçalves e muitos outros.

Os professores, ou melhor, os mestres dessa unidiversidade são moradores das periferias que usam valores humanos para solucionar questões complexas da comunidade ou que utilizam seus talentos (compaixão, colaboração, devoção, propósito de fazer bem ao outro, à comunidade e ao meio ambiente) para criar um novo sistema. Os indígenas, quilombolas, comunidades tradicionais, idosos e outras resistências, que mantêm o conhecimento local e saberes ancestrais, também fazem parte do quadro de mestres. Mas um "mestre das kebradas" não se define por sua localidade, e sim por se dedicar a quebrar paradigmas, distâncias e preconceitos. Para localizá-los, foi aplicada uma metodologia inspirada na "busca do tesouro", utilizada pelos *kojis* (buscadores) da Swaraj University, em Udaipur.

Como visão: *"Vivemos uma crise do limite da racionalidade humana. É preciso revelar e reativar as inteligências que estão em cada lugar, mudar a forma de se relacionar com o outro, usar a imaginação e a intuição. Para a UniDiversidade das Kebradas, o novo intelectual é aquele que consegue acessar a sabedoria que existe na diversidade de locais e de pessoas."*

▷ Como proposta pedagógica: todo o processo e encontros são cocriados com os participantes a partir de dinâmicas que acessam as emoções e as experiências para que cada um se conecte com o tema. As histórias pessoais e o ambiente no qual o encontro acontece são elementos importantes que ajudaram a construir a energia necessária para emergir ideias. As dores são escutadas, os talentos são revelados, e a inteligência do grupo é acessada para propor soluções criativas e práticas para dilemas globais. Entre os principais temas, tem-se agricultura e agricultura urbana, reciclagem de lixo, cozinha sustentável, comunicação, moradores de rua, refugiados, dança, teatro, cultura de paz e educação alternativa.

Como base do trabalho, construir relacionamentos verdadeiros entre pessoas que mudaram a regra do jogo para criar novos sistemas e outras, que ainda caminham nesse processo, ainda não se percebem como parte de um todo. É importante que nossos antigos paradigmas também sejam quebrados, e por isso, é preciso olhar para nossas sombras, medos e ideias fixas que nos impedem de criar. A forma mais eficaz de atrair as pessoas é manter um ambiente de confiança, cuidado e amor.

Entre as atividades de mobilização, articulação com comunidades, prospecção de parceiros e disseminação da ideia de outra educação: promoção de encontros, workshops e jornadas de desaprendizagem, como o Reimaginar a Educação, em 2018, Reimaginar Educação em Serra Grande, Desconferência em Paraty, sem contar o Conselho das Avós, o Sarau das Avós e a Jornada das Cozinha da Terra das Avós.

Entre os projetos de desconstrução está um inédito: Doutorado Livre da UniKebradas. Para aplicar os preceitos da UniKebradas, em vez de uma definição única descrita por uma só pessoa, um exemplo sistêmico de inteligência coletiva em que os próprios integrantes descrevem a sua percepção para poderem se aproximar da proposta educacional disruptiva.

Ponto de Vista | Doutorado livre da UniKebradas[13]: territórios de confiança e a regeneração do aprender

Gosto muito da pergunta: se eu pudesse criar minha própria jornada de aprendizado, como ela seria? Com quem gostaria de aprender? Que lugares escolheria para estar? Com a UniKebradas, desenhamos diversas jornadas para desconstrução e para reimaginar a educação. No meio do processo, entendemos que, apesar da proposta de recriar algo novo, somos muito condicionados a padrões que nos fazem repetir comportamentos como a competição, necessidade de aceitação, a relação dominante do dinheiro, imposição no outro. Era preciso olhar para isso antes de pensar numa jornada externa. Tirar amarras para que as próximas escolhas pudessem ser mais livres. A UniKebradas já tinha um grupo muito especial para ancorar esse trabalho. Então surge o Doutorado Livre, esse espaço onde um aprende com o outro a partir das relações e de questões práticas da vida real. A desconstrução interna veio de forma orgânica.

— Giselle Paulino, cocriadora da Unikebradas

Eu divido o Doutorado dentro de mim em três partes. Primeiro, é um lugar de despertar. Existem muitos conhecimentos, sabedorias, dons, talentos, dentro de cada um de nós e ao longo de nossas vidas isso foi adormecido. O Doutorado tem essa função maravilhosa de nos despertar. É um chamado. É um chamado que ecoa dentro da nossa alma e da nossa mente. Nos faz compreender que aquilo que as vezes para nós parece dispensável ou comum é na verdade extraordinário. Cada ser humano com aquilo que ele tem. E isso o doutorado tem me trazido.

Depois ele me leva para um lugar de permissão. O mundo é cheio de regras, de condutas que nos engessam. E nos tonam um exército tão parecido. E o Doutorado vem para nos mostrar que você pode ser exatamente como quer ser. O choro que já coloquei várias vezes sempre foi acolhido, independente se foi um choro de angústia, desabafo, sempre fui muito acolhido. É um lugar onde me é permitido entregar minhas dádivas e também alguns dos meus demônios que eu carrego. Pois não temos só virtudes. Ser acolhida em minhas dádivas e virtudes pra mim é libertador.

O terceiro ponto é a transformação. A gente aprende a se transformar. A ser algo melhor. Me leva a compreender que o Doutorado é uma consciência coletiva de esperança. Que temos em comum é que todos nós cremos. Não desistimos de ser esperançosos. Trabalhar, desejar e ansiar construir esse mundo melhor. E esse mundo melhor não precisa ser no futuro. Pode ser hoje, agora e a cada instante, em cada encontro do Doutorado. E tornar o mundo melhor por algumas horas de encontro. E fazer com que isso reverbere o resto da semana tem sido pra mim um fator de sobrevivência nesse mundo tão caótico

Finalmente, se tem uma coisa que o Doutorado tem me ensinado é que eu já me sentia como uma ave de boa plumagem, bom potencial para lançar meus voos. Mas ainda ficava em penhascos moderados, comuns, confortáveis. O Doutorado me levou para muito alto. O Doutorado mostra pra mim os picos mais altos e diz: é pra lá que você vai, porque você consegue. E vamos juntos. É isso que me incentiva, que me faz continuar participando e aprendendo juntos.

— **Tina Gonçalves, Café das Marias**

"Nossa Riqueza Exponencial." O esplendor da natureza é medido por sua diversidade biológica. Quanto mais espécies de fungos, plantas, árvores frondosas, invertebrados, peixes, aves, répteis, anfíbios e mamíferos existirem em um ecossistema, mais rico este será. Uma biodiversidade abastada significará uma maior interação entre todas as espécies da região e uma maior chance de evitar que alguma espécie seja extinta. A metáfora da riqueza natural pode ser transplantada para a riqueza cultural. Quanto maior o número de etnias, de idiomas, de tradições e de maneiras diferentes de entender o mundo, melhor. Se todos formos iguais e pensarmos igualmente, como soldadinhos do consumismo, nossa monocultura nos levará, mais cedo ou mais tarde, à diminuição de nossas possibilidades. São justamente as riquezas das mentes, dos sentimentos e dos espíritos de cada um dos membros de nosso Doutorado Livre que desenham a abundância de nosso espectro. Podemos, em conjunto, entender e vivenciar muito mais do que a soma de cada um de nós. As interações possíveis entre nosso grupo não acontecem apenas em um ritmo aritmético, mas através de um crescimento exponencial. Um exemplo simples e simbólico: 1 + 1 + 1 não resulta em apenas 3, mas sim em 111 — o que é 37 vezes maior do que 3.

— **Haroldo Castro, fotógrafo e escritor**

É engraçado quando tentamos definir algumas coisas em palavras. Hoje refleti sobre essa rede. Estamos formando uma rede de amor. Algo muito genuíno. Que não vem de um lugar de obrigação. É o que vem primeiro no meu coração. O Doutorado informal tem sido a construção de uma fraternidade solidária. Um espaço em que se compartilha sonhos, experiências, dores e dificuldades. Uma corrente de amor genuíno, onde se ousa pensar no amor incondicional. As pessoas, suas histórias e saberes são vistas, valorizadas, respeitadas.

— Vinícius de Morais, Quebrada Sustentável

É a cura da separação. Que somos capazes de estar juntos mesmo quando temos opiniões diferentes. De entender a linguagem do coração quando estamos na nossa essência.

É um Doutorado focado no amor e espírito sem qualquer pré-conceito. Dá a voz a todos que estão presentes. Me mostra que posso sempre confiar e que está tudo bem se eu errar. O Doutorado mostra que podemos nutrir nossos corpos com histórias de vidas que libertam qualquer dor.

— Elem Coelho, Favela da Paz

Muito simples e por isso muito complexo. É um momento que não começa na hora que a gente se encontra, nem termina quando desligamos. É um território de confiança e de profunda harmonia. A despeito de dores ou memórias que ressuscitamos. Mas especialmente, é uma escuta profunda. E uma narrativa ainda mais imersa de cura. De cura coletiva. Claro que começa na gente e na nossa disposição de estar ali com o outro e com a gente mesmo. Da gente reaprender a aprender. A ser quem somos. A ficar nu no palco sem pudor. E a estar a serviço. Esse grupo se acolhe e se reverencia a cada instante. Curiosamente, é um "cocoon" que quer se libertar para o mundo. Não quer ser um aglomerado de bolhas. Quer que esse "cocoon" seja o mundo. E é por isso que a gente volta pra ali, quer permanecer e tem dificuldade de sair. Pois esse é o mundo que a gente quer pra todo mundo. Esse é o meu doutorado informal.

— Andrea de Lima, jornalista independente

Quando pensamos na palavra livre é porque existe o outro lado. Qual o oposto do outro doutorado livre? É um doutorado que é condicionado a diversas normas que foram estabelecidas, a princípio, para proteger o conhecimento, ter certeza que o conhecimento científico estava sendo levado a sério, mas que de alguma forma se perdeu nesse processo. A metodologia passou a ser mais importante do que a troca de conhecimento e a busca do conhecimento em si. O conhecimento só faz sentido quando ele é transformador. Quando agrega alguma coisa na nossa vida. Isso só consigo conquistar quando me relaciono com outras pessoas. A origem de todo conhecimento vem da relação nossa com o meio, com as pessoas ao redor, o mundo, a natureza. Para mim, é muito importante que essa troca seja essencial, que seja a coisa mais valiosa na busca do conhecimento. E não os conhecimentos acadêmicos. Não aquela proposta que exclui as nossas intuições, emoções, que exclui o sentimento, porque algo que eu tenho aprendido no doutorado livre é que ideias podem ser debatidas, mas quando você tem um vínculo verdadeiro entre as pessoas, existe confiança. E nesse ambiente, mesmo que traga ideias contrárias, não tem mais o debate. Você tem o acolhimento. E acredito que fora do Doutorado Livre, o debate ocupa um lugar que virou cruel. As pessoas se colocam em trincheiras e brigam para defender suas ideias enquanto o que deve ser defendido é o espírito humano. A defesa das relações humanas. Da compreensão, do acolhimento, do vínculo, da busca pelo amor incondicional. Mesmo que soe como utopia. Mas o que há de errado em sonhar com o impossível? Essa quebra de paradigmas é o que mais me fascina dentro do Doutorado Livre. E essa liberdade de fato que cada pessoa pode escolher o rumo que quer dar a sua busca. Ela pode escrever, estudar e fazer o que bem entender. Mas ela pode conviver com as pessoas que estão ali. Viver em lugares diferentes, conhecer o mundo por outros horizontes. Isso traz um frescor e um desafio constante. A vida passa a ser uma grande aventura, uma grande viagem. É oportunidade de desconstruir e reconstruir. De amar e ser amado.

O Doutorado Livre não tem uma definição clara. Justamente te dá a oportunidade de pensar de diversas maneiras a respeito dele. O que penso é que temos muita transparência. As pessoas se mostram como realmente são. Tiram suas máscaras: no doutorado acadêmico, as pessoas são orientadas a se esconderem atrás de outros doutores que já receberam as honras da Academia. Você precisa ter toda uma pompa, toda uma circunstância, se munir de muitas certezas. Isso é o oposto do que encontramos em nosso Doutorado Livre. Abrimos mão de certezas, só temos certeza de que queremos ter uma atitude positiva em relação à vida e à natureza. Atitude inclusiva a tudo. Fora isso, todos os outros questionamentos são bem-vindos dentro do Doutorado Livre. Essa é uma das coisas que me fascinam.

— **Suzana Nory, doutoranda da UniKebradas**

O Doutorado Livre pra mim é a regeneração do aprender. É a compreensão de que a liberdade só vem no coletivo, a liberdade de aprender. É a sincronização do sentir, pensar, falar e estar a serviço da vida.
— **Agatha Liz, Espaço Vazio/ Favela da Paz**

Para finalizar, a que vos escreve:

Também sou doutoranda na UniKebradas, a experiência de aprendizagem mais transformadora que já vivenciei. Poderia escrever mais um capítulo sobre o tema, mas eis um livro inteiro para tangibilizar muitas das reflexões que fazemos em nossos encontros sobre sistemas, redes, ecossistemas, permacultura, corresponsabilidades, economia, saúde, conhecimento, sabedoria, transformação... Mas o lado mais especial desse Doutorado é a convivência: em cada encontro, me vejo refratada e refletida na imagem de cada um, pessoas com histórias de vida completamente diferentes, com seus sotaques, cores, sabedorias, contextos, expectativas e desafios em uma relação de muita admiração e respeito mútuo. Todos se espelham em todos: uma verdadeira Rede de Indra. Sem espiral do silêncio, sem "dono da bola", sem "jogo de poder", sem ameaça, sem risco, mas com muitos ganhos compartilhados. Um espaço primordial para a troca que constrói algo que já é concreto mesmo enquanto projeto: uma vivência respeitosa, acolhedora, amorosa, paciente, aberta, que me permite refletir a cada dia sobre competitividade, ganância, concorrência, a hipocrisia, entre outras desvirtudes históricas de um certo modelo decadente e ainda em uso de fazer negócios.

Sim, existem soluções sistêmicas na prática endereçadas ao desenvolvimento coletivo e ao bem comum.

E esta é uma boa referência.

> **A escola da vida não é uma multiversidade também? Será que teoria se encaixa, se faz prática, se demonstra aplicada?**

9 Soluções sistêmicas na prática:
exemplos brasileiros

Sinopse: para os gestores que **desejam conquistar o mundo** ganhando e performando em um "cenário favorável de crescimento de mercado para ganhar uma fatia cada vez maior do bolso do consumidor", fundamento que tudo está em xeque: o que a humanidade fez até agora, a capacidade da ciência em resolver questões altamente complexas e interligadas, a resiliência das pessoas em tolerar restrições em um mundo em que tudo podia, tudo valia, tudo era comercializado.

Palavras-chave: Senso de Solidariedade, Visão Humanitária, Razão, Civilidade, Justiça, Vocação, Educação, Periferia, Responsabilidade Colaborativa, Coração, Interdisciplinaridade

*No fim das contas, tudo é solidário. Se você
tem o senso da complexidade,
você tem o senso da solidariedade.
Além disso, você tem o caráter
multidimensional de toda a realidade.*

— Edgar Morin

A civilização das ideias e o humanitarismo: a pandemia de COVID-19

Um exemplo contemporâneo e que impactou todo o planeta, colocando em prática as diversas dimensões da complexidade, é a pandemia de COVID-19.

Tudo está em xeque: o que a humanidade fez até agora, a capacidade da ciência de resolver questões altamente complexas e interligadas, a resiliência das pessoas em tolerar restrições em um mundo em que tudo podia, tudo valia, tudo era comercializado. Os parques de entretenimento ficaram fechados, assim como os shoppings e suas mais diversas lojas. Bares, padarias e restaurantes modificaram sua forma de atender: à distância, sem contato. Festas presenciais ficaram temporariamente suspensas, assim como os eventos, os congressos, os shows. Escolas e universidades ficaram fechadas, e nunca se viu tantas aulas virtuais, *webinars*, *lives*... E as empresas? As empresas de todos os tamanhos estão se reinventando; umas seguem atuando com normas restritivas, outras suspenderam suas atividades, modificaram o seu propósito de negócio e estão atuando na grande causa que é sobreviver.

Em poucos meses, o mundo teve uma reviravolta sem precedentes que ninguém — nem os maiores especialistas de projeções e estudos econômicos, ou da saúde, ou das relações humanas e mesmo das tendências digitais — pôde prever (talvez os roteiristas de Hollywood, em alguns de seus filmes apocalípticos sobre pandemias e outras mazelas, tenham sido os únicos a aproximar a realidade atual do que parecia ficção, uma construção de realidade que acabou por se concretizar).

O que era físico sofreu uma repentina digitalização, pasteurizando as imagens e as experiências de forma inesperada — ou melhor, de forma incontrolável e imprevisível.

Alguns prenunciam que o saldo positivo é a **visão humanitária**, que se sobressaiu: por pressão das circunstâncias, um precisou ajudar o outro para ser solidário e para se proteger também. Outros teorizam sobre manipulações genéticas, políticas, econômicas. Há quem, em meio ao caos, esteja fazendo vendas de novos seguros, de ações de empresas que estão em baixa ou com as portas fechadas momentaneamente... Há toda uma especulação em volta da pandemia.

E, se entender isso por si já é complexo, imagine entrar no universo de sentidos que cada tipo de linguagem em cada país desperta. Para quem tinha alguma dúvida sobre a complexidade de todas as coisas, que de um lado estão altamente interligadas, e de outro estão exponencialmente desconectadas, preparei um experimento científico comparando jornais de diversos países e suas "chamadas" para abordar a COVID-19. Mesmo entendendo que cada país está em um estágio diferente da pandemia, vale o exercício de comparar as percepções e o impacto dessas informações na mente de cada uma das populações.

O patrimônio comum é construído com base na responsabilidade de cada um, em um processo interconectado e interdependente de trocas permanentes.

> *Um novo humanismo que inclui e amplia o "conhece-te a ti mesmo" para um "aprendamos a nos conhecer para pensar juntos", e que generaliza o "penso, logo existo" em um "formamos uma inteligência coletiva, logo existimos eminentemente como comunidade". Passamos do cogito cartesiano ao cogitamus. Longe de fundir as inteligências individuais em uma espécie de magma indistinto, a inteligência coletiva é um processo de crescimento, de diferenciação e de retomada recíproca das singularidades. Novas formas de democracia mais bem adaptadas à complexidade dos problemas contemporâneos do que as formas representativas clássicas. (...) O projeto de inteligência coletiva é declinado em todos os seus aspectos: ético, econômico, tecnológico, político e estético. O núcleo da engenharia do laço social é a economia das qualidades humanas.*[1]
>
> — Pierre Levy

Para Edgar Morin, vivemos ainda na "idade de ferro planetária", na "pré-história do espírito humano". A seguir, um texto longo, mas que vale ser lido por sua seriedade e contemporaneidade: altamente pertinente ao momento que a humanidade está vivenciando.

> *A idade de ferro planetária indica que nós entramos na era planetária em que todas as culturas, todas as civilizações, estão a partir de agora em interconexão permanente. Ela indica, ao mesmo tempo, que apesar das intercomunicações vive-se uma barbárie total nas relações entre raças, entre culturas, entre etnias, entre potências, entre nações, entre superpotências. Nós estamos na idade de ferro planetária e ninguém sabe se sairemos dela. A coincidência entre a ideia de idade de ferro planetária e a ideia de que estamos na pré-história do espírito humano, na era da barbárie das ideias, tal coincidência não é fortuita.*
> *Pré-história do espírito humano significa dizer que, no plano do pensamento consciente, estamos apenas no começo. Ainda estamos submissos a modas mutiladoras e disjuntivas de pensamento e ainda é muito difícil pensar de modo complexo. A complexidade não é a receita que trago, mas a chamada à civi-*

> *lização das ideias. A barbárie das ideias significa também que os sistemas de ideias são bárbaros uns em relação com os outros. As teorias não sabem conviver umas com as outras. Não sabemos, no plano das ideias, ser verdadeiramente conviviais. O que quer dizer a palavra barbárie? Quer dizer o incontrolado. Por exemplo, a ideia de que o progresso da civilização se acompanha de um progresso da barbárie é uma ideia muito aceitável quando se compreende um pouco da complexidade do mundo histórico social. É verdade que numa civilização urbana que oferece bem-estar, desenvolvimentos técnicos e outros, a atomização das relações humanas conduz a agressões, a barbáries, a insensibilidades incríveis. Devemos compreender estes fenômenos e não nos espantarmos com eles. Creio que esta tomada de consciência é ainda mais importante pelo fato de que, até uma época bem recente estivemos tomados pela ideia de que a história ia acabar, que nossa ciência tinha conquistado o essencial de seus princípios e de seus resultados, que nossa razão estava no ponto, que a sociedade industrial se punha nos trilhos, que os subdesenvolvidos iam se desenvolver e que os desenvolvidos não eram subdesenvolvidos; teve-se a ilusão eufórica de quase fim dos tempos. Hoje, não se trata de mergulhar no apocalipse e no milenarismo; trata-se de ver que talvez estejamos no fim de um certo tempo e, nós esperamos, no começo de novos tempos.[2]*
>
> — Edgar Morin

A razão é evolutiva, mas não existe uma única evolução lógica, como pressupõe a racionalidade. Inclusive, há uma falsa racionalidade contemporânea quando se julgam populações em que a complexidade de pensamento existia nas técnicas, no conhecimento da natureza e nos mitos como sendo "primitiva", "infantil", pré-lógica". Afinal, quem é primitivo e quem é avançado em um planeta que permite desmatamentos, queimadas, poluição? Que aceita pessoas morando nas ruas enquanto outras têm tanto dinheiro que poderiam sobreviver por mais trezentos anos com gastos estratosféricos por mês?

O mesmo se processa com o mercado. Evoluídos são os que concentram renda, deliberam em interesse próprio, criam megamonopólios para benefício de poucos às custas da energia de muitos? A evolução, em seu sentido realmente complexo, deveria prever a integração do todo na prática, e não apenas na linguagem ("global", "internacional", "multinacional", "conectado em rede"…). Caso contrário, é puro reducionismo pontual, pessoal e limitado.

Muitas empresas utilizam argumentos mercadológicos de Responsabilidade Empresarial Corporativa e blá-blá-blá, mas poucas realmente estão preocupadas em efetivar transformações no contexto onde vivem. Na verdade, preferem até mantê-los para "seguir ganhando e performando em um cenário favorável de crescimento de mercado para ganhar uma fatia cada vez maior do bolso do consumidor". Quem já não ouviu essa frase?

Com essa reflexão em mente, fui a campo entrevistar algumas pessoas expoentes em projetos de transformação social, para ouvir, estudar e compartilhar o que pensam, de forma prática, sobre diversos dos conceitos apresentados em *Gestão Sistêmica para um Mundo Complexo*.

Surpreendente como toda essa teoria se encaixa, se faz prática, se demonstra aplicada.

Vale prestar atenção nas poderosas estratégias — e aos leitores atentos, nas poderosas dicas! — que Carola M.B. Matarazzo, Aser Cortines, Claudinho Miranda, Regina Steurer e Educação para Gentileza e Generosidade têm para compartilhar. São histórias reais, autênticas, sistêmicas, e todas vêm acompanhadas de um sistema também, o que pode servir de inspiração para você criar o seu próprio sistema ou o do seu projeto, empreendimento ou negócio. E são a prova de que sim, existem "novas solidariedades", que surgem de maneira espontânea da vontade e da mobilização das pessoas para além daquelas impostas por lei.

Como roteiro das perguntas:

- Em linhas gerais, conte sobre o seu projeto/causa considerando:
  — como surgiu (motivações e percepções);
  — como se desenvolveu (transformações e ajustes);
  — para onde se encaminha (projeções e evolução).
- Sobre relações e trocas com o ecossistema:
  — Como o seu projeto se relaciona com a comunidade local?
  — Como se integra com o ecossistema ao redor?
  — Como impacta esferas mais amplas, como o país e o mundo?
- Na sua visão, como a Inovação Social e o Empreendedorismo definem e diferenciam os conceitos:
  — Integrativo.
  — Holístico.
  — Sistêmico.
  — Complexo.

- Você aplica esses conceitos na gestão de seus projetos? Quais, de que forma e em que medida?
- Como a visão de interdependência, de causa e consequência, pode inspirar a responsabilidade socioambiental no mundo corporativo?
- Considerando que seu projeto é uma rede de relações integrativas, holísticas, sistêmicas e complexas, qual o melhor símbolo para representá-lo? E como você desenharia um diagrama que pudesse explicá-lo?

Ponto de Vista | Movimento Bem Maior

Por Carola M.B. Matarazzo[3]

Acredito na interdependência dos sistemas, sociedades e economias. Sob a visão da interdependência, somos todos interligados e interdependentes.

A Agenda 2030 das Nações Unidas criou metas ousadas, através dos dezessete objetivos de desenvolvimento sustentável, que tem como principal foco a erradicação da pobreza e o combate às alterações climáticas. Hoje, no Brasil, sabemos que os desafios são ainda maiores, visto que temos enraizados em nós muitos traços de uma cultura bastante individualista e segregadora.

Disso, surge o Movimento Bem Maior. Viemos para mobilizar pares, agregar esforços e formar redes para fortalecer a cultura da filantropia no Brasil. Trabalhamos no engajamento da sociedade por meio do coinvestimento em projetos sociais de grande potencial de impacto sistêmico, acreditamos que a transformação ocorre quando conseguimos tocar profundamente em pontos estruturais, e assim geramos ondas capazes de tocar sonhos comuns, repercutir e ampliar. Nós, do Movimento Bem Maior, também não queremos pouco, estamos trabalhando na articulação do setor e na influência em políticas públicas para construir um impacto duradouro. Estamos construindo bases para a construção de uma sociedade inclusiva e democrática, que contemple a valorização da diversidade, a redução das desigualdades, torne o país mais consistente e justo.

TEORIA DE MUDANÇA SISTÊMICA

A mudança sistêmica é um conceito sobre o realinhamento de relações, funções, incentivos e motivações implícitas a um equilíbrio mais eficiente sob a ótica social, de modo que os impactos gerados sejam melhorias notáveis e permanentes na qualidade de vida de milhões de pessoas. A abordagem do Movimento Bem Maior baseia-se em evidências e evolui à medida que continuamos a aprender com nossos parceiros e práticas.

Atualmente, nossa teoria baseia-se nos seguintes princípios:

1) *Investir em ideias de alto impacto sistêmico que:*

- *atuem em demandas claramente identificadas e delimitadas; sejam simples, fáceis de entender e de compartilhar;*
- *sejam validadas por evidências científicas.*

2) *Identificar pontos-chave:*

- *identificamos uma parte do sistema que seja essencial para o funcionamento saudável do todo e o trabalhamos para poder exercer efeitos de alavancagem em outras partes do mesmo;*
- *buscamos parceiros que estejam transformando ideias e oportunidades em ações e encorajamos as organizações/lideranças com histórico sólido, alta capacidade de articulação e credibilidade local.*

A estratégia do Movimento Bem Maior segue as seguintes premissas:

- *A filantropia prospera quando há pensamentos ousados, ferramentas eficazes, intuições robustas e normas que nutrem uma cultura de doação.*
- *Ao cocriar parcerias filantrópicas, auxiliamos indivíduos de alto patrimônio líquido que desejam investir em organizações que fortaleçam o setor filantrópico a obter um maior retorno social sobre a sua doação.*

Para filantropos que desejam cofinanciar projetos junto ao Movimento Bem Maior, oferecemos recursos para tomar decisões técnicas e bem fundamentadas, capazes de gerar impacto sistêmico e fortalecer políticas públicas que fomentem uma nova cultura em prol da generosidade.

Acredito na interdependência dos sistemas, sociedades e economias. Sob essa visão, somos todos interligados e interdependentes. Na minha visão, contemplando a complexidade apresentada no mundo atual, onde a consciência ampliada e a compreensão das vulnerabilidades sociais, das desigualdades de oportunidades, da falta de equidade social e dos desafios ambientais, além dos problemas estruturais de décadas e com os benefícios da interconectividade, só uma sociedade civil fortalecida, organizada, trabalhando complementarmente as políticas públicas e com a responsabilidade de lutar por assegurar os direitos básicos, poderá gerar a transformação social consistente.

O olhar ao coletivo, ao desenvolvimento local, ao impacto comunitário, a capacidade de olhar o todo, sem perder as singularidades locais, sociais e culturais, é parte integrante do trabalho de suprir a complexidade das demandas. Não há outra possibilidade. Me parece um caminho sem volta ou opções!

A visão holística, do todo, acompanha esse mesmo raciocínio. A inovação social depende da visão global para poder segmentar e prototipar, por exemplo, soluções integradas que possam ser escalonadas. Nesse sentido, o capital filantrópico, o investimento social privado, é de suma importância para levar novas soluções a antigos problemas que possam ser testados, avaliados e monitorados, a fim de modular e formular novas técnicas e metodologias, que possam exemplificar políticas públicas eficientes ou descartar modelos que não alcançaram as evidências necessárias de eficiência e eficácia.

O MBM fez a opção de atuar em três grandes eixos:
- *Fomento e mobilização à cultura de doação.*
- *Investir em projetos que chamamos de estruturantes, nas áreas de Educação e Empreendedorismo, que possam levar dados, metodologias e técnicas com evidências de resultados claros para auxiliar na construção e/ou complementação de políticas públicas.*
- *Investir em projetos de impacto social comunitário local nas mais diversas causas e regiões do Brasil.*

RESPONSABILIDADE SOCIAL

Quanto à responsabilidade social corporativa, na lógica causa-consequência, olhando de forma crítica para a empresa moderna, vejo as empresas como atores ativos na sociedade, tanto na formulação de novas ações sobre a questão ambiental como na própria construção da cidadania e de melhores condições de vida para a população para, assim, contribuir com o desenvolvimento em sua natureza multidimensional.

Cadeias produtivas sustentáveis, ética na gestão das pessoas e a gestão voltada para a prática do "ganha-ganha", onde a política socioeconômico ambiental é contemplada, nos coloca em um patamar de civilidade e construção de uma nação mais equilibrada e justa. Novos modelos e novas formas precisam de pessoas que acreditem na inovação, no uso da tecnologia e na crença da construção de uma nova economia!

Os exemplos oriundos das economias criativas e negócios sociais eficientes, onde essas práticas são recorrentes, são novos modelos que podem ser altamente inspiradores para as empresas maiores que tenham uma visão ampliada (holística) do seu papel socioeconômico ambiental e que tenham a visão da responsabilidade que exercem na sociedade. Os valores, os princípios e a ética das empresas devem ser colocados acima de interesses setoriais.

MAIS JUSTIÇA, INCLUSÃO E HUMANIZAÇÃO

Acredito no trabalho em rede, colaborativo, na formação de parcerias e no uso dos recursos de forma eficiente e coordenados. Nesse sentido, os três setores da sociedade são complementares e precisam estar em consonância, alinhados e visando ao bem comum. O Terceiro Setor, hoje, tem um papel fundamental em setores nos quais temos deficiências e um descaso de décadas. Exerce um papel resiliente, de trabalhar por mais justiça, inclusão e humanização dos problemas.

O desenho que me vem à mente é o de uma hélice que gira em torno de um eixo, o eixo de uma sociedade onde todos tenham suas oportunidades e direitos garantidos.

Um sonho... uma visão!

Ligue os pontos: Oportunidades e direitos

O Gerador de Sonhos e Visões

Por Carola Matarazzo

Uma hélice que gira sobre o eixo de uma sociedade onde todos tenham suas oportunidades e direitos garantidos.

O que gira e gera os seus sonhos? Qual a força e a energia que este gerador usa?

Ponto de Vista | Programa Líderes Empreendedores

Por Aser Cortines[4]

A Física Quântica e a Teoria da Complexidade são abordadas de forma bastante pragmática para que fique clara a principal mensagem: estamos todos absolutamente interconectados.

Para falar sobre os projetos em que estou envolvido, é importante fazer uma breve retrospectiva sobre a minha história profissional.

Comecei a minha carreira muito cedo. Desde o início, ficou clara a minha vocação para a área de educação, quando, aos 14 anos de idade, tomei a decisão de dar aulas particulares de matemática para ganhar meu próprio dinheiro. Minha principal inteligência naquele momento da vida era, sem dúvida, a Lógico-Racional, e a opção pela Matemática foi completamente natural, porque se tratava da minha grande paixão. Ganhar meu próprio dinheiro era importante, para não depender dos meus pais, mas a principal motivação talvez fosse meu envolvimento com a Matemática. Um fato muito curioso foi que, apesar de ter só 14 anos, a minha primeira aluna particular tinha 49 anos de idade. A partir daí, nunca mais me afastei da educação, que está fortemente presente na minha vida até os dias de hoje. Até concluir a faculdade de Engenharia, aos 22 anos, eu dava aulas particulares para jovens e eventualmente para alguns alunos com mais idade.

Concluída a faculdade e um mestrado, fiz concurso público para a faculdade de Economia, da Universidade Federal Fluminense (UFF), onde fui professor em tempo parcial por mais de trinta anos.

Além da UFF, fui professor de várias outras instituições de ensino, como o MBA do IBMEC, a pós-graduação da FGV (Fundação Getulio Vargas) e a pós-graduação da engenharia da UFRJ (Universidade Federal do Rio de Janeiro), dentre outras.

A minha carreira profissional não acadêmica teve início no começo dos anos 1970, em instituições privadas, mas logo ficou clara a minha vocação para o setor público, ao qual me dediquei de 1973 até 2005.

VOCAÇÃO SOCIAL RESPONSÁVEL

Trabalhei durante muitos anos no Banco Nacional da Habitação, o antigo BNH, que, quando encerrou suas atividades, teve as atribuições e funcionários transferidos para a Caixa Econômica Federal, um banco público. Embora sendo um banco, durante os cerca de vinte anos que trabalhei na Caixa, sempre estive muito mais envolvido com o seu papel *social e de Banco do Desenvolvimento Urbano do que com sua função mais bancária. Quando me desloquei para Brasília, fui com a convicção da importância de uma maior aproximação da Caixa com os movimentos sociais. Dois meses depois, já estava reunido com algumas lideranças que lutavam pela moradia, num prédio invadido no centro de São Paulo. Abri naquele momento um canal de diálogo com os movimentos pela moradia, deixando claro que invasão não deveria ser um instrumento utilizado para reivindicação e abertura de comunicação. As próximas reuniões não deveriam ser em prédios invadidos.*

Minha vocação ficou muito clara. Entendia que através da Caixa eu poderia ajudar pessoas a resgatar sua dignidade e autoestima com os programas que eram oferecidos. Criamos, inclusive, programas novos, sempre com o objetivo de resolver questões não contempladas pelos programas existentes. Ao encerrar a minha atividade na Caixa, em 2005, tomei a decisão de desenvolver uma atividade diferente do que me dediquei ao longo de mais de quarenta anos.

Voltei novamente para a área da educação, mas de uma outra forma. Não queria mais ser professor de assuntos técnicos como Matemática, Estatística, Finanças, Análise de Investimentos, dentre outros.

A COMPLEXIDADE NA EDUCAÇÃO PROFISSIONAL

Tomei a decisão de trabalhar com programas para executivos e profissionais voltados para gestão, estratégia e liderança, programas que têm como essência a educação para transformação.

Toda educação é transformadora, mas quando você trabalha com assuntos de natureza comportamental, a possibilidade de contribuir para a transformação de pessoas é muito maior. Tenho, no entanto, absoluta clareza de que a decisão de transformação é sempre absolutamente pessoal e que o meu papel, como facilitador, é apresentar estímulos para tal. Uma decisão que tomei internamente, ao encerrar minha carreira como executivo na Caixa, foi que dedicaria parte do meu tempo para trabalhos pro bono ajudando pequenas organizações de jovens e fazendo alguns trabalhos em favelas.

Assim era dividido o meu tempo, cerca de 50% para trabalhos voluntários e 50% para trabalhos remunerados, até que, em 2012, uma conversa mudou a minha vida. Fui provocado para fazer um trabalho com 60 líderes de favelas na periferia de Recife. Foram 4 finais de semana ao longo de 4 meses, e essa experiência foi tão fascinante e emocionante, que me deu a convicção de que deveria integrar todo o meu trabalho. Por que não desenvolver um programa para executivos e profissionais de grandes organizações em que também participassem líderes de favelas e jovens que estão iniciando sua carreira profissional em startups e pequenas organizações?

E assim foi, e surgiu o Programa Líderes Empreendedores, de que participam executivos, profissionais de startups e de pequenas empresas e líderes de favelas, que, durante oito dias, divididos em quatro módulos de dois dias, com intervalos de quatro semanas entre os módulos, estão juntos dialogando sobre os principais temas da gestão. São abordadas e aprofundadas dez dimensões ao longo desse período: educação, inovação, ação, invisível, comunicação, ética, estética, coletivo, evolução e futuro.

Em 2015, com essa concepção, já surgiu a primeira turma do Programa Líderes Empreendedores e, até 2020, foram realizadas quatorze turmas no eixo São Paulo-Rio de Janeiro. Em 2021, foram realizadas três turmas virtuais, com participantes de nacionais e internacionais.

A IMPORTÂNCIA DE UMA VISÃO SISTÊMICA E HOLÍSTICA

Sem querer desmerecer a extrema importância de Descartes para a evolução da ciência, o programa aborda de forma não cartesiana as dez dimensões da gestão mencionadas anteriormente, usando todos os referenciais da Teoria da Complexidade. A importância de uma visão sistêmica e holística está presente todo o tempo.

A integração já começa com a composição da formação das turmas em que procuramos trazer líderes comunitários que tenham alguma ligação com as organizações que estão representadas pelos seus executivos e profissionais. Essa importância é trabalhada com profundidade quando falamos sobre a dimensão da estética.

A Física Quântica e a Teoria da Complexidade são abordadas de forma bastante pragmática, para que fique clara a principal mensagem, que é a de que estamos todos absolutamente interconectados.

A riqueza dessa diversidade de participação e a didática que é utilizada têm propiciado resultados extremamente favoráveis. Os feedbacks, não só das comunidades que visitamos após a participação de seus líderes, como também das organizações participantes, através dos gestores de Recursos Humanos, têm sido muito positivo, o que nos mostra que estamos no caminho certo.

O programa é extremamente dinâmico, não só pela natureza dos participantes, mas também porque estamos permanentemente atualizando os conteúdos a partir dos novos referenciais técnicos e sociais.

Ligue os pontos: Transformação social

Matriz da Inteligência Interconectada

Por Aser Cortines

Física Quântica e Teoria da Complexidade para comprovar que estamos todos absolutamente interconectados.

Como você se sente conectado com a sua inteligência? E com a inteligência do mundo?

Ponto de Vista | Instituto Favela da Paz

Por Claudinho Miranda[5]

Por fazermos parte, respeitamos esse processo evolutivo humano e nos conectamos com esse ecossistema invisível que a todo momento nos ensina como é que se vive em comunidade — para estar verdadeiramente conectado, é importante conhecer o sistema todo.

O Instituto Favela da Paz surge em 2010 com a proposta de servir para o mundo que sonhamos, servir a partir daquilo que coletivamente sonhamos juntos. Localizado dentro do Jardim Ângela, na periferia de São Paulo, está integrado à favela. Tudo começou a partir de uma necessidade nossa de ir à comunidade para manter viva a cultura da música e da arte em geral da periferia. Iniciamos com uma banda, em 1989. Percebemos a necessidade e começamos a ver que muitas outras pessoas gostariam de aprender música e formar bandas e grupos. Incluímos as pessoas desde muito cedo, com 12 e 13 anos de idade.

Também percebemos a necessidade de outras carências: ter contato com alimentação saudável e com o esporte, por exemplo, e fomos incluindo outras dentro do contexto do Instituto. E começamos a pensar em como manter essa essência de comunidade e na evolução dela a partir da arte da cultura e da alimentação.

INTELIGÊNCIA COLETIVA DA PERIFERIA

A periferia e as favelas são um espaço fértil de muito conhecimento e muita troca; existe um compartilhar nesse lugar em que as pessoas compartilham daquilo que têm no pouco que têm, e esse conhecimento é o que o Instituto Favela da Paz carrega como a base de informar a comunidade e de se manter como comunidade nesse senso comum de ser humanidade em prol da vida e da natureza.

Existem muitos conhecimentos indígenas, estamos na quinta geração, e nossos bisavós ou avós indígenas, até muita gente que vem do Nordeste, faz parte desse projeto nosso de resgatar o senso comum de comunidade, aquela sabedoria que ao longo do tempo vai se perdendo. E tentamos manter tudo integrado às novas tecnologias, com as redes sociais de arte e música.

Por fazermos parte, respeitamos esse processo evolutivo humano e nos conectamos com esse ecossistema invisível que a todo tempo nos ensina como é que se vive em comunidade — para estar verdadeiramente conectado, é importante conhecer o sistema todo.

Sobre inovação social e empreendedorismo, depois de diversos cursos e treinamentos, percebi a importância do empreendedorismo, da inovação social, do impacto social e ambiental, trato isso como um processo de cura, pois precisamos começar a integrar mais a natureza e as pessoas da nossa vida.

Se antes era valorizado o nome empresário, hoje a importância está no empreendedor. Talvez em breve surjam outros nomes. O importante é que, aos poucos, vamos elevando o nível de consciência para nos transformarmos em seres muito mais sensíveis e muito mais servidores nessa vida, no planeta. Eu sinto que isso é um processo pelo qual estamos passando, uma forma de tentar descobrir não nossa origem biológica interna, mas a vontade de servir o outro.

RESPONSABILIDADE COLABORATIVA

No Instituto, toda vez que é criado um projeto, no processo de criação, passamos por um processo de regeneração. Todos carregamos muitos traumas por conta desse sistema que nos impulsiona a competir, a tentar ser melhor que o outro...

Acreditamos e colocamos em prática que somos seres colaborativos. O espaço da competição acaba destruindo tudo a nossa volta e a nós mesmos. Em nosso processo regenerativo, utilizamos ferramentas como audiovisual, música e alimentação para ganhar consciência, por exemplo, a alimentação saudável. Temos a preocupação com aquilo que as pessoas vão ingerir, de como está sendo feito. A troca, de fato, não é o dinheiro, o dinheiro é parte do que nos locomove.

Pensando de forma sistêmica, o ideal seria oferecer aquilo que a gente tem para oferecer, sem a troca do dinheiro como um papel principal.

Por exemplo, o nosso programa Vejearte, que estimula a alimentação vegetariana, saudável e sustentável, precisa sair para levar alimentação para alguém, e tem muito amor nessa troca, no fazer e oferecer o alimento. Essa é a nossa visão de causa e consequência, que mobiliza projetos e negócios sociais, além de inspirar a visão de responsabilidade socioambiental e corporativa.

Quando alguém muda alguma coisa em si mesmo nesse sentido, de ser responsável por si, e por todos também, ao empreender algo, começa a atrair energeticamente um campo de pessoas que também têm aquele mesmo foco, que têm aquela mesma vontade de fazer, é isso que faz o projeto dar certo. Quando você pensar se vai dar certo, já deu certo, e automaticamente virão pessoas fazer parte desse ciclo de vida. Uns vão ficar por um período e vão te apoiar e, talvez, sejam seus companheiros para o resto da vida. Mais que um negócio, cria-se uma família, uma comunidade, e a consequência maior é que, quando existe essa responsabilidade, tudo o que se cria inspira os outros, fortalece os propósitos e gera impacto positivo para tudo em sua volta.

A mudança é de dentro do processo para fora, a mudança de dentro cria a mudança para fora, que gera novas mudanças internas a partir daquele conhecimento trocado coletivamente.

A MENTE OBEDECE ÀQUILO QUE O CORAÇÃO PEDE

O melhor símbolo que representaria o Instituto é um coração, pois já está comprovado cientificamente que tudo parte do coração. E a mente obedece àquilo que o coração pede, logo, existe uma energia de fonte muito forte que pulsa no coração. É uma inteligência invisível que sente muito mais rápido que a mente. Quando as pessoas vêm para cá, não querem ir embora, sentiram essa vibração do amor, da nossa vontade permanente de criar uma família planetária baseada no amor sem medo.

Ligue os pontos: Senso de sobrevivência

O Fluxo da Energia Comunitária

Por Claudinho Miranda

Entradas e saídas de fluxos de energia comunitária; pulsação e distribuição de vida e de sobrevivência.

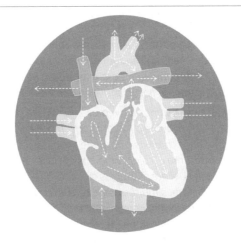

O que pulsa em você e faz gerar a energia que estimula a sobrevivência?

Ponto de Vista | Projeto Âncora e Cidade Âncora

Por Regina Machado Steurer[6]

Os fenômenos não são simples, mas compostos de emaranhados de informações. Para entendermos um problema, precisamos saber como cada um que participa do problema o enxerga. A mesma coisa para encontrar a solução, cada um pode ter uma parte da solução.

Criança e educação nunca foram objetos de minha preocupação até conhecer Walter Steurer. Juntos, em 1995, criamos o Projeto Âncora. Walter queria "devolver ao país o que dele recebeu", e eu queria mudar o mundo. Juntos, decidimos que a melhor estratégia para mudar o país e o mundo seria cuidar da educação das crianças. Acreditávamos que uma boa educação poderia fazer pessoas melhores, que fariam o mundo melhor. Mas não a educação vigente, pois essa contribuiu para construir um mundo injusto e excludente, que está colocando em risco a própria raça humana.

Projetei o que, na época, chamávamos de Cidade Âncora, numa área de 9.000m². Foi o único projeto em que eu era cliente de mim mesma. Projetei uma minicidade, com uma praça/circo no centro, a ágora, lugar das festas e assembleias. Ao redor, ficavam os prédios da administração, dos esportes, um ambulatório, o prédio do trabalho, das oficinas de arte, o prédio dos cursos e um cinturão verde com mata, horta e criação de pequenos animais. Sonhava uma cidade autêntica, que receberia todos como cidadãos, que participariam de sua construção e gestão, um lugar onde os dons de cada um seriam bem-vindos e colocados a serviço de toda a comunidade. Um lugar para a formação de cidadãos, moradores da pólis e politicamente participativos e democráticos.

Eu e Walter nos casamos e tivemos 2 filhos, e a paixão pela pedagogia apareceu. Começamos o Âncora com creche e Educação Infantil em tempo integral para crianças a partir de 4 meses. Para os adolescentes e jovens, no contraturno escolar, tínhamos oficinas de esportes, circo, dança, música, línguas, skate e diversos cursos profissionalizantes conforme a demanda. E fazíamos muitos passeios com a criançada para reconhecimento do território das comunidades do entorno. Visitas a museus, bienais, teatros e viagens também compunham o rol de ações. Pensávamos que daríamos conta de complementar a escola formal. Só que não.

UTOPIAS E REALIDADES

Como não perguntamos para a comunidade o que ela queria, obviamente fizemos bobagem. Construímos um prédio para os cursos de marcenaria, serralheria e mecânica de automóveis e uma estufa para os cursos de jardinagem e paisagismo. Não rolou. Os jovens só se interessavam por cursos na área de TI (Tecnologia da Informação). Esse prédio acabou se tornando o prédio das artes. Depois construímos o prédio para os cursos de TI, e chegamos a ter setecentas crianças e jovens.

Em 1998, fizemos nosso primeiro planejamento estratégico, no qual definimos a filosofia e a pedagogia. Logo nos incomodamos com a educação que as crianças recebiam nas escolas públicas e começamos a sonhar em ter todas as crianças em horário integral. Visitávamos frequentemente as escolas e acompanhávamos o desempenho dos nossos educandos. Constatamos que as crianças ficavam divididas entre dois mundos, duas culturas, duas formas de ver o mundo, felizes no Âncora e infelizes na escola. Queríamos as crianças por inteiro e queríamos as famílias mais perto. Para ter a criança o dia inteiro, e não dividida, teríamos que ter também uma escola formal, isso significava um passo imenso, e precisávamos de ajuda.

Conhecemos a Casa Redonda e sua fundadora, Maria Amélia Pereira, a Peo, em 1999. Foi essa escola e essa educadora que nos abriu o entendimento para a beleza e a força transformadora de uma pedagogia a partir do foco da criança. Nossos filhos passaram a frequentar a Casa Redonda pela manhã e a creche do Projeto Âncora à tarde, e Peo veio nos ajudar na formação da nossa equipe pedagógica.

Mais tarde, lendo o livro A Escola que Sempre Sonhei sem Imaginar que Pudesse Existir, *do Rubem Alves, passamos a sonhar mais concretamente com uma outra escola. Convidamos a Peo para nos ajudar a abrir uma escola, mas ela não podia. Sem saber por onde começar, intensificamos a presença do Projeto Âncora junto às escolas dos nossos educandos e passamos a oferecer Encontros com Educadores para os professores da Rede Municipal de Ensino, com pensantes e executantes dessa outra escola possível. Durante quatro anos, de 2005 a 2008, recebemos no Âncora grandes nomes da educação: Yves de la Taille, Peo, Teresinha Fogaça, Tânia Zagury, Madalena Freire, Rosely Sayão, Frei Betto, Mario Sergio Cortella, Ana Elisa Siqueira e José Pacheco. Este último, convidamos para fazer conosco aquela sonhada escola pelo Rubem Alves, mas ele também não podia.*

Em 2011, quinze dias antes da morte do fundador Walter Steurer, Pacheco nos escreve um e-mail perguntando se ainda gostaríamos de fazer a tal escola. Dizia que havia escolhido o Âncora como seu último projeto de vida, que já tínhamos a base e os valores para fazermos essa escola. Disse que poderíamos, inclusive, procurar casa para ele comprar e emprego para sua mulher, também educadora. Walter morreu dia 1º de março sabendo que o sonho da escola iria ser realizado.

De 2012 a 2019, o Âncora funcionou com o atendimento de 150 crianças em Educação Infantil, Fundamental I e II e Ensino Médio e, no contraturno, continuávamos com os atendimentos complementares de esporte, artes, circo, yoga, entre outros. José Pacheco passou curtíssimos períodos conosco, mas foi fundamental para nos fazer crer que podíamos fazer o que sonhávamos, que o Brasil tinha a base teórica e muitas práticas já avançadas. Sua esposa, a educadora Claudia Santos, assumiu a coordenação pedagógica e foi fundamental para formar, minimamente, uma equipe de educadores. Em 2014, Pacheco se afastou e, em 2016, Claudia também nos deixava. Em 2018, 80% da equipe de professores da escola também saiu. Era a crise financeira do Âncora, do país e do mundo, que, junto com uma crise institucional, colocou em risco o Projeto Âncora.

Com as famílias cada vez mais afastadas da vida que se pretendia comunitária, longe do sonho de uma Cidade Âncora democrática que acolhesse a todos como cidadãos, o Projeto Âncora chegou a 2020, ano em que completou 25 anos, tendo que se reinventar.

Na fundação, não perguntamos a ninguém como fazer o Projeto Âncora. Em 2011, também não perguntamos a ninguém que modelo de escola queriam. Com o tempo, a entidade foi se fechando, em especial a escola, no que um de nossos diretores alertou como sendo um autoestrangulamento. Os milhares de visitantes que tivemos, a maioria educadores, nos viam como uma ilha de excelência, e nós não desmentimos. Recebemos prêmios, fomos pauta de centenas de matérias e filmes e estudos acadêmicos. Aos poucos, nos vimos sozinhos, estrangulados. Precisamos ainda de tempo para analisar tudo que aconteceu e escrever essa história com a visão de cada um que dela participou.

Aquele Projeto Âncora certamente cumpriu sua missão. Quando converso com ex-alunos, hoje com 30, 40 anos, quando vejo o número de escolas que transformaram seu modelo pedagógico inspirado no Projeto Âncora, quando computo o número de visitantes e pessoas que frequentaram nossos Encontros de Educação e nosso cursos de Transformação Vivencial, tenho certeza de que influenciamos positivamente uma mudança cultural no país e no mundo. Sim, cumprimos uma missão.

INTERDISCIPLINARIDADE ESTRATÉGICA

O Terceiro Setor tem mais liberdade que o Primeiro e Segundo para quebrar paradigmas e criar novos modos de ser, fazer e pensar. Mas ele não tem capital, ou o capital é carimbado e controlado. O chamado Setor Dois e Meio pode ser um caminho. Sem clientes ou eleitores, como no caso do Primeiro e do Segundo Setor, o Terceiro pode mais facilmente desenhar estratégias mais globalizadoras e abarcantes, e ao mesmo tempo reconhecer a especificidade das partes que compõem todo um sistema.

Não sei dizer como o setor inteiro se define, mas para sermos integrativos, não podemos ser competitivos, precisamos unir as forças, trabalhar em conjunto. Os problemas que o Terceiro Setor procura resolver fazem parte de um sistema, em que cada área trabalha isoladamente um componente desse sistema e diminui a chance de solução do problema. É como enxugar gelo. Tudo está interligado: educação, cultura, saúde, trabalho etc. Só a ciência não dá conta de explicar o mundo e seus problemas. A experiência do Âncora também comprova que os componentes sócio, emocional e espiritual, estes deixados de lado nos nossos últimos anos, não dão conta do tamanho da encrenca. É urgente a interdisciplinaridade em todos os aspectos.

Vale lembrar o quanto os serviços públicos ainda estão longe dessa visão, que junto com as escolas e a academia ainda dividem tudo, num verdadeiro esquartejamento do saber e do sistema. O Âncora, com sua dependência do poder público, como a maioria das organizações do Terceiro Setor, vive uma verdadeira esquizofrenia. Aqui me reporto a Edgar

Morin e o seu Pensamento Complexo, e lembro também de Paulo Freire. O pensamento simples não responde às demandas atuais e não expressa a verdade. Os fenômenos não são simples, mas compostos de emaranhados de informações, fazendo-se necessário estabelecer muitas articulações para que o Terceiro Setor possa responder às reais demandas do mundo hoje. Paulo Freire dizia que para entendermos um problema, precisamos saber como cada um que participa do problema o enxerga. A mesma coisa para encontrar a solução, cada um pode ter uma parte da solução.

Eu nunca fui a gestora do Projeto Âncora. Sou arquiteta e só recentemente consegui enxergar o quanto o meu processo para projetar um espaço tem tudo a ver com a gestão de organizações. Sobre isso, estou ainda tentando organizar o pensamento. O Âncora teve sua gestão centralizada no fundador durante quinze anos, gestão tradicional que ele trouxe da própria empresa e de outras em que foi diretor. Com a morte do Walter, eu logo avisei que eu não ocuparia esse lugar e que faríamos uma gestão democrática. Com o tempo, ficou claro que parte da equipe sonhava com a forma centralizada anterior e clamava por alguém que tomasse as decisões, enquanto outra parte tinha sonhos de ocupar esse posto de poder. Essa luta de poder também fez, com certeza, parte da crise institucional que nos trouxe até aqui. Como também a cultura de não participação social.

Posso dizer como eu sonho a gestão. Em todos os projetos de arquitetura que me envolvi, antes de começar a colocar no papel uma ideia de organização espacial, eu precisava de algumas informações básicas. Precisava conhecer o terreno físico que pisava, relevo, ventos dominantes, orientação solar, vegetação existente, infraestrutura básica, como o local que se inseria na área urbana. Precisava conhecer a quem o projeto serviria e quais os sonhos e necessidades que deveriam ser atendidas pelos usuários deste. Precisava conhecer a "mística" por trás daquele desejo de se construir algo. Que mistério, o que havia de oculto e que seria "mister" conhecer para poder ser expresso espacialmente. Desse caldo, nasceriam forma e função a serviço das pessoas, suas causas e necessidades.

A gestão de uma OSC deveria contemplar todos esses cuidados, saber muito bem em que território a gestão está se dando, envolvendo quais dinâmicas, histórias e contextos, para não deixar escapar nada que possa interferir no projeto e na execução da gestão e governança. Também conhecer e se relacionar com os diversos atores internos e externos, parceiros e outras OSCs, com quem podemos dividir os problemas, somar as soluções, encontrar caminhos comuns. Integrar todos os envolvidos, equipe, atendidos, famílias, vizinhos, empresas locais, parceiros do 1º e 2º setores de áreas afins.

A gestão é um serviço, não um posto de poder. Ela entrega algo que contempla as necessidades pessoais, da organização e do propósito. Ser holístico é gerir enxergando o todo, e não as partes. Para isso, o gestor precisa estar sempre cercado, nunca solitário; precisa de um grupo de conselheiros com os pés dentro e fora da organização, com visão de especialista de sua área, por exemplo, pedagógica, jurídica, política, socioemocional, comunitária etc.

Ser sistêmico é gerir sem perder de vista todo o sistema em que estamos envolvidos internamente, rompendo barreiras funcionais, decisões isoladas, prevendo os impactos das possíveis decisões em todo o sistema. Multiplicando também para os parceiros do Primeiro e Segundo Setores essa visão, procurando integrar todos os setores, secretarias de governo e empresas. Ser complexo, enfim, é ter uma gestão horizontal, com pé no chão e visão de longo alcance no tempo e no espaço, cercada de pessoas das diversas áreas, com encontros constantes junto a todas estas áreas, com ouvidos e coração abertos, sempre se alimentando da essência da organização, nunca perdendo de vista a missão a que serve — os valores —, construindo coletivamente uma política para os processos e atividades. Nunca abrindo mão do tripé da arte, filosofia e ciência para embasar sua ação, alimentando-se continuamente no plano socioemocional e espiritual.

DEPENDEMOS TODOS UNS DOS OUTROS

Há de se identificar primeiramente exatamente o que é causa e o que é consequência, ou efeito. A causa vem antes, a consequência é o resultado. Muitas vezes, não identificamos as causas e nos fixamos na consequência. Desenvolver, com o know how do Âncora, uma formação de lideranças capazes de identificar causas e consequências de suas ações para um olhar sobre a responsabilidade dos impactos, isso poderia ser uma fonte de renda e um caminho para multiplicar uma visão sustentável nas empresas.

Tenho olhado para o desenho da Economia Donut, da Kate Raworth, como uma matriz possível para diversas outras aplicações. Enxergo nessa matriz a minha forma de fazer arquitetura e tenho enxergado também como um modelo para a gestão das organizações. Um miolo, que se desenhasse em três dimensões apareceria como uma coluna, um eixo. Este miolo é o propósito, razão de existir, onde está a essência que nos move. Depois, segue o cuidado com as pessoas, o cuidado integral, a solidariedade, escuta, inclusão. No meio do diagrama está o lugar seguro; já de fora para dentro está o cuidado com o planeta, a ecologia e, em seguida, o cuidado com a sociedade, com o macro, a política, a economia, os grandes temas. Cada um de nós e cada organização precisa ter o olhar para esse todo; não há fora, dependemos todos uns dos outros e dos cuidados que temos em todos os níveis. Todas as ações que empreendemos necessitam estar alinhadas com esse conjunto para podermos contribuir para criar o lugar seguro para todas as formas de vida e de organização da vida.

Em 2020, o Projeto que virou Cidade, a Cidade Âncora, velho/novo nome para uma nova instituição pós-pandemia, está se reinventando ao voltar para seu propósito fundador, olhando para a história de 25 anos e toda a bagagem acumulada, e chamando quem quiser que se alinhe com seus valores para serem cidadãos fundadores e construir junto uma Cidade Educadora. Um espaço de coexistência entre pessoas físicas e jurídicas dispostas a aprender, reinventar e experimentar uma outra forma de ser e estar no planeta, e se transformar em uma referência para outras iniciativas de impacto social.

Ligue os pontos: Regeneração e participação

O Circuito dos Cuidados Ecossistêmicos

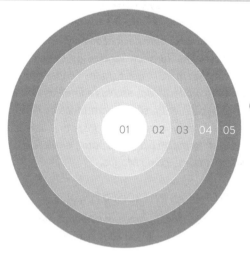

Por Regina Machado Steurer

Uma forma de pensar e fazer arquitetura e um modelo para a gestão das organizações.

Como você prioriza os cuidados com o que mais interessa ao seu negócio?

LEGENDA:
01. Cuidar da essência, razão de ser das organizações.
02. Cuidar das pessoas ligadas às organizações.
03. Ambiente seguro e justo, economia regenerativa, democracia participativa.
04. Cuidar da sociedade.
05. Cuidar do planeta.

Ponto de Vista | Educação para Gentileza e Generosidade

Por Equipe EGG[7]

Todos são parte deste sistema integrativo, complexo e com grande potencial para a mobilização e a transformação social multidimensional pela educação.

A primeira plataforma brasileira de Educação para Gentileza e Generosidade (PEGG) surgiu da constatação de que, cada vez mais, colaborar se fará necessário em uma sociedade competitiva que tem reforçado a indiferença, a intolerância, a polarização e a violência e o desrespeito em suas relações de troca em todos os âmbitos: dos laços de família às tratativas políticas; das negociações comerciais às redes sociais. Para reverter este cenário, é fundamental investir o quanto antes na educação com base nos 7 princípios da Educação para Gentileza, Generosidade, Solidariedade, Sustentabilidade, Diversidade, Respeito e Cidadania (7PEGG), naturalizando virtudes humanitárias fundamentais não só ao bom convívio como ao desenvolvimento econômico sustentável de toda a sociedade.

A PEGG iniciou suas atividades em novembro de 2019 com o nome Dia de Doar Kids, uma versão para crianças do tradicional Dia de Doar, evento que celebra a cultura de doação no Brasil desde 2013, por sua vez conectado ao Giving Tuesday Spark e ao Giving Tuesday, movimento global que surgiu em 2012 nos Estados Unidos e hoje está em mais de 80 países. Com a adesão das escolas e famílias, começou 2020 expandindo sua atuação de um só dia para todos os dias, considerando que todo dia é dia de doar, compartilhar, inspirar e apoiar, e assim se transformou na plataforma de Educação para Gentileza e Generosidade, uma projeto social da Umbigo do Mundo.

SOLUÇÕES SISTÊMICAS INTERDISCIPLINARES

Considerando a educação como um caminho viável para a conscientização social, a PEGG oferece soluções sistêmicas integrativas, interdisciplinares e interpúblicos.

Para as escolas, metodologia com 26 planos de aula adaptados da renomada Learning to Give e adequados à nova BNCC, além de cursos e prêmios. Para as famílias, aulas práticas com vídeos, leituras e ativida-

des. Para jovens lideranças sociais, eventos e oportunidades de conexão e visibilidade. Para a sociedade, estudos e pesquisas inéditos com crianças e jovens. Para as empresas, dinâmicas de desenvolvimento humano para programas de treinamentos.

Tudo gratuito, descomplicado, acolhedor e acessível.

Além do desenvolvimento humano nas competências técnicas e socioemocionais, a PEGG valoriza e promove as competências sociotransformacionais, que despertam a consciência social para uma convivência mais equânime, colaborativa e cidadã, em uma sociedade com menos desigualdades e mais distribuição de acessos. O mantra é sair da teoria e ir para a prática, pois gentileza se aprende praticando e a generosidade se aprende doando, e quanto tudo isso começa na infância as perspectivas são sempre melhores. Ser generoso e investir na bolsa de valores humanitários faz com que a cotação de ativos essenciais subsistência de todo o ecossistema fique cada vez mais em alta.

TRANSFORMAÇÃO SOCIAL MULTIDIMENSIONAL

Após a estruturação dos 26 planos de aula com base na Metodologia 7PEGG e da implementação deste repertório em 4 escolas selecionadas para um Projeto Piloto (realizado com aporte do Fundo BIS em 2020) ficou evidente a percepção de que, mais que dialogar com o ecossistema escolar (professores e coordenadores pedagógicos, estudantes, familiares, comunidade de entorno), trata-se de um circuito de mudança disruptiva envolvendo inúmeros públicos (stakeholders) que, por sua vez, detêm a capacidade de envolver outros tantos inúmeros públicos criando um ecossistema interdisciplinar e multidimensional que está em permanente expansão e se retroalimenta e desenvolve com base no repertório que é compartilhado e cocriado.

Exemplificando: professores mobilizados pela Metodologia dos 7PEGG se transformam enquanto transformam a estrutura escolar e as redes relacionais com as quais interagem (primariamente familiares e amigos); alunos mobilizados se transformam enquanto transformam suas famílias e as redes relacionais com as quais interagem (no presente, amigos; futuramente: ambiente de trabalho e ambiente comunitário/solidário); famílias mobilizadas se transformam enquanto transformam as redes relacionais com as quais interagem (outras famílias, ambiente de trabalho e ambiente comunitário/solidário); comunidades mobilizadas se transformam enquanto transformam as redes relacionais com as quais interagem (colaboradores, fornecedores, apoiadores, público *apoiado...) em um circuito virtuoso de mensuração primária tangível (quantificações: quantas escolas, quantos professores, quantos alunos, quantas famílias, quantas iniciativas, quantas doações...) e mensuração consequencial imprevisível (qualificações: quantos e quais gestos de gentileza e generosidade praticados, quantos e quais projetos sociais criados, quantas e quais comunidades apoiadas, quantas e quais pessoas inspiradas...).*

Este mesmo circuito se repete de forma descentralizada, imprevisível e potente independentemente de quem começa o processo: pode ser a partir de uma criança, de um jovem, de um pai ou uma mãe, de um jornalista, uma personalidade pública ou de cada um dos parceiros que apoiam a EGG e multiplicam os princípios em suas redes... Todos são parte deste sistema integrativo, complexo e com grande potencial para a mobilização e a transformação social multidimensional.

REDE DE PARTICIPAÇÃO RECÍPROCA

A implementação da Metodologia de Ensino possibilita não apenas a conscientização social e como potencializa a mobilização e transformação, considerando:

- **o senso de continuidade:** *o despertar de níveis de consciência inter-relacionados: para dentro (conscientização individual, olhar para o "meu mundo"); para o outro (percepção solidária, entender o "seu mundo") e para o todo (atuação coletiva, transformar o "nosso mundo"), viabilizando um sistema de impactos no curto, médio e longo prazo;*

- **a vivência da interconexão:** *a aproximação junto ao macro-contexto situacional: social, econômico, cultural, étnico, educacional... possibilitando o entendimento sistêmico, e não apenas pontual, do impacto da intolerância, da polarização, da violência, assim como da escassez, da desigualdade e da pobreza, entre tantas outras questões estruturais, na subsistência da economia que mantém saudável e sustentável uma sociedade;*

- **a perspectiva dos desdobramentos:** *a abertura para novas oportunidades e apoiadores, para iniciativas de capacitação/formação e de estudo/pesquisa que se transformam em projetos que retroalimentam todo o sistema, tais como:*

— a criação do **Prêmio Educação para Gentileza e Generosidade Escolas**, um dos 50 projetos selecionados entre 2.000 candidaturas, em 93 países, para o Starling Collective, que identifica e apoia lideranças de base que trabalham para acelerar abordagens inovadoras para catalisar a generosidade, empatia, equidade e justiça, especialmente em tempos de COVID-19. A cada nova edição[8], a proposta do Prêmio é reconhecer iniciativas solidárias envolvendo as escolas e gerando integração entre professores, alunos e famílias e a comunidade;

— a realização de **Curso de Formação de Professores** com base na Metodologia dos 7 Princípios da Educação para Gentileza e Generosidade, inicialmente implementado junto à Rede Municipal de Educação de Sorocaba (São Paulo) e atualmente disponibilizado em modelo EAD gratuito para todos os professores/escolas interessados[9];

— a implementação anual, desde 2020, da **Pesquisa 3 coisas que eu quero melhorar no mundo** para entender as percepções das novas gerações sobre os desafios da sociedade e do planeta proporcionando discussão e endereçamento de soluções[10];

— a estruturação de **Dinâmicas de Desenvolvimento Humano** 7PEGG, preparadas para programas de treinamento nas empresas, desenvolvidos em parceria com a Electi, todos os profissionais e as empresas também podem acessar as dinâmicas gratuitamente[11].

Quanto mais parcerias, maiores as perspectivas de manutenção dos contatos e da ativação junto às escolas, à imprensa, às associações e organizações, às lideranças empreendedoras, às empresas... Desde 2021, entre os apoiadores-mantenedores da plataforma estão o Movimento Bem Maior e o Instituto MOL, além de inúmeros parceiros e voluntários, compondo uma rede de participação recíproca de ensinamentos e aprendizagens.

POTENCIALIZADOR DAS COMPETÊNCIAS SOCIOTRANSFORMACIONAIS

Para falar com as crianças, utilizamos o conceito das bolinhas de sabão como analogia para explicar o poder polinizador da Educação para Gentileza e Generosidade: uma atividade simples e acessível da qual todo mundo pode participar usando dois ingredientes fáceis de se encontrar potencializados pelo sopro vital de quem vai brincar. Tratados e fórmulas explicam o fenômeno químico, que acontece pelas interações de energias diferentes na mistura das moléculas da água com as do sabão, formando uma esfera perfeita e furta-cor, que flutua. Pequeninas ou gigantes, únicas ou múltiplas, são sempre uma boa surpresa de ser ver, que desperta a curiosidade e a vontade de fazer. Quanto mais bolinhas dos 7PEGG no ar, mais pessoas fazendo esta iniciativa circular.

Para falar com os gestores de negócios, desenvolvemos o potencializador das capacitações sociotransformacionais, um circuito poderoso de conscientização que ativa a química das redes relacionais da inteligência coletiva colaborativa desde a infância. Valem os mesmos princípios da bolinha de sabão: quanto mais você potencializar, maiores as chances de se sociotransformar, e de sociotransformar também.

Soluções sistêmicas na prática: exemplos brasileiros 279

Ligue os pontos: Consciência colaborativa

O Potencializador das Competências Sociotransformacionais

níveis de consciência

para dentro: conscientização individual

para o outro: percepção solidária

para o mundo: atuação coletiva

valores e habilidades

- **autoconhecimento**
  desenvolvimento, desafio, propósito
- **potencialidades**
  foco, abertura, agilidade
- **senso empática**
  reconhecimento, confiança, compreensão
- **escuta ativa**
  ouvir, acolher, incluir
- **inteligência coletiva**
  colaboração, cocriação, construtiva
- **redes e trocas**
  integração, relações, vínculos

Que tipo de competência você tem priorizado na sua formação e atuação? A comunidade e o planeta estão inseridos neste sistema?

Por Plataforma de Educação para Gentileza e Generosidade

Um movimento integrado multidimensional e multidirecional para estimular a consciência e a prática das competências sociotransformacionais em todas as relações de troca.

Fique ligado — Tudo está ligado a tudo: e você?

Agora que você conheceu histórias diferentes, vindas de contextos distintos e com pontos de partida, pontos de conexão e de vista distintos, que tal responder você mesmo a essas perguntas?

Escolha um projeto seu — pode ser seu projeto de vida, um projeto de negócios ou um projeto social. O importante é ser franco com você mesmo.

E dedique-se ao diagrama, pois é um excelente exercício de sistematização que coloca muitas ideias em ordem. Costumo aplicar nos projetos em sala de aula com alunos da disciplina de Marketing Holístico, e os resultados são sempre surpreendentes, uma vez que você se autoconhece e percebe suas limitações e seus horizontes ao desenhar, estudar, tentar entender, superar, amplificar... seus próprios sistemas.

- Em linhas gerais, conte sobre o seu projeto/causa considerando:
    - Como surgiu (motivações e percepções).
    - Como se desenvolveu (transformações e ajustes).
    - Para onde se encaminha (projeções e evolução).

- Sobre relações e trocas com o ecossistema:
    - Como o seu projeto se relaciona com a comunidade local?
    - Como se integra com o ecossistema ao redor?
    - Como impacta esferas mais amplas, como o país e o mundo?

- Na sua visão, como a Inovação Social e o Empreendedorismo definem e diferenciam os conceitos a seguir?
    - Integrativo.
    - Holístico.
    - Sistêmico.
    - Complexo.

- Você aplica esses conceitos na gestão de seus projetos?

- Quais, de que forma e em que medida?

▷
- Como a visão de interdependência, de causa e consequência, pode inspirar a responsabilidade socioambiental no mundo corporativo?

- Considerando que seu projeto é uma rede de relações integrativas, holísticas, sistêmicas e complexas, qual o melhor símbolo para representá-lo? E como você desenharia um diagrama que pudesse explicá-lo?

Se tudo está ligado a tudo, quando mudo meu mundo, o mundo muda?

10 Conclusão e continuidade

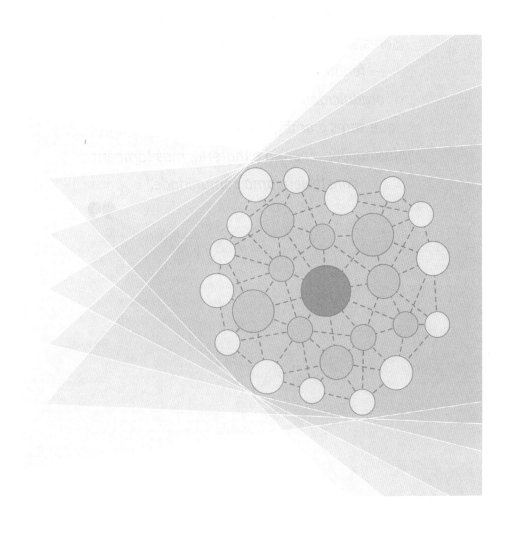

Vemos nesses processos de adaptação e adoção que há uma reciprocidade entre seres vivos e o ambiente por eles ocupado — fenômeno que podemos chamar de organicidade —, sobretudo no fato de que seres e ambiente não apenas trocam informações, energia e matéria, mas também constituem uma comunidade.[1]

— Yui Huk

Definitivamente, implementar gestão sistêmica em um mundo complexo não é nada fácil.

Para ligar os pontos na grande teia do universo (que é bem maior do que a do "mundo dos negócios"), é preciso ter preparo e estudo, olhar atento e coração aberto, e muita, mas muita determinação para administrar as redes de intrigas, de interesses, de influência... de forma a criar redes de consciência e transformação, pautadas na confiança.

Por mais que seja inegável a sofisticação de nossa rede neural para efetivar revoluções tecnológicas, do fogo ao silício, de que servem essas conquistas se forem autodestrutivas para a vida, tanto a do planeta quanto a nossa?

Os ciclos de negócios realmente inteligentes, assim como os gestores que os lideram, deveriam aprender com a experiência de ciclos milenares da humanidade, em suas distintas civilizações.

Reproduzir o que está sendo feito de forma cada vez mais exitosa e escalável porque "dá certo e dá retorno", sem se importar com a saúde de tudo e de todos, não pode ser a melhor opção.

Durante o processo de estudos e escrita do livro, busquei aprimoramento em um conceito que considero estratégico para refletir sobre por onde começar a mudança para diversificar as perspectivas: a visão empreendedora. Fiz diversos cursos e imersões de aprendizado, como a certificação *Líderes Empreendedores*, o curso *Entrepreneurship in Emerging Economies*, com o professor Tarun Khanna, de Harvard, e o *Doutorado Livre da UniKebradas* com diversos professores nas disciplinas "da vida como ela é".

Dessas vivências, bastante distintas e altamente complementares, volto aos questionamentos iniciais deste livro não com mais pontos de interrogação ou de exclamação, nem com pontos de partida ou de chegada, mas com três pontos de luz.

Eis:

- **A nossa percepção do "todo" depende do nosso repertório e do nosso ponto de vista.**

    Perceber quais são os grandes desafios e lacunas sociais (*institucional voids*, na linguagem empreendedora) depende de onde e com quem você está, de qual é o seu repertório, de qual é o seu contexto e, especialmente, de qual é o seu ponto de vista. Para alguém que vive na favela durante a pandemia de COVID-19, por exemplo, a gestão do todo inclui a microgestão de inúmeros fatores, que, por melhores que sejam as intenções, o preparo e a experiência de mercado, podem não ser considerados e valorizados por alguém que não vivencia esse ambiente — questões como alta densidade demográfica, habitação precária, saneamento básico insuficiente, falta de infraestrutura adequada de saúde, desemprego, baixa renda, falta de subsídios para a sobrevivência mínima, desinformação sobre medidas preventivas, assim como a falta de recursos para adquirir equipamentos de prevenção e proteção adequados. Por sua vez, alguém que está em outro contexto, independentemente dos julgamentos convencionais de "melhor ou pior", também enfrenta riscos e desafios que podem não ser considerados por quem não está imerso nas relações de interdependência que esse ambiente promove. Logo, o "todo" para você pode não considerar as dimensões do "todo" para uma outra pessoa.

- **O "todo" é uma grande interdependência e tudo está conectado com tudo.**

Reconhecer que, além das fronteiras do "todo" que você percebe, reconhece, mapeia, mensura, acompanha e sobre o qual você interfere (ou tenta interferir), tem sempre um todo maior a que o seu "todo" está conectado, quer você queira, quer não, e saber disso é fundamental para compreender restrições e possibilidades de seus negócios e empreendimentos. Voltando ao exemplo da pandemia, para o dono de uma rede de supermercados que fez o planejamento de reforma de embelezamento para as suas lojas físicas, considerando as projeções de crescimento de mercado, as previsões de vendas e o histórico de fluxo de caixa dentro do ritmo de performance de cada localidade, entre outras ferramentas de rastreamento do contexto e controle de processos, faltou considerar o imprevisível: um vírus descontrolado que veio do "todo" maior e interferiu não só nos planos de reforma desse empresário em particular, como também na estrutura não só do segmento supermercadista ou do varejo, mas da sociedade como um todo. Possivelmente, o recurso reservado para o referido investimento foi realocado para outros, como adaptação das normas internas para a segurança e proteção tanto dos colaboradores quanto dos clientes, desenvolvimento de *e-commerce*, estruturação logística, entre outros pontos que não estavam no plano prioritário para 2020, mas se transformaram no plano emergencial para a sobrevivência nesse e nos próximos anos.

- **O "todo" continua existindo mesmo que você não o conheça.**
Ter a ciência de que você, mesmo tendo recursos financeiros e estratégicos para acessar todas as pesquisas mais recentes, os estudos globais mais respeitados, os consultores mais bem reputados, os gurus do momento, as melhores soluções em inteligência artificial, os mais sofisticados analistas de dados, as mais bem capacitadas equipes de implementação de projetos... dificilmente terá conhecimento de tudo. Especialmente pelo fato de que você não precisa conhecer algo para que este algo aconteça, pois algo sempre estará acontecendo independentemente de você saber, de sua equipe "ter no radar". Porém, muitos líderes do mundo dos negócios se posicionam como profetas: sabiam disso e daquilo, tiveram acesso a isso e àquilo, já estavam preparados aqui e acolá. Desde o início do COVID-19, começaram a aparecer trechos de palestras e entrevistas em que *business-celebrities* mencionam, por exemplo, que uma pandemia aconteceria e poderia colocar a humanidade em risco. E o que foi feito de concreto naquele então? De que adianta saber e não fazer, poder e não viabilizar, ter os caminhos e não prosseguir, ver possibilidades e não experimentar, poder conscientizar e não se mexer? Ou será que isso foi feito pensando em um dos todos (o "todo" que os "interesses de determinado negócio" abarca, por exemplo) sem a visão ampla do impacto em um todo maior? Lidar com a gestão do todo, que interfere nas instâncias do poder, é sempre desafiador. E posicionar-se como o "todo poderoso", que tudo sabe e de quem tudo

depende, é uma falácia da mais alta fragilidade que se extingue pela impossibilidade natural de alguém ou alguma empresa poder ter tudo sob controle. Sim, tudo o que você fizer interfere no todo, e o todo interfere em tudo o que você fizer, pois estes estão altamente interconectadas. Mas o todo não depende do consentimento de ninguém para existir.

O segredo está nas perguntas. Pergunte mais sobre tudo e todas as coisas, e assim você pode não apenas mudar o seu mundo, mas modificar as relações de troca que você estabelece com todo o sistema.

Sucesso no desafio.

Posso calcular o movimento das estrelas,
mas não a loucura dos homens.

— Newton

O homem tem dois tipos de delírio. Um evidentemente é
muito visível, é o da incoerência absoluta, das onomatopeias,
das palavras pronunciadas ao acaso. O outro, bem menos visível,
é o delírio da coerência absoluta. Contra esse segundo delírio,
o recurso é a racionalidade autocrítica e o apelo à experiência.

— Edgar Morin

O fim é apenas uma perspectiva.
O pensamento sistêmico
não tem ponto final.

Bibliografia

APPADURAI, Arjun. Disjunção e diferença na economia cultural global. In: FEATHERSTONE, Mike. *Cultura Global: nacionalismo, globalização e modernidade.* 3. ed., Petrópolis: Vozes, 1999.

BORGES, Jorge Luís. *O Aleph.* São Paulo: Companhia das Letras, 2008.

_____ *Ficções.* São Paulo: Companhia das Letras, 2007.

CALVINO, Ítalo. *Seis Propostas para o Próximo Milênio.* São Paulo: Companhia das Letras, 1990.

_____. *Mundo Escrito e Mundo Não Escrito.* São Paulo, Companhia das Letras, 2002.

_____; CAILLÉ, Alain. *Antropologia do Dom: o terceiro paradigma.* Rio de Janeiro: Vozes, 2002.

CAPRA, Fritjot; LUISI, Pier Luigi. *A Visão Sistêmica da Vida. Uma Concepção Unificada e Suas Implicações Filosóficas, Políticas, Sociais e Econômicas.* São Paulo: Cultrix, 2014.

CARDOSO, Sérgio. *O olhar.* São Paulo: Companhia das Letras, 1989.

CHEVALIER, Jean; GHEERBRANT, Alain. *Dicionário de Símbolos.* Rio de Janeiro: José Olympio Editora, 1982.

CHURCHMAN, C. West. *Introdução à Teoria dos Sistemas.* Rio de Janeiro: Vozes, 2015.

CLAYES, Gregory. *Utopia, a História de uma Ideia.* Edições SESC SP, 2013.

DAMÁSIO, António R. *O Erro de Descartes. Emoção, Razão e o Cérebro Humano.* São Paulo: Companhia das Letras, 2012.

ECO, Umberto. *História das Terras e Lugares Lendários.* Rio de Janeiro: Record, 2013.

ELIADE, Mircea. *Traité d'Historire des Religions.* Paris: [s.n.], 1964.

EMMANUEL, Steven M. *Buddhist Philosophy: A Comparative Approach. Huayan's Jewel Net of Indra and Leibniz's Monadology.* Estados Unidos: Wiley Blackwell, 2017.

FERRY, Luc. *O que É uma Vida Bem-sucedida?* Rio de Janeiro: Difel, 2004.

FOLLONI, André. *Introdução à Teoria da Complexidade.* Curitiba: Juruá, 2016.

FRIEDMAN, Thomas L. *O Mundo É Plano. Uma Breve História do Século XXI.* São Paulo: Companhia das Letras, 2014.

GIANETTI, Eduardo. *Trópicos Utópicos.* São Paulo: Companhia das Letras, 2016, p. 102.

GILLMAN, Claire. *A Bíblia das Terapias Alternativas. O Guia Definitivo para a Saúde Holística.* São Paulo: Pensamento, 2018.

GRIMAL, Pierre. *Dicionário da Mitologia Grega e Romana.* Rio de Janeiro: Bertrand Brasil, 2011.

HAN, Byung-Chul. Capitalismo e impulso de morte: ensaios e entrevistas. Rio de Janeiro: Vozes, 2021.

HERCULANO-HOUZEL, Suzana. *A Vantagem Humana: Como Nosso Cérebro Se Tornou Superpoderoso.* São Paulo: Companhia das Letras, 2017.

HOLMGREN, David. *Permacultura: Princípios e Caminhos Além da Sustentabilidade.* Tradução de Luzia Araújo. Porto Alegre: Via Sapiens, 2013.

HUK, Yui. Tecnodiversidade. São Paulo: Ubu Editora, 2020.

JIA, Jou Eel. *Coaching Holístico. Shiou Hsing.* São Paulo: Ícone, 2019.

KICKHÖFEL, Eduardo. *As Neurociências. Questões Filosóficas.* São Paulo: Martins Fontes, 2014.

KAPFERER, Jean-Noel. *New Strategic Brand Management: Creating and Sustaining Brand Equity Long Term.* Bodmin: MPG Books, 2008.

KOTLER, Philip; KELLER, Kevin Lane. *Administração de Marketing.* 14ª ed., São Paulo: Pearson, 2012.

KELLER, Kevin Lane. *Strategic Brand Management: Building, Measuring, and Managing Brand Equity.* New Jersey: Pearson, 2012.

LÉVY, Pierre. *A Inteligência Coletiva: por uma antropologia do ciberespaço.* São Paulo: Edições Loyola, 1998.

LEWIS, Justin. *Citizens or Consumers: What the Media Tell Us about Political Participation.* Reino Unido: McGraw-Hill Education, 2005.

MANGUEL, Alberto; GUADALUPI, Giani. *Dicionário de Lugares Imaginários.* São Paulo: Companhia das Letras, 2003.

MAUSS, Marcel. *Ensaio sobre a Dádiva.* São Paulo: Cosac Naify, 2013.

MEADOWS, Donella. *Thinking in Systems: A Primer.* White River Junction, VT, Chelsea Green, 2008.

MITCHELL, Melanie. *Complexity: A Guided Tour.* New York: Oxford University Press, 2009.

MOLLISON, Bruce Charles. *Permaculture.* Tyalgum, Australia: Tagari Publications. 1988.

MORACE, Francesco. *O que É o Futuro.* São Paulo: Estação das Letras e Cores, 2013.

MORIN, Edgar. *Os Sete Saberes Necessários à Educação do Futuro.* São Paulo: Cortez, 2011.

_____. *Introdução ao Pensamento Complexo.* Porto Alegre: Sulina, 2015.

PECHLIVANIS, Marina. *Economia das Dádivas: o novo milagre econômico.* Rio de Janeiro, Alta Books, 2016.

RAWORTH, Kate. *Economia Donut. Uma Alternativa ao Crescimento a Qualquer Custo.* Rio de Janeiro: Zahar, 2019.

RUSHDIE, Salman. *Haroun e o Mar de Histórias.* São Paulo: Companhia das Letras, 2001.

TIEPPO, Carla. *Uma Viagem pelo Cérebro: a via rápida para entender neurociência.* São Paulo: Conectomus, 2019.

VASCONCELLOS, Maria José Esteves de. *Pensamento Sistêmico: o novo paradigma de ciência.* São Paulo: Papirus, 2018.

TYBOUT, Alice M.; CALKINS, Tim. *Kellogg on Branding*: The Marketing Faculty of the Kellogg School of Business. Hoboken: Wiley, 2005

TIMMS, Henry; HEIMANS, Jeremy. *O Novo Poder: como disseminar ideias, engajar pessoas e estar sempre um passo à frente em um mundo hiperconectado.* Rio de Janeiro: Intrínseca, 2018.

WEETMAN, Catherine. *Economia Circular: conceitos e estratégias para fazer negócios de forma mais inteligente, sustentável e lucrativa.* São Paulo: Autêntica Business, 2019.

WILBER, Ken. *A Visão Integral. Uma Introdução à Revolucionária Abordagem Integral da Vida, de Deus, do Universo e de Tudo Mais.* São Paulo: Cultrix, 2008.

WITHONEPLANET. *The Tropical Permaculture Guidebook – A Gift from Timor-Leste International Edition 2017: 1. Permaculture Ethics and Principles.* Capítulo 1 de 18, vol. 1 de 3. ISBN: 978-0-6481669-9-3. Disponível em: <http://withoneplanet.org.au/permaculture-guidebook/>. Acesso em: 4 dez. 2018.

Notas

Capítulo 1

1. MEADOWS, Donella, 2008, p. 181.
2. <https://www.ashmolean.org/professor-marcus-du-sautoy-carved-stone-ball> Acessada em 7/11/2020.
3. CAVALCANTE, Daniela. <https://canaltech.com.br/espaco/revelada-a-primeira-imagem-real-da-teia-cosmica-que-conecta-o-universo-151569/> Acessada em 15/11/2020.
4. <https://sciam.com.br/a-incrivel-complexidade-da-teia-cosmica/> Acessada em 15/11/2020.
5. MORIN, Edgard, 2015, p. 89.
6. Conceito de *unitas multiplex* estruturado por Edgar Morin.

Capítulo 2

1. RUSHDIE, Salman, 2001, p. 82.
2. BORGES, Jorge Luis, 2007, p. 69.
3. CALVINO, Ítalo, 2002, p. 224.
4. CHEVALIER, Jean e GHEERBRANT, Alain, 1982, p. 872-873.
5. GRIMAL, Pierre, 2011, p. 306.
6. CAILLE, Allain, 2002, p. 13-18.
7. MAUSS, Marcell, 1924, p. 103-132.
8. EMMANUEL, Steven M.; 2017, p. 72, 128-130 e 137.
9. ELIADE, Mircea, 1964, p. 159.
10. CHEVALIER, Jean e GHEERBRANT, Alain, 1982, p. 70-72.
11. https://www.monjacoen.com.br/textos/entrevistas/241-sabedoria-zen-a-favor-da-iluminacao-de-todos-os-seres

Capítulo 3

1. MITCHELL, Melanie, 2009, p. 234.
2. FOLLONI, André, 2016, p. 62-64.
3. <https://michaelis.uol.com.br/moderno-portugues/busca/portugues-brasileiro/rede/>
4. <https://www12.senado.leg.br/institucional/programas/primeira-infancia/artigos/artigos-ano-2014/o-universo-de-1.5-kg-suzana-herculano-ano-2014>.

5. <https://michaelis.uol.com.br/moderno-portugues/busca/portugues-brasileiro/consciência/>
6. Matemático do Centro de Filosofia Matemática da Universidade de Munique, na Alemanha, à revista *New Scientist*. <https://www.newscientist.com/article/mg-24632800-900-is-the-universe-conscious-it-seems-impossible-until-you-do-the-maths/>. Acessado em 5/12/2020.
7. WILBER, Ken, 2018.
8. <https://markmanson.net/ken-wilber>
9. <https://www.ubiquityuniversity.org>
10. FOLONI, André, 2016, p. 67.
11. CHURCHMAN, C. West, 2012, p. 18.
12. CAPRA, Fritjof e LUISI Pier Luigi, 2014, p. 13.
13. <https://michaelis.uol.com.br/moderno-portugues/busca/portugues-brasileiro/n%C3%B3/>
14. Nei Grando, Mestre em Ciências (Administração com ênfase em inovação) pela FEA-USP (2017). Tem graduação em Informática pela Universidade Estadual de Maringá (1979). Tem MBA em Administração pela Fundação Getulio Vargas (2007). Organizador e um dos autores do livro *Empreendedorismo Inovador — Como criar startups de tecnologia no Brasil*. Um dos autores do livro *A Arte de Empreender na Economia Criativa e de DisrupTalks: Histórias e dicas para quem sonha empreender*. Autor do blog do Nei (neigrando.blog.br), sobre startups, estratégia, inovação e negócios. Palestrante, professor, consultor de negócios e TI, conselheiro de empresas e mentor de startups.
15. ARAL, Sinan Kayhan. The promise and peril of The Hype Machine, MIT Management Sloan School. Em: <https://mitsloan.mit.edu/ideas-made-to-matter/promise-and-peril-hype-machine>. Acessado em 6/10/2020.
16. CORNETT, Ian. 6 Strategies for Breaking Down Silos in Your Organization. Em: <https://www.eaglesflight.com/blog/6-strategies-for-breaking-down-silos-in-your-organization>. Acessado em 7/11/2020.
17. <https://www.correiobraziliense.com.br/app/noticia/economia/2019/11/04/internas_economia,803503/51-da-populacao-mundial-tem-acesso-a-internet-mostra-estudo-da-onu.shtml>
18. <https://economia.uol.com.br/noticias/redacao/2019/04/01/com-39-bilhoes-de-usuarios-no-mundo-o-que-acontece-na-web-em-um-minuto.html>
19. <https://www.imperva.com/resources/resource-library/reports/2020-bad-bot-report/>

Capítulo 4

1. Criador do conceito de *Political Arithmetick*.
2. Conceito cunhado pelo filósofo C. D. Broad (1887–1971) para demonstrar propriedades que estão em certo nível de complexidade, porém não existem nos níveis anteriores.

3. CAPRA, Fritjot e LUISI, Pier Luigi, 2014, p. 99.
4. IBDEE — Instituto Brasileiro de Direito e Ética Empresarial.
5. <http://hdr.undp.org/en/2019-report>
6. <https://agenciadenoticias.ibge.gov.br/agencia-noticias/2012-agencia-de-noticias/noticias/25702-renda-do-trabalho-do-1-mais-rico-e-34-vezes-maior-que-da-metade-mais-pobre>
7. <https://datastudio.google.com/reporting/abd4128c-7d8d-4411-b49a-ac04a-b074e69/page/QYXLB>
8. <https://www.ccbrasil.cc/sobre>
9. Hugo Bethlem, formado em Administração de Empresas e Ciências Contábeis — FMU. Especializações em Gestão e Empreendedorismo na FGV, Babson, Cornell, IMD, Oxford e Stanford. Chairman do Instituto Capitalismo Consciente Brasil (ICCB) e cofundador. Foi CEO do ICCB (2017/2019). Conselheiro de empresas e ONGs. 40+ como executivo sênior de varejo no GPA, Dicico, Grupo GP Investimentos, Carrefour. Eleito Executivo Financeiro do ano 1991 — IBEF SP.
10. <https://www.bbc.com/portuguese/geral-53342522>
11. autor de *Pós-Capitalismo, Um Guia para Nosso Futuro*, em entrevista para a BBC News
12. <https://www.ibge.gov.br/explica/pib.php>
13. <https://agenciabrasil.ebc.com.br/geral/noticia/2020-12/brasil-fica-em-84o-lugar-em- ranking-mundial-do-idh#:~:text=O%20IDH%20brasileiro%20foi%20de,)%20e%20Irlanda%20(0%2C955)>.
14. <https://www.ao.undp.org/content/angola/pt/home/imprensa/MPIGlobal.html>
15. <https://www.unenvironment.org/resources/report/inclusive-wealth-report-2018>
16. https://www.socialprogress.org
17. https://www.socialprogress.org/?code=BRA
18. http://happyplanetindex.org
19. https://worldhappiness.report/ed/2020/
20. <https://assets.publishing.service.gov.uk/government/uploads/system/uploads/attachment_data/file/288846/10-632-land-use-futures-systems-maps.pdf>
21. <https://www.yunusnegociossociais.com.br/quem-somos>
22. <https://www.yunussb.com>
23. <https://www.yunusnegociossociais.com.br/quem-somos>

Capítulo 5

1. Modelo desenhado pelo economista William Stanley Jevons em meados de 1880, no qual, quando o preço de um bem cai, as pessoas passam a comprar mais; e vice-versa.
2. Diagrama feito em 1948 por Paul Samuelson, autor do manual clássico *Economia*, e conhecido como o pai da economia moderna, que inspirou gerações de economistas.
3. Economia Donut, 2019, p. 258.

4. "Quantifying Economic Sustainability: Implications for Free Enterprise Theory, Policy and Practice". *Ecological Economics*, 69. 2009. <https://econpapers.repec.org/article/eeeecolec/v_3a69_3ay_3a2009_3ai_3a1_3ap_3a76-81.htm>.
5. <https://oscedays.org/open-source-circular-economy-mission-statement/>
6. <https://permacultura.ufsc.br/o-que-e-permacultura/>
7. HOLMGREN, David. 2013, p. 416.
8. Arthur Schmidt Nanni, pai do Caio e do Theo. Permacultor. Graduado em Geologia, mestre em Geologia Ambiental, doutor em Geociências e pós-doutor em Permacultura. É professor associado da UFSC junto ao departamento de Educação do Campo. Tem experiência na área de Ciências da Terra com ênfase em Permacultura e Recursos Hídricos. Integrante do Grupo de Pesquisa de Permacultura da UFSC.
9. <http://revistas.aba-agroecologia.org.br/index.php/rbagroecologia/article/view/22439>
10. Cooperativa Marinaleda na Espanha: <https://www.youtube.com/channel/UC4m-GRD3WLYVVc4JI5LrXxUw>
11. Documentário La voz del viento, um testemunho de um movimento crescente no mundo. Jean Luc Danneyrolles, agricultor da provença francesa, e Carlos Pons, documentarista espanhol, organizam uma viagem até Granada ao encontro de movimentos sociais alternativos que buscam a agroecologia, a permacultura e mudanças de paradigma, de fevereiro de 2012. Levaram uma grande coleção de sementes como moeda de troca. Um testemunho de um movimento que cresce no mundo e se faz possível aqui e agora: <https://www.youtube.com/watch?v=w6drENvTmlw>
12. https://www.ellenmacarthurfoundation.org/explore/systems-and-the-circular-economy
13. Vídeo produzido pela Ellen MacArthur Foundation para o Disruptive Innovation Festival 2017 https://www.youtube.com/watch?time_continue=6&v=DYNoQh_ZyPc&feature=emb_logo
14. Conceito utilizado inicialmente pelo economista Adam Smith.
15. <http://www.cerratinga.org.br/mandacaru/>
16. RAWORTH, Kate, 2019.
17. LEWIS, Justin, 2005, p. 49.
18. RAWORT, Kate, 2019, p. 92.
19. HERCULANO-HOUZEL, Suzana, 2017, p. 279.
20. "Professional Economic Ethics: Why Heterodox Economits Should Care", comunicação apresentada na conferência da World Economics Association, fev.-mar. 2012. <http://et.worldeconomicsassociation.org/papers/professional-economic-ethics--why-heterodox-economists-should-care/>, <http://et.worldeconomicsassociation.org/files/WEA-ET--2-1-DeMartino.pdf>.
21. <https://assets.publishing.service.gov.uk/government/uploads/system/uploads/attachment_data/file/292450/mental-capital-wellbeing-report.pdf>, por J. Aked et al., Five Ways to Wellbeing
22. <https://scholarworks.gvsu.edu/cgi/viewcontent.cgi?article=1116&context=orpc>

Capítulo 6

1. JIA, Jou Eel, 2019, p. 113.
2. <https://www.cremesp.org.br/?siteAcao=Historia&esc=3>
3. Ricardo Ghelman, MD, Ph.D, pediatra e clínico geral com pós-doutorado em Neurociências pela Universidade Federal de São Paulo (UNIFESP), presidente do Consórcio Acadêmico Brasileiro de Saúde Integrativa (CABSIN), advisor da OMS na área de Medicinas Tradicionais, Complementares e Integrativas (MTCI, OMS). Vice-presidente do Comitê de Genética da Sociedade de Pediatria de São Paulo (SPSP), coordenador do Núcleo de Estudos de Medicina Integrativa para Crianças e Adolescentes da SPSP e do Curso de Pós-Graduação em Pediatria Integrativa da Faculdade IBCMED. De 2015 a 2019, introduziu e coordenou a Pediatria Integrativa no ITACI do HC FMUSP.
4. <https://mtci.bvsalud.org/pt/>
5. <https://mtci.bvsalud.org/pt/>
6. Dr. Min Ming Yen é médico formado pela Universidade de São Paulo (USP) e professor de Acupuntura e Fitoterapia do Hospital do Servidor e da Associação Médica Brasileira de Acupuntura. Formação de Fitoterapia Chinesa em Taiwan, Taipei City Hospital Kunming Branch e CEFIMED.
7. GILLMAN, Claire, 2018.
8. https://aps.saude.gov.br/ape/pics
9. WILBER, Ken, 2008, p. 92.

Capítulo 7

1. GIANETTI, Eduardo, 2016, p. 102.
2. CLAYES, Gregory. *Utopia, a história de uma ideia*. Edições SESC SP, 2013.
3. BORGES, Jorge Luis. "Tlön, Udbar, Orbis Tertius", 2019.
4. Ladislau Dowbor é professor titular de Economia e de Administração na pós-graduação da PUC-SP, consultor de várias agências da ONU e autor de numerosos livros e estudos técnicos disponíveis na íntegra em <http://dowb.org>. *A Era do Capital Improdutivo* e outros livros estão disponíveis igualmente sob forma de curtos vídeos (10 minutos por capítulo) no site do autor e no YouTube. Contato: ldowbor@gmail.com. Escrito em 14 de agosto de 2020.
5. Umberto Eco, 2013, p. 305.
6. Umberto Eco, 2013, p. 305.
7. <https://alias.estadao.com.br/noticias/geral,zygmunt-bauman-sustenta-que-a-nostalgia-e-incuravel-na-modernidade,70002183502>
8. MANGUEL, Alberto e GUADALUPI, Giani, 2003, p. 40.
9. MANGUEL, Alberto e GUADALUPI, Giani, 2003, p. 110.
10. MANGUEL, Alberto e GUADALUPI, Giani, 2003, p. 110.

11. MANGUEL, Alberto e GUADALUPI, Giani, 2003, p. 129.
12. MANGUEL, Alberto e GUADALUPI, Giani, 2003, p. 139.
13. MANGUEL, Alberto e GUADALUPI, Giani, 2003, p. 293.
14. MANGUEL, Alberto e GUADALUPI, Giani, 2003, p.418.
15. MANGUEL, Alberto e GUADALUPI, Giani, 2003, p. 115.
16. MANGUEL, Alberto e GUADALUPI, Giani, 2003, p. 445.
17. <https://www.archdaily.com.br/br/799071/a-incerta-utopia-da-arquitetura-de-auroville>

Capítulo 8

1. Han, Byung-Chul. Capitalismo e impulso de morte: ensaios e entrevistas. Petrópolis, RJ. Vozes, 2021, p.37.
2. TIMMS, Henry e HEIMANS, Jeremy, 2018.
3. <https://www.doar.org.br/>.
4. Charles Eliot Norton Poetry Lectures (1985–1986).
5. CATTELL, R. B. Where is intelligence? Some answers from the triadic theory. In: J. J McArdle & R. W. Woodcock (Orgs.). Human Cognitive Abilities in Theory and Practice. New Jersey: Erlbaum, 1998, p. 29-38. <https://psycnet.apa.org/record/1998-06351-001>.
6. <https://www.rhportal.com.br/artigos-rh/testes-psicolgicos-e-suas-finalidades/>
7. <https://www.ubiquityuniversity.org>
8. <http://ecoversities.org/ecoversities/>
9. Tema do livro: *Economia das Dádivas, o Novo Milagre Econômico*, 2016.
10. <http://ecoversities.org/publications/>
11. <http://universityoftheunderground.org/about>
12. https://www.unikebradas.com.br
13. <https://www.unikebradas.com.br/>

Capítulo 9

1. LEVY, Pierre, 1995, p. 32.
2. MORIN, Edgar, Complexidade, 2015, p. 119-120.
3. Carola MB Matarazzo, Diretora executiva do Movimento Bem Maior. Mãe de 3 filhos, avó, trabalha no terceiro setor há 25 anos. Integrante dos conselhos do Instituto Protea, Liga Solidária, Artesol. Membro representante da sociedade civil do Comitê de Erradicação da Pobreza do Estado de SP. Membro do Movimento por uma Cultura de Doação do Brasil.

4. Aser Cortines, Sócio da Cortines&Sebastiá e conselheiro de algumas organizações do Terceiro Setor. Engenheiro com mestrado em Engenharia de produção pela COPPE/UFRJ. Foi vice-presidente da Caixa Econômica Federal por seis anos e também professor da Faculdade de Economia da UFF, da pós-graduação da COPPE/UFRJ, do MBA do IBMEC/RJ e da pós-graduação da FGV. Foi diretor e facilitador dos programas da Amana-Key e da UEXP.
5. Claudinho Miranda, músico multi-instrumentista e autodidata, Claudinho Miranda também atua como educador, produtor cultural e ativista. Fundou a Banda Poesia Samba Soul em 1989 e o Instituto Favela da Paz, que tem como missão recuperar o sentido de comunidade, criatividade, colaboração e propósito de vida entre os moradores da periferia por meio da música, sustentabilidade, artes, gastronomia, espiritualidade e de uma educação que honra a inteligência local.

    Nascido e criado no Jardim Ângela, extremo sul de São Paulo, Claudinho é uma das muitas referências que surgiram na década de 1990, quando o bairro estava no índice dos bairros mais violento do mundo. Com o passar dos anos, se integrou em diversas redes internacionais de cultura de paz e, desde 2009 até os dias de hoje, já passou por países da Europa, América Latina, Ásia e Oriente Médio, além dos EUA.
6. Regina Steurer, arquiteta e urbanista. Desde 1981, trabalha com comunidades em urbanização de favelas, Direitos Humanos, movimentos sociais por moradia, terra e educação. Mineira, tem dois filhos, viúva de Walter Steurer, com quem fundou o Projeto Âncora em 1995, acreditando que a educação pode ser a ferramenta mais libertadora e transformadora da história.
7. https://www.gentilezagenerosidade.org.br/
8. https://www.gentilezagenerosidade.org.br/sobre-premio-escolas
9. https://ead.escolaaberta.org.br/courses/formacao-de-professores-7-principios-da-educacao-para-gentileza-e-generosidade-modulo-1
10. https://www.gentilezagenerosidade.org.br/3-coisas-para-melhorar2021
11. https://www.gentilezagenerosidade.org.br/desenvolvimentohumano

Capítulo 10

1. Huk, Yui. Tecnodiversidade. Ubu Editora, São Paulo. 2020, pág. 105

Índice

Símbolos

(Inter)dependências 38, 98
  Interdependência das Relações 33
  Interdependente 88

A

Auto-organização 45-78
Autorregeneração 51

B

Bolhas Sociais 45-78

C

Cadeias produtivas sustentáveis 259
Capitalismo Consciente 79-120
Certezas Absolutas 183-212

Círculos sagrados femininos 36
Civilidade 21, 251-282
Colaborativa 251-282
Compartilhamento e Colaboração 21
Compra 195
Conceito de Redes 45-78
Condição Humana 213-250
Conhecimento 213-250, 45-78
Consciência 89
Consciência Social 79-120
Consistência 213-250, 221
Coração 251-282
Correlação 89
Crescimento 86, 121-150

D

Desenvolvimento Interpessoal 76
Desenvolvimento Pessoal 76
Desenvolvimento Profissional 77
Desenvolvimento Socioambiental 77

Desigualdade 183–212
Dom 39

E

Ecologia 87
Economia 121–150
Educação 213–250, 251–282
Eficácia 138
Eficiência 138
Entrelaçamento Complexo 31–44
Equilíbrio 151–182
Escassez 121–150
Estruturas de Poder 28
Ética 121–150
Exatidão 213–250, 218

F

Fiandeiras da Natureza 31–44
Filosofia Integral 45–78
Fluxos 121–150
Fórmulas Mágicas 151–182
Futuro Melhor 183–212

G

Geoglifos 42
Geração de Negócios 28
Gestalt 87
Gestão de Negócios Sistêmica 134
Grande Tecelã, simbologia mítica 36

H

Hiperconectividade 213–250
Holismo 58
  Holista 39
  Holísticas 163

I

Identidade 213–250
Ideologia 183–212
Ilusão 213–250
Impacto 86
Individualista 39
Inteligência Artificial 58
Inteligência Coletiva 183–212
Interdisciplinaridade 251–282

J

Justiça 251–282

L

Leveza 213–250, 217
Logísticas 195

M

Maturidade 21
Metas 86
Mitologia das Tecelãs 31–44
Modelos Utópicos 183–212

Multiplicidade 213-250, 220
Mundo Ideal 183-212
Mundo Melhor 138

N

Naturopatia 169
Negócio Social 79-120
Níveis de Complexidade 58
Níveis de Consciência 45-78
Noções de Ordem e Desordem 23-30
Norte Magnético 26

O

Organização do livro 22

P

Panaceia 151-182
Paradigma Multidimensional 31-44
Pensamento Complexo 23-30
Pensamento Multidimensional 183-212
Pensamento Sistêmico 79-120
Periferia 251-282
Permacultura 121-150
Perspectiva dos Sistemas Vivos 121-150
PIB 142
Poder 45-78
Positivo 86
Princípio da Incerteza 88
Problemas Complexos 121
Prosperidade Regenerativa 121-150

R

Rapidez 213-250, 218
Razão 251-282
Realidades Incômodas 23, 23-30
Rede Distribuída 129
Redes Sistêmicas 45-78
Reducionismo 45-78
Respeito Mútuo 233
Responsabilidade 251-282
Responsabilidade Social 21
Responsabilidade Social Empresarial 79-120
Resultado 86
Revolução Científica 79-120

S

Senso de Solidariedade 251-282
Sistema Auto-organizado 49
Sistema Operacionalmente Fechado 50
Sistemas Médicos Complexos 151-182
Sistema Termodinamicamente Aberto 50
Sociedade 86
Sucesso 86, 121-150
Sustentabilidade 86

T

Teoria da Abundância 183-212
Teoria da Informação Integrada 54
Teoria Econômica 79-120
Terapias
  Auricular 174
  Biodinâmica 180

Craniossacral 170
da Polaridade 169
do Som 173
dos Registros Akáshicos 177
Nutricional 168

V

Valores 45–78
Visão Corpo-Mente-Espírito 151–182
Visão Humanitária 251–282
Visão Sistêmica 58
Visibilidade 213–250, 219
Vocação 251–282

Projetos corporativos e edições personalizadas
dentro da sua estratégia de negócio. Já pensou nisso?

Coordenação de Eventos
Viviane Paiva
viviane@altabooks.com.br

Assistente Comercial
Fillipe Amorim
vendas.corporativas@altabooks.com.br

A Alta Books tem criado experiências incríveis no meio corporativo. Com a crescente implementação da educação corporativa nas empresas, o livro entra como uma importante fonte de conhecimento. Com atendimento personalizado, conseguimos identificar as principais necessidades, e criar uma seleção de livros que podem ser utilizados de diversas maneiras, como por exemplo, para fortalecer relacionamento com suas equipes/ seus clientes. Você já utilizou o livro para alguma ação estratégica na sua empresa?

Entre em contato com nosso time para entender melhor as possibilidades de personalização e incentivo ao desenvolvimento pessoal e profissional.

PUBLIQUE SEU LIVRO

Publique seu livro com a Alta Books. Para mais informações envie um e-mail para: autoria@altabooks.com.br

CONHEÇA OUTROS LIVROS DA ALTA BOOKS

Todas as imagens são meramente ilustrativas.

 /altabooks /alta-books /altabooks /altabooks /altabooks

ROTAPLAN
GRÁFICA E EDITORA LTDA
Rua Álvaro Seixas, 165
Engenho Novo - Rio de Janeiro
Tels.: (21) 2201-2089 / 8898
E-mail: rotaplanrio@gmail.com